국어교육연구소연구총서 31

# 매체언어와 국어교육

윤여탁 최미숙 김정자 정현선 송여주

서울대학교출판문화원

# Media Language and Korean Language Education

Yeo-Tak Yoon

Mee-Sook Choi

Jeong-Ja Kim

Hyeon-Seon Jeong

Yeo-Ju Song

Seoul National University Press

# 간행사

국어교육연구소는 국어교육을 위한 이론의 체계화를 추구하고, 그 결과를 학계는 물론 사회 일반과 각급 학교에 널리 보급하는 데 주력하여 왔습니다.

그동안 국어교육은 있어 왔으나 이에 관한 이론 수준의 연구는 부족했다는 우리 학계의 반성을 바탕으로 국어교육연구소가 주력한 사업은 이 방면의 지식 체계를 구조화할 수 있는 이론의 개발이었습니다. 이를 위해서는 이 방면의 연구자들에게 충분한 계기와 지원이 필요함을 느꼈고 그 일환으로서 『연구총서』를 간행하기로 하였습니다.

이제 이 『연구총서』를 간행하면서 우리 연구소는 이 사업을 더욱 열성적으로 추진하여 학자들의 연구가 더욱 성과 있게 이루어질 수 있는 동력이 되도록 할 것을 다시 한 번 다짐합니다. 또한 연구자에 못지않게 토론이 학문 발전의 중요한 과정이라고 믿는 우리는 이 연구서들이 발간됨으로써 국어교육에 관련된 이론적 논의가 활성화될 것도 믿어 의심치 않습니다. 연구가 이론을 체계화하고, 이론이 토론을 낳고, 토론이 다시 새로운 이론으로 발전해 나감으로써 이 방면의 학문도 폭과 깊이를 더해 갈 것을 전망하면서 독자들 또한 저자 못지않은 애정과 관심을 가지고 학문 발전을 위한 동지로서 공동의 장에 서게 될 것을 기대합니다.

우리 연구소의 노력이 『연구총서』로 결실을 맺기까지는 집필에 참여해 주신 연구자들의 학문적 의욕과 열정이 필요하였고, 그분들의 헌신적 노력에 힘입어 이 『연구총서』의 간행이 가능했다는 점을 우리는 기억하고자 합니다. 또한 이렇듯 소중하고 뜻 깊은 사업을 펼 수 있도록 발간을 적극적으로

도와주신 서울대학교출판부의 배려에도 감사를 드립니다.

이처럼 드높은 목표와 애정 어린 의욕으로 간행되는 이 연구물들을 이제 『연구총서』의 이름으로 세상에 내어 놓는 바입니다. 이 책을 읽는 연구자들에게도 의욕과 성과가 함께하기를 바랍니다.

국어교육연구소 소장

# 머리말

새로운 매체 환경 속에서는 교재에 대한 새로운 개념이 필요하다. 새로운 매체 시대에는 교육과정에 따르지 않더라도 매체 관련 교재나 교수-학습 자료들이 끊임없이 생산될 것이다. 이에 따라 매체 시대의 교수-학습에서는 교육 자료를 만드는 것보다는 교사의 발문 능력과 같은 교수-학습 능력을 향상시키는 것이 더 필요하다. 따라서 매체 환경의 변화에 대응하여 교사 교육 차원에서도 매체 관련 교수-학습 능력의 신장 방안과 관련한 대응을 서둘러야 할 것이다.

새로운 매체 시대에 교사는 가르치는 자보다는 함께 배우는 자나 교육을 촉진시키는 촉매자가 되어야 할 것이다. 교사는 학생들에게 개선이나 변화를 강요한다거나 훈계로 흐르는, 보호주의적 관점의 교사상을 벗어나야 한다. 그럴 때야 비로소 학생들의 비판적 자주성 또한 길러질 수 있다. 즉, 교사들은 학생들의 미디어에 대한 분별력을 개발한다는 명목 아래 매체의 부정적인 면만을 강조하거나 학생들에게 엘리트적 관점만을 강요해서는 안 된다.

2007년 개정 국어과 교육과정에는 <매체 언어>라는 과목이 국어 교과에 포함되었다. 그동안 이 과목의 정체성이나 특성에 대한 논란도 많았다. 그러나 이제 매체언어가 국어교육의 내용이라는 사실을 받아들여야 한다. 그리고 국어 교사 아니 매체언어 교사가 매체언어 교육의 어느 지점에서 어떻게 개입하여야 하는지에 대한 준비를 서둘러야 할 시점이다.

이 책은 2006년 서울대학교 국어교육연구소의 지원으로 이루어진 '매체 언어 교육의 목표와 방법 연구'(연구 책임자: 윤여탁)를 수행하면서 기획되었다. 이후 한국학술진흥재단의 교과교육공동연구로 '인터넷 환경의 언어

문화 교육 내용 개발 연구'(연구 책임자: 김정자)를 진행하면서 그 내용을 구체화할 수 있었다. 이 자리를 빌려 두 기관의 지원에 깊은 감사를 드린다.

2007년에 소박한 수준의 초고를 작성하여 실제 수업에 적용하면서 책의 내용을 검토·수정하였다. 그리고 지난 2년 반 동안 많은 어려움 속에서도 공동 집필자들의 인내심과 양보하는 마음이 이 책의 출간이라는 한 매듭을 맺게 되었다. 이 과정에서 이런저런 귀찮은 일을 마다하지 않고 연구 모임의 진행과 원고 정리를 맡았던 손예희와 하은경에게 진심으로 고맙다는 말을 전한다. 또한 이 책을 출판해준 서울대학교출판부 관계자분들께도 감사드린다.

2008년 6월

저자 일동

# 차례

# 들어가면서

> 현대인은 사이버 공간이란 신세계로 부지런히 이주하여 새로운 집(home page)을 짓고, 공동체(community)를 형성하고, 주소(domain name)를 소유하며 새로운 시민권(netizenship)을 획득한 후 새로운 자아(User ID)를 찾는다.(류현주, 2000:50)

## I. 매체언어 교육을 위하여

국어교육의 주요 목표는 국어 능력의 신장이라고 규정할 수 있다. 그리고 이와 같은 국어 능력 신장이라는 개념은 언어에 의해 사람과 관계 맺고, 언어를 통해 비판적으로 정보와 지식을 수용・생산하며, 언어로 문제를 해결할 수 있는 사회적 소통(communication) 능력을 길러주는 것으로 이해될 수 있다. 그런데 기술 문명의 발달로 대표되는 현대 사회에서는 소통의 방식이 변화하고 있다. 따라서 국어교육은 우리 시대의 지배적 소통 언어와 소통 방식으로 떠오르고 있는 매체언어(media language)를 통한 국어 능력의 신장을 목표로 함은 물론 매체가 생산하는 다양한 문화적 텍스트를 중요하게 다루어야 한다.

특히 현대 사회의 대표적인 소통 방식인 디지털 매체에서는 고전적인 매체를 소통하던 향유자를 수용자와 생산자로 나누어 구분하였던 2분법이 바뀌고 있다. 이에 따라 국어교육 내에서 소통의 개념도 기존의 언어기능 차원에서 협소하게 논의되었던 소통에서 언어문화 향유에 대한 문화적 차원의 소통으로 확대되어야 한다. 즉 소통은 언어문화 능력 내지 언어문화 교육의 상위 개념 아래에서 그것을 바라보는 관점이 되어야 하며, 매체언어 교육의 목표 역시 소통과 소통을 통한 문화 능력 신장을 모두 아우르는 것이어야 한다.

이와 같은 현대 사회 발전에 따른 소통 개념의 변화는 초·중등학교에서 이루어지는 국어교육에서 매체교육을 어떻게 수용할 것인가라는 언어와 문화, 리터러시(literacy)와 소통을 바라보는 근본적인 관점의 전환을 요청하고 있다. 또한 매체교육의 국어교육적 수용은 현실적으로는 국어 교사가 갖추어야 할 매체에 관한 지식과 소양, 의사소통 능력(communicative competence)을 재고하는 문제 역시 중요하게 제기한다. 이는 교사 교육과 연수를 통한 재교육에 대한 함의를 수반하는 시급한 문제이기도 하다. 이 책은 이와 같은 논제들에 대한 체계적이고 종합적인 탐구를 목적으로 집필되었다.

## II. 매체언어 교육의 목표에 관하여

### 1. 국어교육의 요구와 실천

이 책을 집필하면서, 집필에 참여했던 사람들은 매체와 국어교육의 관계를 바라보는 관점, 국어교육에서 매체교육의 의미와 필요성에 대한 이론적이고 실천적인 논의를 전개하기 위해 현재 국어교육의 학습 내용으로 매체언어를 수용하고자 하는 학계의 논의를 중심으로 그 현황과 쟁점을 살펴보았다. 그 결과 매체와 국어교육에 대한 그동안의 논의는 크게 개별 연구 논문, 보고서, 학교 현장의 논의 차원에서 비교적 활발하게 진행되었음을 확인하였다. 그러나 이러한 논의들은 매체와 언어를 같은 개념으로 볼 것인가, 구분하여 이해할 것인가, 그 관계를 어떻게 설정하고 국어교육에서 수용할 것인가 등과 같은 매체와 언어를 바라보는 관점에서 많은 차이를 보였다.

국어교육계에서의 기존의 논의는 대부분 매체를 통해 이루어지는 의사소통과 문화의 새로운 측면에 대해 면밀한 검토를 하지 않은 채, 국어교육에서 이러한 변화에 어떻게 대응할 것인가 하는 관점에서 주로 이루어졌다. 그래서 매체와 국어교육의 근원적이고 실천적인 문제에 대한 논의는 많지 않았다. 이 연구에서는 기존 연구를 토대로 하여 매체와 국어교육의 관계를 중점적으로 탐색할 것이다. 이를 위해서 이 책에서는 매체언어 교육이라는 관점에서 교육 내용을 체계화하고, 국어교육의 관점에서 이를 어떻게 수용하여 교수-학습할 것인가에 대한 초점을 맞추고자 하였다.

한편 2007년 개정 국어과 교육과정에서는 국민 공통 기본 교육과정의 '국어' 과목에 매체언어 관련 교육 내용을 '듣기', '말하기', '읽기', '쓰기', '문법', '문학' 영역에서 각 영역의 특성과 학습 내용을 고려하여 통합적으로 제시하고 있다. 즉 새로운 국어과 교육과정의 '국민 공통 기본 교육과정'에 제시된 매체언어 활동은 제7차 국어과 교육과정에서 제시했던 매체 활용 수준을 넘어서 매체언어 활동의 측면에서 본격적으로 그 내용을 구현하고 있다. 구체적으로는 애니메이션을 보고 인물의 성격을 시각적으로 표현하는 방식 알기, 인터넷 게시판의 내용을 비판적으로 분석하고 인터넷 토론에 주체적으로 참여하기, 라디오 프로그램을 듣고 진행자의 말하기 특성과 효과를 평가하기, 인터넷 매체를 활용하여 효과적으로 자신을 소개하기, 영상 언어의 특성을 살려 영상물을 만드는 것 등을 교수-학습 활동으로 제시하여 국어교육적 관점에서 하나의 '언어활동'으로 보고 있다.

이에 비하여 '고등학교 선택 중심 교육과정'의 국어과 과목으로 신설된 <매체 언어>[1]라는 과목에서는 매체언어 교육 내용을 심화된 형태로 제시하고 있다. 선택과목인 <매체 언어>에서는 매체언어와 매체 자료의 성격에 대한 이해, 사회·문화적 맥락에서 매체언어가 어떤 역할을 하고 있는지에 대한 이해를 강조하며, 이를 바탕으로 매체 텍스트를 수용하고 생산하는 활동을 교육 내용으로 제안하고 있다. 그리고 이런 활동을 위해 정보 전달과

1) 매체언어는 독자적인 개념이라는 맥락에서 붙여 쓰는 것을 원칙으로 하였으며, 과목명인 <매체 언어>는 교육과정 문서의 띄어쓰기 방식을 따랐다.

설득, 심미적 정서 표현, 사회적 상호 작용의 형태로 이루어지는 매체 자료의 유형을 제시하고 있다.

이상과 같은 매체에 대한 국어교육 차원의 논의에서 매체는 일차적으로 언어적 작용과 활동이라는 관점에서 탐구되고 있다. 이때 매체는 소통의 자료이자 의미 생산과 유통의 자료이고, 매체언어 교육은 매체의 의미 작용, 소통 원리에 대한 교육이 된다. 즉 현대 사회에서 새로운 매체는 인간의 의사소통에서 인쇄 매체가 담당했던 역할과 기능을 나누어 맡고 있다.

## 2. 언어와 매체를 바라보는 관점

현대 사회에서는 다양한 매체의 등장으로 인간이 정보와 지식을 얻고 수용하는 언어 양식 자체가 다양해졌다. 이는 문자언어와 음성언어를 중심으로 한 기존의 언어 개념 자체에 대한 재검토를 요구한다. 언어에 대한 복합 양식의 관점은, 문자언어나 음성언어뿐 아니라 이를 포함한 다양한 소통 양식들이 모두 일정한 기호학적 원리들에 의해 작용된다는 점을 강조하는 것이다. 이는 이론적으로 언어의 사회적 기능과 실현에 초점을 두는 기능주의 문법(functional grammar)에 바탕을 둔다.

그 대표적 학자인 할리데이(Halliday, 1985)에 따르면 언어는 다음의 세 가지 요건, 즉 어떤 대상이나 사건을 기호를 통해 표상할 수 있는 기능, 소통 주체 간의 상호작용을 가능하게 하는 기능, 텍스트를 조직하는 기능에 의해 성립되는 것으로 간주된다. 이러한 할리데이의 언어 개념은 복합 양식 이론을 지지하는 사람들의 이론적 기반이 되었다. 이미지나 영상과 같은 시각 언어 역시 이 세 가지 조건을 만족시킨다는 점에서 언어로 볼 수 있다. 예를 들면 텔레비전의 프로그램은 문자(자막)와 말(음성), 영상 언어를 포함한 복합 양식의 언어가 의미 작용하는 것이라고 볼 수 있다.

이러한 관점에서 매체의 이해와 표현 방식은 의미를 드러내고 전달하며 나아가 이에 대한 해석을 필요로 한다는 점에서 언어의 측면에서 초점화하여 접근할 수 있다. 구체적으로 신문 · 잡지 · 영화 · 텔레비전 · 인터넷 등과 같은 현대 사회의 매체에서 의사소통은 말이나 글을 통해서만 이루어지는 것이 아니라, 말과 글이 그림이나 사진, 동영상 등 다양한 시각적 기호 및 영상 언어와 결합되어 의미를 형성하는 경우가 대부분이다. 따라서 이러한 의미작용에 관여하는 매체언어는 음성과 문자언어 차원을 넘어서 기호의 차원으로 확대되는 통합적 언어의 형태를 띠고 있다.

매체언어는 인간 소통의 역사적 발전 속에서 생겨난 다양한 매체의 의미화 양식들 또는 언어 양식들로서, 기존의 문자언어와 음성언어의 영역을 넘어선 보다 넓은 의미의 언어로 재개념화되어야 한다. 그리고 매체는 이처럼 다양한 의미화 양식들(언어 양식들)이 특정한 형태의 텍스트로 전환되는 과정에 개입하는 기술적 형식으로서, 넓은 개념의 언어를 담는 형식으로 좁은 개념의 언어와는 구분되는 층위로 이해되어야 한다.

## 3. 소통론의 확장

인간의 의사소통 역사는 주로 소통 기술의 측면에서 본 주요 매체의 발달과 관련하여 이해된다. 즉 언어의 발명, 구텐베르크의 인쇄기 발명, 마르코니의 전신 발명이 그 중요한 계기가 되는 사건들이다. 이 사건들을 기점으로 인간의 의사소통은 문자언어 등장 이전 시대, 문자 시대, 구텐베르크 시대, 전기 전자 시대로 구분되고 있다. 이에 따라 인간의 의사소통 방식은 면대면 소통(face-to-face communication), 매개된 소통(mediated communication), 대량 소통(mass communication)의 세 가지 유형으로 크게 나눌 수 있다.

먼저 면대면 소통에서 상호작용의 참여자들은 같은 공간과 시간에 존재하면서 음성과 문자언어는 물론 몸짓과 표정을 포함한 다양한 상징물을 통해 대화할 수 있다. 이에 비해 편지 쓰기나 전화 대화와 같이 매개된 상호작용에서는 공간과 시간의 맥락이 분리되어 있는 개인들이 상대방에게 정보나 상징물을 전달하기 위해 종이, 전신, 전파 등을 사용한다. 그리고 면대면 소통과는 달리 매개된 소통에서는 참여자들이 이용 가능한 상징적 단서들이 제한되는데, 편지를 통한 상호작용의 경우 몸짓이나 표정을 통한 상호작용은 할 수 없게 되는 것을 예로 들 수 있다. 현대에 와서는 인터넷을 통해 문자와 이미지, 이성과 감성의 복합적 대량 소통이 이루어지고 있다.

특히 인쇄술의 발명으로부터 시작된 대량으로 복제되어 소통되는 새로운 소통 방식은 인간의 소통 방식이나 지식과 정보 교환 방식에 커다란 영향을 미쳤다. 나아가 이는 소수의 지식인이 생산하고 향유하던 인문적인 관점의 고급문화 개념을 대중들이 일상생활 속에서 생산하고 유통하는 것까지를 문화의 범주로 확대하는 결과를 낳기도 하였다.

한편으로 이는 소통의 방식이나 양상에만 주목했던 평면적 소통 논의를 생산자(발신자)와 수용자(수신자) 사이에 존재하는 분배자(보급자)라는 새로운 객체에 주목하여 생산-분배-수용이라는 다면적 맥락에서의 소통 논의로 확장하는 결과를 가져온다. 소통 상황에서 수용 과정에 상당한 영향을 미칠 수 있는, 판촉 활동을 벌이는 분배자의 역할이 새롭게 주목되게 된 것이다. 또한 수용자 역시 이전의 수동적인 수용자가 아니라 능동적으로 생산에 개입하게 되는 생산자로서의 수용자로 위상이 재정립되게 된다.

현대의 소통 논의에서 소통의 생산물은 하나의 상품일 뿐, 이것이 수용자에게 전달되기 위해서는 분배자의 적극적 개입이 소통 맥락상에 놓여야 한다. 또 생산물 소비자로서의 수용자 역시 차시의 생산물 생산에 영향을 미칠 수도 있는 존재로 떠오르고 있다. 매체언어 교육에서는 이러한 소통론의 확장과 함께 이러한 변화가 문화 개념의 확대와도 관련된다는 점 역시 고려되어야 한다.

## 4. 문화 능력의 신장

어떤 정보를 찾기 위해 도서관을 찾고, 타인과의 소통을 위해 전화나 편지를 사용하던 이전의 학습자와는 다르게 현대의 학습자들은 변해 있다. 따라서 매체언어 교육 논의는 교실 안에 있는, 우리 사회를 살아가는 학습자들이 과연 어떤 개인적 · 사회적 경험과 지식, 능력을 가지고 있는가, 무엇을 필요로 하는가를 정확히 파악하는 것에서부터 시작되어야 한다.

매체나 매체언어에 대해 논할 때 우리는 종종 성인은 논리적이고 현명한 소비자로, 청소년은 성인의 수준에 이르지 못하는 미숙한 소비자로 전제한다. 청소년 문화에 교육적으로 개입하고 싶어 하는 교사들은 청소년의 매체 활동에 대한 이러한 시각을 검토하는 데에서부터 출발해야 한다. 아울러 청소년기를 규정하는 고정적이고 추상적인 시각에서 유동적이고 구체적인 시각으로의 인식 변화 역시 수반되어야 한다. 청소년기라는 관념은 사회적으로 구성된 것으로 역사와 사회문화적 맥락에 따라 다른 형태를 띠게 될 수 있고, 그것은 현대와 같이 미디어가 급속도로 발달하는 사회에서는 성인기와 경계짓기 모호한, 낯선 형태로도 나타날 수 있기 때문이다. 매체언어 교육이 현재 교육의 주체이자 미래의 소통과 문화 주체인 학습자의 발달 변화를 전제로 접근되어야 하는 것도 같은 이유에서이다.

한편 매체를 통한 소통의 양상과 작용은 세대별로, 또 미디어에 따라 다르다. 매체와 가장 밀접하게 관련된 것처럼 보이는 학습자의 매체 경험 역시 실은 아주 협소하고 제한적이다. 학습자들이 주로 관련을 맺고 있는 매체는 접근이 용이하고 즉자적 흥미를 누릴 수 있는 핸드폰 문자, 인터넷 미니 홈페이지, 컴퓨터 게임 등이고, 이러한 학습자들의 매체 문화는 빠른 속도로 변하고 있다. 이러한 변화 속도는 매체로부터 거리를 둘 수밖에 없는 기성세대는 물론, 점점 늘어나고 있는 다문화가정 학습자들에게는 감당하기 어려운 부분이기도 하다.

따라서 새로운 교육과정에 따라 매체언어 교육을 공교육의 차원에서 실시함으로써, 성인과 청소년, 교사와 학습자뿐만 아니라 학습자(다문화가정 학습자를 포함하는) 간의 차이와 갈등을 줄이고 문화 내 소통(intra-cultural communication)을 이룰 수 있는 계기를 마련할 수 있을 것이다.

## III. 매체언어 교육의 중요 쟁점들

이 책의 집필에 참여했던 연구팀은 이상의 논의를 발전시켜 초·중등학교 교사 양성 기관인 교육대학이나 사범대학에서 국어교육을 전공하는 2, 3학년 학생들을 주된 학습자로 하는 매체언어 교재인 '매체언어와 국어교육'을 개발하고자 하였다. 이와 같은 목적을 가지고 이 책을 집필함에 있어 쟁점이 된 사안들 몇 가지를 구체적으로 살펴보면 다음과 같다.

### 1. 매체언어, 리터러시(literacy)의 개념

이 책에서는 매체언어 교육에 대한 각론 차원의 본격적인 연구를 전개하기에 앞서, 다음의 두 개념에 대한 정밀한 논의가 필요함을 인식하였고 이에 대한 입장을 먼저 명확히 해 두고자 하였다.

#### 1) 매체언어

생활 속에서 언어의 부분을 가져오는 것이 국어교육이라면, 매체의 부분에서 국어와 관련되는 부분을 가져와야 할 것이다. 이러한 관점에서 매체언어라는 용어와 국어교육은 잘 닿아 있어, 실제로 기존에 많은 연구자들이 매체언어라는 용어를 사용했다. 그러나 매체언어라는 용어는 언뜻 언어와 그 재현에 관련된 부분만을 상기시켜 생산자와 수용자라는 중요한 개념을 빠뜨리는 것처럼 보인다. 나아가 생산자와 수용자의 탈락은 문화적 부분의 탈락으로 읽혀질 수 있다는 점에서 제한점이 있다. 또한 국어교육 이외의 영역에서는 매체라는 용어를 주로 사용한다는 점에서도 매체언어라는 용어에는 제한적 부분이 존재하는 것이 사실이다.

특히 국어학 관련 글에서는 매체언어를 논의할 때 용어 자체의 축자적 의미에 충실하게 매체에 표현된 언어만을 대상으로 하는 경우가 있어, 이에 대한 비판과 함께 언어의 범주에 대한 재설정이 필요하다고 보았다. 즉 매체언어를 말, 소리, 글, 동영상, 이미지 등의 결합으로 파악할 필요가 있다는 것이다. 이러한 매체언어의 수용 측면에서는, 그것이 '매체'든 '매체언어'든 '미디어'든 간에, 국어교육적 사고가 가장 중요할 것이다. 물론 그 선택된 용어로 인해 외연이 좁아지거나 넓어지는 가능성은 항상 염두에 둔 채 말이다.

2) 리터러시

리터러시라는 용어는 현재 너무나 다양하게 쓰이고 있어 특성이 없는 용어로 보일 수 있다. 이를 국어교육적 관점에서 우리 나름의 개념이나 용어로 새롭게 사용하는 것이 필요할 것이다. 'literacy'에 대한 역어로 '소양'을 사용해 정보를 알고 활용하는 것에 초점을 두는 다른 과와 달리, 국어교육과는 읽고 쓰는 것을 넘어서는 문화적 범주로까지 나아간다는 측면에서 기왕의 번역 용어인 '문해력/문식성'까지를 고려해야 한다.

한편 리터러시의 영역에 있어서도 이제까지의 연구에서는 그 영역이 너무 좁게 형성되어 왔다. 새로운 기술과 새로운 리터러시 형태 사이의 협력보다는 새로운 기술이 오래된 실행에 어떤 영향을 미치는지만을 보여주었을 뿐이다. 그러나 이보다 앞서 필요한 고민은 기존 매체와 새로운 매체를 어떤 방식으로 결합해야 할 것인지에 대한 것이다. 컴퓨터로 워드프로세서 작업을 통해 글을 쓰는 것과 종이에 연필로 글을 쓰는 것 자체는 근본적인 글쓰기의 개념 차이를 가져오지는 않는다. 오히려 새로운 매체를 활용해서 '무엇'을 할 것인지에 대한 고민과 새로운 매체에 적합한 방식은 무엇인지에 대한 고민이 필요하다.

새로운 매체 시대의 리터러시를 연구하기 위해서는 새로운 접근법을 추구해야 한다. 예를 들어 영상 매체에서의 리터러시는 '복합 양식 리터러시(multimodal literacies)'라는 분명한 특성을 갖는다. 따라서 이에 대한 리터러시는 영상 매체에 대한 분석과 해석 두 가지 모두를 포함하는 리터러시가 되어야 할 뿐만 아니라, 나아가 그 안에는 디지털 테크놀로지와 같은 매체의 특성을 인식하고, 그것을 사용하여 만들어내는 생산(창작)의 개념까지도 포함해야 한다.

## 2. 수용

다양한 매체들은 언어와 문화, 국어의 표현 방식에 새로운 변화를 가져왔다. 이에 따라 기존 매체와 새로운 매체의 기능 분담 또는 역할 재편이 이루어졌다. 이는 새로운 매체로 인한 패러다임의 변화에 대해 비판적 고찰이 필요한 시점이라는 의미이기도 하다.

예를 들어 인터넷 내지는 디지털은 비선형적 사고를 가능하게 해준다. 그러나 인터넷을 통해 이루어지는 모든 사고가 비선형적 사고는 아니며, 인터넷상의 글쓰기 또한 진정한 비선형적 글쓰기는 아니다. 인터넷상의 글쓰기 역시 생각의 논리가 있는 선형성을 가진 글쓰기로 볼 수 있다. 그 글을 읽는 독자는 머릿속에 선형적으로 내용을 재구성하여 글을 이해하게 된다. 인터넷상의 글쓰기는 오히려 기술적 특성을 알고 그것을 어떻게 쓸 것인가의 문제로 이어져야 할 것이다. 따라서 매체와 기록 방식 변화로 인해 산출된 글의 스타일 변화 현상 자체에 대한 학생들의 탐구 활동이 선행되어야 한다.

수용의 문제에 있어서는 이와 같은 매체에 따라 달라지는 언어 사용 방식 이외에도 소통 맥락의 변화로 인한 비판적(critical) 수용이라는 문제 역시 존재한다. 맥콤과 쇼(McCombs and Shaw)는 의제설정 효과(Agenda setting effect)라는 이론을 통해 매체 논제라고 하는 것이 사람들에게 공유된 결과 이 논제가 공중의 논제, 즉 수용자가 중요하다고 인식하고 있는 사회적 논제가 된다고 이야기하였다. 즉 과거 매체의 영향을 논할 때 무엇을 생각할 것인가(what to think)에 초점이 맞추어지던 것이 무엇에 대해 생각할 것인가(what to think about)에, 나아가 사람들이 그 이슈에 대해 어떻게 생각할 것인가(how to think)까지에도 매체의 영향력이 미친다는 것이다.

이러한 매체의 영향력에 관한 한 학습자도 대중이 비판하는 바의 판단력,

주로 부정적인 측면으로 작용하는 판단력을 지니고 있다. 이런 맥락에서 학습자들은 설득적 의도를 지닌 매체에 대해 합리적이고 현명한 소비자의 입장을 곧잘 취할 수 있고, 이러한 학습자들에게 교사들은 이미 학습자들 자신이 알고 있다고 스스로 믿고 있는 것을 다시 가르치려 드는 사람이 될 수 있다는 점도 유념해야 한다. 또한 교실 상황에서 학습자는 매체에 대해 무조건 비판해야 한다는 강박관념에 시달릴 수도 있다.

실제로 학습자는 매체에 대해서 적극적 수용자이자 나름의 판단력을 지니고 있는 사람들이다. 또한 그들의 사고는 보호주의자들인 성인들이 생각하는 것보다 복잡하고 때로는 모순적이기도 하다. 매체언어 교육에서 수용의 문제를 다룰 때는 학습자들의 이러한 성향을 이해하는 것이 중요하다. 학습자들을 매체에 대한 무조건적 비난이 아닌 중립적인 비판의 입장에 서게 하기 위해서는 교사뿐만 아니라 특히 동료 학생의 영향력이 크게 작용할 것이다.

## 3. 생산(창작, 표현)

매체언어 교육에서 생산(창작)[2) ]논의가 수월해진 것은 인터넷이라는 뉴미디어(new media)의 등장과 궤를 같이한다. 인터넷에서는 누구든지 즐겁게 글을 쓰고 자기 생각을 표현할 수 있다. 인터넷의 소통 구조는 기존 대중매체(mass media)의 소통 구조인 전달자를 중심으로 한 일방적 소통 차원을 넘어 쌍방향 소통 및 상호작용적 소통 구조로 이루어져 있다. 이러한 점에서 다양한 소통 주체 간의 상호적 의미 전달과 공유를 기술적으로 가능하게 한다.

그런데 소통은 서로 간의 이해가 이루어졌다는, 즉 쌍방향적 소통이 이루어졌다는 것인데 인터넷에서의 표현은 진정한 의미의 소통이 아닌 일방적인 전

2) 매체교육에서는 제작이라는 개념이 사용되기도 한다. 이 용어가 가지는 기능적, 기술적인 측면이 부각될 수 있다는 점을 고려하여, 이 책에서는 국어교육의 관점에서 생산, 창작, 표현 등의 용어를 맥락에 따라 사용한다.

달에 그치는 경우가 많다. 그러나 표현하는 것만이 소통의 전부는 아니다. 따라서 진지성이 결여된 채 놀이라는 개념으로만 인터넷에 접근하는 현재의 방식을 넘어 진지성과 놀이의 특성을 결합한 새로운 교수-학습 모형이 필요하다. 또한 인터넷상에서 지식을 계속적으로, 협력적으로 창작할 수 있다는 장점을 의미 있게 사용할 수 있는 방법은 무엇인지에 대해서도 논의해야 한다.

이를 위해 매체언어 교육에서의 생산은 학습자가 매체 생산물을 적극적으로 이해하고 생산 구조에 대한 지식을 토대로 그 과정에 직접 생산자로서 참여할 수 있는 기회를 제공할 수 있다. 또한 무엇을 매체에 담을 것인가를 결정하고 어떤 기술적인 방법을 사용할 것인가를 학습자 스스로 판단함으로써 매체와 매체언어 전반에 대한 이해를 높일 수 있다. 이러한 생산은 학습자가 스스로 매체 활동을 수행할 수 있는 창의적으로 표현하되, 사회적 협동적 측면을 지닌 생산이나 표현이 될 때 학습에 유의미할 것이다.

그러나 매체 생산 교육은 목적 그 자체가 아니라 매체의 총체적 이해를 위한 수단이 되어야 한다. 이에 대한 인식이 불분명할 경우 매체 표현 교육은 기술적인 측면에만 치중하는 문제를 야기할 수 있다. 매체언어 교육에서 기술적인 측면은 그러한 기술적 요건이 전체 매체 생산물에 작용하는 영향이나 수용자에게 주는 효과 때문에 더 중요하다는 점이 부각되어야 한다. 따라서 이러한 매체 생산과 창작에는 체계적인 성찰과 자기 평가가 뒤따라야 한다. 나아가 매체를 학습자의 일상의 삶과 연결시키는 교육이 되어야 한다.

## 4. 매체 간 변환

원작과 그것을 다른 매체로 바꾼 작품을 바라볼 때는, 주종관계가 아닌 매체 간 변환[3]의 측면에서 바라보아야 한다. 이는 문학 텍스트, 영화, 드라마,

---

3) 변환은 텍스트의 속성이나 형태가 크게 바뀌지 않는 전용(transposition)과 텍스트의 형태가 크게 바뀌는 변용(변형)의 개념을 아우르는 개념이다.

만화, 광고 등의 영상 텍스트들을 대상으로 다양한 텍스트의 언어적 측면과 문화적 측면을 탐색하는 과정에서 논의될 수 있다. 이때 매체 종류에 따라 표현 방식이 어떻게 달라지는가에 주목하여 영상 문법 등을 교수-학습할 수 있을 것이다. 또 매체 간 변환을 바라볼 때 원작과 개작에 대한 학습자 수용 측면뿐만 아니라 창작 등의 차원까지 확장하여 매체 간 변환에 대해 폭넓게 살펴보고, 이를 매체언어 교수-학습 활동으로 실천해야 한다.

이 책의 집필 과정에서 매체 간 변환의 문제는 크게 서사와 서정 장르로 나누어 살필 수 있었다. 서사 장르 측면에서는 서사 장르가 매체가 등장함으로써 어떻게 변하는가를 중심으로 서사에서 매체로의 변환뿐만 아니라 매체에서 서사로의 변환이나 서사와 매체의 동시 제작 등의 문제가 다양하게 다루어질 수 있다. 소설을 영화로 변환한 것뿐만이 아닌 영화를 소설로, 게임을 영화로 변환한 것 등의 다양한 매체 변환 양상과 실제를 확인할 수 있다. 이 과정에서 실제적 교육 현장에서 제작된 자료도 적절히 활용될 수 있다.

서정 장르에서의 매체 간 변환에 대한 논의는 이제까지 시와 광고, 시와 그림 등의 영역에서만 제한적으로 이루어져 왔다. 이 책에서는 영상시, 키치(kitsch)시, 시 레터(letter), 인터넷 시 낭송, 시화집 모음 등을 중심으로 시와 영상의 통합성을 중점적으로 다루되, 이를 매체를 통한 시 영역의 확대 차원에서 다룰 것이다. 이는 매체 간 변환을 다룰 때 장르 중심 접근보다는 목표에 따른 효율성을 따지는 것이 필요하다는 관점에 있기 때문이다. 즉 매체의 내용에 대한 단순한 수용이나 활용을 넘어 새로운 매체가 가지는 원리에 주목하여 실제로 매체를 제작하는 데까지 나아가고자 한다.

## 5. 저작권 및 윤리

인터넷은 단지 소통의 도구라는 수단적 의미를 넘어서 소통 주체들의 적극적 활동 공간인 가상공간을 출현시켰고, 이러한 인터넷 매체의 소통 방식으로 인해 최근에는 부정적인 문화 양상도 나타나고 있고, 이는 때로 매우 심각한 수준에까지 이르고 있다. 예를 들어 휴대전화가 문자 메시지와 동영상을 통한 집단 괴롭힘의 도구로 악용되고 있기도 하다. 또 사실 확인을 제대로 거치지도 않은 고발과 소문이 인터넷 게시판이나 댓글을 통해 유포되면서, 이 과정에서 개인의 사생활이 크게 위협받을 뿐만 아니라 여론 재판을 통하여 일방적으로 매도되는 경우도 있다.

이러한 부정적 현상은 소통의 관점에서 볼 때 디지털 매체의 발달이 급격하게 이루어지면서 매체 자체가 사적 소통과 공적 소통을 동시에 매개하는 방식으로 발전한 가운데, 사적 영역에서의 수다 또는 하소연으로 그쳐야 할 이야기들이 무분별하게 공적 영역으로 확산되는 소통 윤리의 부재에서 기인하는 것이다. 즉, 자동적이며 무책임한 즐거움만을 좇아 본래의 지시 대상과 기의로부터 분리된 기표들이 자유롭게 복제, 수정, 변형되어 새로운 의미를 생성하는, 보드리야르(Baudrillard, 1996)의 용어로 표현하면 시뮬라시옹(simulation) 현상이 보편화되고 있는 것이다.

개인이 쉽게 생산자가 될 수 있는 가능성을 열어 놓은 매체의 장점이 제대로 살아나기 위해서는 소통 주체 스스로 소통 윤리에 대한 자기 검열을 강화해야 한다. 또한 악성 댓글이나 정보의 무분별한 인용(펌질)에 대해서도 강력한 비판과 감시 의식을 갖고 실천할 필요가 있다. 한편 이는 언어학적 관점에서 볼 때 언어사용역(register)의 사적 영역과 공적 영역 간의 자유로운 넘나듦으로 인해 생기는 장점을 인식하면서도, 그 경계가 여전히 유효해야 하는 주제와 형식이 있음을 소통 주체가 인식해야 하는 문제이다. 이는 곧 디지털 매체 시대의 새로운 문식성, 즉 디지털 리터러시의 문제이기도 하다.

이처럼 매체언어 교육에서 인터넷을 통한 글쓰기와 텍스트 수용에 있어 저작권의 개념 및 소통 윤리는 그 실제 양상 분석을 토대로 소통 윤리 교육의 필요성에 주목하여 논의되어야 한다. 특히 저작권 문제의 경우 최근에 와서 상업화 문제와 관련되어 논의되고 있는 개념 범주의 변화도 함께 고려되어야 한다. 아울러 새로운 매체 저작권이나 윤리 문제는 인간의 도덕과 윤리와 같은 기본의 문제라는 시각에서 접근할 필요가 있다.

# 제1장 국어교육에서 매체를 바라보는 관점

## I. 국어교육과 매체

### 1. 매체 이용 실태와 국어교육적 함의

오늘날 우리가 정보를 얻거나 새로운 소식을 접하고, 다른 이들과 의견을 나누며 여론을 형성하는 과정, 그리고 문화와 여가 생활을 누리는 데 있어 인터넷을 비롯한 여러 가지 매체가 차지하는 비중은 매우 크다. 이에 따라 국어교육의 내용인 언어를 통한 정보와 지식의 수용 및 문화의 향유, 그리고 일상적인 의사소통 능력에 있어서도 매체의 영향을 고려하는 일이 중요하게 대두되고 있다. 인터넷 이용에 관한 조사에 따르면 학교 교육의 수혜자인 초·중·고등학생들이 인터넷을 이용하는 비율은 거의 100%에 가까운 것으로 나타났다(한국인터넷진흥원, 2008). 인터넷 포털 사이트인 '네이버'의 지식 검색 시스템 '지식iN'이 백과사전이라고 생각하는 어린이들이 있다는 이야기가 농담처럼 들리지 않을 정도로 인터넷의 영향력은 커지고 있다.

#### 1) 매체 이용 목적과 의사소통의 관련성

그렇다면 이와 같은 매체 이용의 목적은 무엇일까? 한국인터넷진흥원의

[그림 1-1] 연령별 인터넷 이용률 현황(한국인터넷진흥원, 2008)

2007년 하반기 정보화 실태조사 결과에 따르면, 인터넷 이용 목적은 자료/정보 획득(87.5%), 음악, 게임 동영상 등 여가활동(86.1%), 전자우편/채팅 등 커뮤니케이션(83.0%) 등으로 조사되었다. 메신저 이용률은 47.8%이며, 주로 친교활동을 위한 채팅을 위해 이용하는 것으로 나타났다. 인터넷 이용자의 40.4%가 본인의 블로그를 운영하고 있으며, 본인 블로그 운영자의 67.7%는 주 1회 이상('하루에 1회 이상' 35.8%, '일주일에 1회 이상' 31.9%) 블로그를 업데이트하는 것으로 나타났다(한국인터넷진흥원, 2008).

세분화된 분야에 따라 세대에 따른 이용 방식에 다소 차이가 있기는 하지만, 인터넷 이용 비중이 전체적으로 높은 커뮤니케이션, 여가활동, 자료・정보 획득 분야 모두, 국어교육의 본령이라 할 수 있는 언어적 의사소통과 문학을 포괄하는 상위 범주이다. 특히 커뮤니케이션 분야와 관련된 인터넷 이용 통계는 인터넷이 언어와 문화적 삶에 미치는 영향과 중대성을 매우 직접적으로 보여주는 것이라 할 수 있다.

한편, 「UCC 이용 실태 조사」에 따르면, 조사 대상자의 83.5%가 다른 사람들이 작성하거나 제작한 UCC를 보거나 이용한 경험이 있고, 74.0%는 월 1회 이상 UCC를 이용하고 있었다(한국인터넷진흥원, 2007). 여기서 UCC(User Created Contents)란 다른 사람들이 작성・제작한 글, 그림, 음악, 사진, 동영상 등을 망라하는 개념이다. UCC를 이용하는 주된 경로는 포털의 UCC 전용 게시판(77.0%)이나 블로그 혹은 미니홈피(71.1%)이고, 주로 생산되는 UCC의 형태는 글(86.1%)이나 사진(79.6%)으로 나타났다. 이는 매체 발달에 따라 우리의 일상생활에서 의미가 표현되고 전달되는 방식에 이미지와 같은 매체언어가 글 못지않게 큰 비중을 차지하고 있음을 말해준다.

### 2) 매체 이용 현황의 국어교육적 함의

지금까지 논의한 매체 이용 현황을 국어교육적 함의와 관련지어 고려할 때, 다음과 같은 사실에 주목하게 된다.

첫째, 과거에는 매체에 의존하지 않았던 대인 의사소통이나 집단 의사소통과 같은 인간의 의사소통까지도 인스턴트 메신저와 블로그, 인터넷 게시판 등 인터넷에 의해 매개되는 정도가 갈수록 증대되고 있다. 이는 대인 커뮤니케이션과 정보 교류에서 인터넷의 중요성이 증대되었음을 보여주는 것으로, 매체라고 하면 신문이나 텔레비전 등과 같이 소수의 전문가가 생산하고 일반인들은 수용자로서만 접근이 가능했던 매체를 떠올렸던 상황에 변화가 생겼음을 말해준다. 이는 국어교육이 중시하는 언어활동의 내용인 '듣기, 말하기, 읽기, 쓰기'가 매체를 통하지 않고 이루어질 때와 매체를 통해 이루어질 때 어떻게 언어 사용 방식과 전달 효과가 달라질지에 대해 이해하는 것이 의사소통 능력에 있어 중요하게 대두되었음을 의미한다.

둘째, 일반인들의 정보 획득에 있어 매우 큰 영향을 미치는 매체인 텔레비전과 인터넷의 올바른 수용에 대해 국어교육이 주목해야 함을 보여준다. 텔레비전은 정보 획득에 있어 가장 큰 비중을 차지하는 매체이다. 또 최근에는 인터넷을 통해 정보를 접하는 비율이나 인터넷에서 정보를 구하려는 비율이 늘어나고 있고, 인터넷에서 접하는 정보를 신뢰하는 사람들도 늘어나고 있다. 많은 이들이 매체를 통해 정보를 접하고 있는 만큼, 이러한 매체가 특정한 정보를 어떻게 선택하고 배제하는지, 그리고 선택된 정보를 어떤 관점에서 재현(표상)하는지에 대해 주의 깊게 다룰 필요가 있다. 이는 국어교육에서 중시하고 있는 비판적 읽기 교육이 텔레비전이나 인터넷 텍스트를 읽고 쓰는 데에도 적용되어야 함을 말해준다.

셋째, 매체를 통해 이루어지는 의사소통에서는 이미지가 중요한 역할을 한다. 신문 기사나 광고, 텔레비전, 비디오, 영화, 인터넷 등 거의 모든 매체에서는 글이나 말 못지않게 이미지가 의미의 표현과 전달에서 중요한 역할을 한다. 어린이들이 즐겨보는 그림책의 경우도 글이 전달하지 않는 의미를 그림이 나타내는 경우가 많다. 한편 인터넷이 등장하면서 일반인들도 디지털 카메라나 캠코더를 이용해 사진이나 동영상을 찍어 글과 함께 게시판에 올리기도 한다. 이처럼 매체를 통해 이루어지는 의사소통의 경우, 시각적인 이미지와 동영상의 역할과 기능이 전통적인 말과 글에 못지않게 중요하게 부각되어 있고, 실제로 일반인들에 의해서도 중요하게 인식되고 있다. 이는 다양한 언어와 기호가 복합적으로 어우러져 의미 작용을 강조하는 언어 개념의 변화를 필요로 한다. 이에 대해서는 뒤에서 보다 자세히 다룰 것이다.

## 2. 의미와 소통의 매개체로서 미디어

앞서 정보와 지식의 획득에 있어 텔레비전과 인터넷 등 매체의 영향력이 중요하게 부각되고, 일상생활에서 개인들 간에 이루어지는 의사소통에도 매체의 영향이 증대되었다. 더욱이 의미를 주고받는 데 있어 말과 글뿐 아니라 이미지도 중요한 역할을 하고 있다는 점을 살펴보았다. 이러한 사실은 국어교육에서 매체를 바라보는 관점이나 방식이 사회교육이나 윤리교육 등 다른 교과에서 매체를 다루는 관점이나 방식과 차이가 있을 수 있음을 짐작하게 해 준다.

국어교육에서 지금까지 다루어 온 내용은 문자와 음성 언어를 통해 이루어지는 의사소통이라 할 수 있다. 듣기 · 말하기 · 읽기 · 쓰기 등의 언어활동은 문자와 음성 언어를 통해 이루어지는 일상적, 그리고 심미적 의사소통을 다루기 위한 구분이다. 이러한 언어활동을 의사소통의 관점에서 바라보는 것은 의미의 생산자와 수용자가 구체적인 상황 맥락과 사회문화적 맥락 속에서 텍스트를 주고받는 행위를 강조하는 것이다. 여기서 중요한 것은 이와 같은 의사소통을 통해 이루어지는 의미의 수용·생산·전달이라 할 수 있다. 국어교육에서 매체가 중요하게 부각되는 이유는 듣기·말하기·읽기·쓰기 등의 언어활동이 매체 없이 이루어지는 경우도 있지만, 매체의 특성을 고려해 듣고 말하고 읽고 쓰는 일이 많아졌고 또 중요해졌기 때문이라 할 수 있다. 의미와 소통의 매개체로서 매체의 역할이 중요하게 부각되었기 때문인 것이다.

1) 타 교과에서 매체에 접근하는 방식과의 차이

사회교육에서 매체를 다룬다면 주로 매체와 관련된 사회·문화적 현상이나 제도, 그리고 민주시민으로서의 소양을 다룰 것이다. 매체가 정치·경제·사회·문화·인권 등과 어떻게 관련되는지, 매체에 관한 사회적 제도가 어떻게 마련되어 있는지, 사회 변화와 매체가 어떻게 관련되는지 등은 사회교육에서 중요하게 다룰 수 있는 매체 관련 주제들이다. 한편 윤리교육에서는 매체를 대하는 태도를 강조할 것이다. 이를 정보통신 윤리 혹은 정보 윤리라 한다.

이에 비해 국어교육에서는 매체의 언어를 통한 소통 능력, 매체 텍스트의 의미를 중심으로 한 비판적 수용과 창의적 생산 능력, 매체 텍스트의 문화적 가치에 대한 비평 능력 등을 기르는 데 중심을 두게 된다. 따라서 국어교육에서는 의사소통의 중재 수단으로서 매체를 바라보는 관점이 중요하다고 할 수 있다. 즉 매체는 사람과 사람이 의미를 주고받고 소통하는 데 있어 이를 중간에서 실어 나르며 의미에 영향을 미치는 매개체라는 점에 주목하게 되는 것이다. 따라서 매체와 관련된 다양한 이론 가운데에서도 국어교육과 가장 관련이 깊은 이론은 커뮤니케이션 이론, 기호학, 담론 이론 등이라 할 수 있다.

일반적으로 매체에 대한 교육이라고 하면 컴퓨터 프로그램을 능숙하게 다룰 수 있는 능력을 뜻하는 것으로 오해하는 경우가 있다. 그러나 국어교육에서 매체를 다루는 방식은 컴퓨터공학에서 매체를 다루는 방식과는 차이가 있다. 국어교육에서 중요한 것은 앞서도 논의한 것처럼 소통의 방식을 중심으로 하여 매체의 언어가 어떻게 작용하는가, 그것이 어떠한 의미와 심미적 가치를 만들어내는가에 있다.

2) 소통 방식의 세 가지 다른 유형과 매체의 관련성

이와 관련하여 미디어 학자인 톰슨(Thompson)은 인간의 소통을 소통 주체 간 상호작용을 중심으로 하여 분류한 바 있다. 면대면 상호작용(face-to-face interaction), 매개된 상호작용(mediated interaction), 매개된 유사 상호작용(mediated quasi-interaction)의 구분이 그것이다. 이를 소통으로 다시 생각해 보면 면대면 소통, 매개된 소통, 대량 소통(mass communication)으로 구분할 수 있다(윤여탁 외, 2007). 이 중에서 인간에게 가장 친숙한 소통 방식은 상대방과 얼굴을 마주한 상황에서 대화를 나누는 면대면 소통이다. 이 과정에는 어떠한 매체도 필요없고, 목소리와 표정, 몸짓 등을 통해 의미를 주고받는다. 그러나 인간이 늘 면대면으로 소통할 수 있는 것은 아니다. 면대면 소통은 시간과 공간의 제약이 있고, 한꺼번에 많은 사람들에게 동일한 의미를 전달하기에는 한계가 있기 때문이다. 종이에 글을 쓰거나 그림을 그리는 등 간접적인 방식의 매개된 소통이 생겨난 것은 이 때문이다. 편지는 매개된 소통의 대표적인 형태라 할 수 있다.

그런데 일일이 손으로 쓰는 편지는 한꺼번에 많은 사람들에게 동시에 같은 메시지를 전달하기 위한 수단으로는 한계가 있다. 이러한 제약은 인쇄기술의 발달로 인해 극복되었다. 대량 소통을 위해서는 기술 매체의 힘이 필요한 것이다. 책, 신문, 잡지, 라디오, 텔레비전 등은 이와 같이 동일한 메시지를 한꺼번에 많은 사람들에게 동시에 전달할 수 있게 해 주는 기술의 발전에 의해 가능해졌다. 그런데 이러한 대량 전달은 사람과 사람이 직접 만나 소통하는 것이 아니라 특정한 기술 매체를 통해 일어나는 '매개된 소통'의 일종이다. 그러나 편지와는 달리 누가 누구와 소통하는 것인지 그 주체가 분명하게 인식되지 않는다. 예를 들어 텔레비전 뉴스를 보는 상황에서, 뉴스 진행자나 기자, 그리고 방송국은 의미를 전달하는 주체이지만 누가 그 뉴스를 보는지 구체적으로 알 수 없다. 뉴스를 보는 수용자 역시 뉴스 진행자나 기자, 방송국과 직접 소통하는 것이 아니라 마치 그들과 상호작용을 하고 있는 것 같은 느낌을 받을 뿐이다. 대량 소통을 '매개된 유사 상호작용'이라 하는 것은 이 때문이다.

그런데 현대 사회의 의사소통에서 중요한 위치를 차지하는 인터넷이나 휴대전화는 텔레비전의 대량 소통과는 다른 방식으로 인간의 소통에 관여한다. 인터넷이나 휴대전화는 그것을 통해 뉴스나 드라마, 영화 등을 볼 수 있다는 점에서 대량 소통의 기능을 갖기도 하지만, 블로그나 채팅, 통화, 문자 메시지 등을 통해 개인들 간의 일상적인 소통을 매개하기도 한다. 즉 '매개된 소통'과 '대량 소통'의 성격을 모두 지닌 것이다. 인터넷과 휴대전화의 등장으로 인해 이제 매체에 의한 소통은 소수의 전문가가 기계 매체의 힘을 빌어 대량 소통을 할 때만 일어나는 것이 아니라, 일반적인 사람들의 일상적인 의사소통에서도 흔히 경험하는 일이 되었다.

이처럼 소통을 바라보는 광범위한 시각에서 보면, 기존의 국어교육은 기술 매체가 개입되지 않고 인간이 직접 만나 의미를 교환하는 면대면 소통이나, 문자에 의해 매개되는 소통 방식에 초점을 두었음을 알 수 있다. 인간의 개인적, 사회적, 심미적 소통에 매체가 어떻게 관련되는지를 고려하는 교육은 거의 다루지 않았다는 것이다. 매체를 다룬다 해도 다양한 매체를 의사소통의 측면에서 다룬 것이 아니라, 책이라는 특정 매체의 가치를 다른 매체에 비해 높이 평가하여 독서는 중요하게 여긴 반면 다른 매체에 의한 정보나 지식의 소통에 대해서는 다소 소홀히 다루었다고 할 수 있다. 이런 관점에서 볼 때, 이제는 보다 다양한 매체에 의해 이루어지는 의사소통과 의미 작용에 대해 국어교육이 관심을 기울일 필요가 있다고 하겠다.

### 3) 대중문화와 국어교육의 관계

국어교육에서 매체에 주목하게 된 일차적인 계기는 대중매체의 문화적 영향력 증대에 대한 경계 혹은 그 영향력을 이용하여 문학을 가르치려 한 것에서 찾을 수 있다. 문학 작품보다 만화, 텔레비전 드라마, 영화 등을 선호하는 것에 대해 경계하는 마음이 여전히 있었고, 따라서 이에 접근하는 방법은 주로 문학과 영화의 서사나 문학적 가치를 비교하는 것이다. 또한 대중가요나 광고 등에 나타난 언어 사용을 시의 비유나 운율과 비교하는 방식도 자주 쓰이는 방법이다. 광고에 나타난 참신한 언어 사용을 언어 문화와 관련하여 논의하거나, 텔레비전이나 통신언어에 나타난 언어 파괴 현상에 대해 비판하는 것 등은 국어교육의 영역과 관련지어 보면 문법교육의 내용에 해당된다고 할 수 있다.

이런 경우는 매체의 의미 작용을 다루기는 하지만, 그것이 주된 목적은 아니고, 기존의 문학, 문법, 언어사용 방식과 비교하기 위해 활용하는 차원에 해당된다고 할 수 있다. 그러나 앞서 매체 이용 현황을 보았듯이 정보와 지식, 문화의 수용과 생산, 일상적 의사소통에서 매체의 영향력이 증대되었다. 그리고 이에 따라 어떤 매체를 통해 의미가 만들어지고 전달되는가가 중요하게 대두되었다. 언어 사용과 의사소통에 있어 매체 특성이 어떻게 작용하는지를 이해하는 것이 중요해진 것이다.

예를 들면 똑같은 말을 하더라도 의사소통의 목적, 수용자의 수, 수용자와 나의 관계, 상황 맥락 등을 고려하여 어떤 매체로 전달하는 것이 좋을지, 그것이 언어 사용에 어떤 영향을 미칠지에 대해 고려하는 것이 중요하다. 직접 만나서 대화하는 것, 전화로 통화하는 것, 문자 메시지를 보내고 전자우편을 보내는 것이 소통 주체 간의 상호작용과 언어 사용에 어떤 영향을 미치는지, 또 어떻게 의미를 형성하는지에 대한 고려가 필요해졌다. 이것이 의사소통 능력에 있어 중요한 요소가 되었다. 오늘날 매체언어 교육이 중요하게 대두된 것은 이 때문이라 해도 과언이 아니다.

텔레비전이나 신문은 대량 전달 매체, 소수의 전문가가 생산자로 접근할 수 있다. 만약 평범한 일반인이 사회적인 현안에 대한 자신의 의견을 방송 뉴스에 내보내고 싶다고 해서, 방송국에 전화를 걸어 자신을 인터뷰할 것을 요청한다면 방송국에서는 이를 어떻게 받아들일까에 대해 생각해 볼 수 있다. 이 사람의 행동이 정상적으로 보이지 않을 것은 충분히 예상할 수 있다. 다소 엉뚱한 상상이지만, 이러한 예는 대중매체는 누구나 쉽게 접근하여 자신의 의견을 표현할 수 없음을 새삼 깨닫게 해 준다.

실제로 신문이나 방송 등의 대중매체는 자기 기관에 소속된 사람이거나, 특정한 방식으로 승인된 사람들이 목소리를 낼 수 있는 전문적이고 다소 폐쇄적인 매체이다. 또한 수많은 사회적 사건과 사안들 가운데 무엇에 사람들이 관심을 가져야 할지에 대해 영향을 미치는 의제 설정 기능이나, 그것을 어떤 틀로 바라보아야 할지를 결정해 주는 틀짓기 기능도 지닌 영향력 있는 매체이다. 그러나 인터넷에서는 비록 사회적 영향력은 적을지라도, 대중매체와는 달리 누구나 자신의 의견을 표현할 수 있다. 의사소통과 의미 작용에 관해 이제 국어교육에서도 이런 것을 학습 내용으로 삼을 필요가 있다. 이 때 중요한 것은 국어교육과 관련하여 매체를 수용하는 것은 의미와 소통의 매개체로서 매체가 갖는 중요성, 특성에 대한 것이라는 점을 잊지 않는 일이다.

## 3. 매체 활용 교육과의 구분

매체언어 교육은 교수학습을 위해 매체를 활용하는 것이 아니라 매체의 언어 작용과 매체 텍스트의 의미와 가치에 대해 비판적으로 수용하고, 매체를 통해 개인적 혹은 사회적 의사소통을 할 수 있는 능력을 길러주는 교육이다. 학생들에게 매체 텍스트에 대해 비판적으로 분석하도록 하거나, 매체를 활용해 발표하도록 하는 것, 그리고 매체를 활용한 의사소통의 효과를 살펴보도록 하는 것 등은 모두 매체언어 교육이라 할 수 있다.

그러나 문학 작품의 서사에 대해 가르치기 위해 영화를 보여주어 동기 유발하는 것이나, 방송 뉴스를 보여주고 아나운서의 정확한 발음을 따라 하게 하는 것 등은 매체를 활용한 국어교육이지 매체언어 교육이라고는 할 수 없다. 물론 매체언어 교육을 효율적으로 하기 위해서도 교사가 매체를 잘 활용할 수 있어야 하며, 매체 활용 교육은 그 자체로도 중요한 의미가 있다. 다만 여기서는 일반적인 매체활용 교육과 매체의 언어와 문화를 다루는 교육은 개념상 구분되는 것임을 강조하고자 한다.

## II. 국어교육과 관련된 미디어 리터러시의 세 가지 층위

### 1. 언어적 측면: 복합 양식 리터러시

리터러시(literacy)라는 용어가 등장한 것은 문자언어가 사회적 의사소통의 표준으로 자리잡은 19세기이다. 이에 따라 전통적인 의미의 리터러시는 문자언어를 읽고 쓸 수 있는 능력을 의미하는 것으로 정의되었다(노명완・이차숙, 2002:14). 리터러시를 이렇게 정의할 때, 미디어 리터러시는 미디어에도 역시 언어와 같은 의미 작용이 있다고 보는 비유적 용어로 이해된다. 여기서 언어는 여전히 문자언어나 음성언어를 가리키는 좁은 개념이다. 그러나 리터러시를 문자언어에 국한된 개념이 아니라 인간의 소통을 가능하게 하는 언어 능력이라는 광범위한 의미로 보는 입장도 존재한다(김양은, 2005:432). 여기서 리터러시는 시각 언어인 그림이나 비언어적 기호에도 적용되는 소통 능력으로 정의되는데, 예를 들어 문자언어가 등장하기 이전에 나타난 동굴 벽화에서 볼 수 있는 것과 같이 그림으로 표현된 상징물의 부호화 및 해독 능력에도 적용될 수 있는 것으로 간주된다. 이는 언어를 문자언어와 음성언어의 범위를 넘어선 광범위한 '의미화 양식들(signifying modes)'로 보는 관점과 상통한다(Burn & Leech, 2004:155).

후자의 관점에서 볼 때 리터러시는 (문자언어와 같은) 어느 특정 언어 체계가 아니라, (동굴 벽화의 그림과 같이) 사회에서 일반대중들에 의해 보편적으로 사용되는 언어양식을 의미하는 것으로 정의되며, 이를 매개하는 미디어의 발달에 의해 영향받는 것으로 이해된다. 실제로 문자언어가 등장한 것은 역사적으로 매우 오래된 일이지만, 이것이 인간의 보편적인 소통 양식이 된 것은 이를 대중화시킬 수 있는 인쇄매체의 발달에 의해서였다(Thompson, 1996). 금속활자의 발명이 정보의 대량 생산 방식으로 이어지면서 인쇄 매체가 지식과 정보, 문화를 생산하고 유통하는 데 있어 지배적인 미디어가 되었고, 이에 따라 문자언어로 읽고 쓰는 능력이 중요한 소통 능력이 된 것이다. 이러한 역사적 사실은 리터러시 개념이 한 시대, 사회, 문화의 지배적 미디어와 그 미디어의 '언어'가 무엇인가에 따라 변화해 왔음을 새삼 상기시켜 준다.

### 1) 문자, 음성, 시각, 소리, 영상 등이 어우러진 복합 양식의 언어

이런 관점에서 볼 때 미디어 리터러시는 단지 리터러시 개념을 빌려온 것이 아니라, 다양한 미디어의 발달에 따라 요구되는 새로운 개념의 리터러시 그 자체인 것으로 볼 수 있다. 디지털 미디어는 지금까지 역사적으로 인간이 만들어낸 다양한 언어들, 즉 문자언어, 음성언어, 시각언어, 소리언어, 영상언어 등을 하나의 텍스트에 통합할 수 있는 '복합 양식(multimodal)'의 언어인 디지털 언어를 만들어낸 것으로 볼 수 있다. 이처럼 디지털 언어를 중심으로 한 미디어 리터러시를 단지 리터러시의 비유적 표현이 아니라 그 자체로 정당한 리터러시의 한 부분으로 이해하는 것은 인간의 소통을 역사적인 관점에서 고찰하는 시각을 필요로 한다.

인간 소통의 역사는 주로 소통 기술의 측면에서 본 주요 미디어의 발달과 관련하여 이해할 수 있다. 이는 특정 미디어로 인해 발생하는 감각 균형의 재조정으로 초래되는 인간 의식의 변화를 집중적으로 논의한 맥루한(McLuhan)의 견해에서 비롯된다. 여기서 말하는 주요 소통 기술은 언어의 발명, 구텐베르크의 인쇄기 발명, 마르코니의 전신 발명이다. 이 세 가지를 기점으로 인간 소통의 역사는 1) 문자언어 등장 이전 시대, 2) 문자 시대, 3) 구텐베르크 시대, 4) 전기 전자 시대로 구분된다. 우선 문자언어가 등장하기 이전에 인간의 소통을 중재하는 지배적 감각 기관은 귀(청각)였다. 이 때 사람들은 부족으로 어울려 살았고, 말(speech)로 소통했다. 미디어의 개념 중 '현시 미디어(presence media)'는 바로 인간의 몸 자체를 미디어로 보는 것인데(오미영 · 정인숙, 2005:67), 문자언어 등장 이전의 지배적 미디어는 바로 이러한 현시 미디어였다고 할 수 있다. 말을 못 하는 사람은 거의 없었기 때문에 현시 미디어가 지배적인 시대에 부족에 속한 사람들은 모두 비슷한 지식을 공유했다.

한편, 문자언어가 생겨나면서 인간 소통에 있어 지배적 감각 기관은 귀에서 눈으로 이동했다. 시각적 인식을 중시하는 미디어라 할 수 있는 문자언어는 인간을 소리, 신체적 접촉, 즉각적 반응 등으로부터 멀어지게 만들었고, 그 결과 내성적이고 이성적이며 개인적인 인간을 만들어냈다. 이제 사람들은 서로 얼굴을 마주보고 대화하기보다는 눈앞에 존재하지 않는 저자가 쓴 글을 나중에 읽게 되었는데, 이는 소통의 관점에서 볼 때 저자와 독자가 시공간적으로 분리됨을 의미한다. 또한 구어적 대화 상황에서는 시각과 청각을 함께 사용함으로써 통합적인 감각의 균형을 이룰 수 있었지만, 문자언어 시대에는 시각이라는 한 가지 감각이 특화된다는 점에서 일종의 감각 소외 현상이 생긴 것으로 이해된다.

구텐베르크의 인쇄술 발명은 구어문화를 몰락시키고 문자 문화의 팽창을 더욱 촉진하는 계기가 되었다(조맹기, 2004:147). 이는 일상생활에서 일어나는 구어적 소통의 세계가 책과 같은 미디어를 통한 정보 교환의 세계와 분리되는 계기로 작용했다. 한편 인쇄술로 인해 책이 다량으로 보급되면서 정보 공유의 범위가 더욱 확장되어, 이전에는 일부 계층에 국한되었던 지식의 독점이 붕괴되었다. 또한 인쇄술을 통해 대량 생산된 책이 퍼져가는 과정에서 지방어들이 하나로 통합되어 모국어에 대한 의식을 불러일으켜 민족주의를 탄생시켰다. 혼자서 책을 읽고 생각하는 문화가 생겨남에 따라 개인의 관점들이 형성되었고 이는 정치적 이데올로기의 탄생을 불러왔다. 이처럼 인쇄술의 발명은 단지 소통 기술의 발전에 그치지 않고 이전에는 존재하지 않았던 '대량 소통(mass communication)', 즉 '대량으로 복제되는 소통'이라는 새로운 소통 방식을 만들어냄으로써, 인간의 소통 방식이나 지식과 정보 교환 방식에 커다란 영향을 미쳤다.

마르코니의 전신 발명 이후 생겨난 전화, 영화, 라디오, 텔레비전, 컴퓨터 등 전기 전자 미디어는, 인쇄술의 발명 이후 시각 편향으로 왜곡되었던 인간의 감각을 구어 문화의 복귀를 통해 회복시킨 것으로 이해된다. 특히 텔레비전의 등장은 시각이나 청각 하나에 의존하게 하는 단일 감각 소통에 종지부를 찍음으로써 세계에 대한 인간의 인식을 바꾸어 놓은 것으로 평가된다. 이처럼 시각과 청각을 고루 사용하는 전자 미디어의 언어는 비선형적이고 감성적인 사고를 이성적 사고와 통합한다는 점에서 인간의 본래적 소통 방식에 더욱 가까운 언어로 이해되고 있다. 또한 컴퓨터 기술의 발달에 따른 디지털 언어의 등장은 과거에는 각기 상이한 신호방식을 취함으로써 단일 미디어를 통한 통합적 전달이 불가능했던 문자, 음성, 음향, 이미지, 영상 등 다양한 언어들을 0과 1이라는 이진수로 구성되는 단일의 디지털 신호로 통합해 하나의 미디어로 전달할 수 있게 함에 따라 다양한 형태의 메시지 전달을 가능하게 한다.

이처럼 인간의 소통 방식 변화를 역사적 관점에서 바라보면, 디지털 미디어와 디지털 언어의 발달에 따라 문자언어와 인쇄매체가 인간의 소통 양식으로서 한동안 누려왔던 독점적인 지위는 사라졌음을 알 수 있다. 문화와 정보 기술의 문제에 대해 논의한 키틀러(Kittler)에 의하면, 인쇄된 책은 실재를 저장할 수 있는 기술적 능력의 측면에서 볼 때, 문자언어의 제한된 영역에 갇혀 있는 것이다(Poster, 2001/2005:123-124). 그에 따르면, 녹음테이프나 비닐 레코드와 달리 책은 소리를 저장할 수 없고, 영화나 텔레비전처럼 움직이는 영상을 담지도 못한다. 책에는 누락되어 있는 소리와 영상에 대한 정보를 독자들은 상상적으로 구성해야만 한다. 흔히 같은 이야기라도 책으로 읽으면 상상력이 작용하게 되지만 영화나 텔레비전을 통해 보면 그렇지 않으니 책이 더 우월한 매체라고 주장하는 경우가 있다. 그러나 이는 책이 지닌 정보 저장 능력의 기술적 한계와 영화나 텔레비전의 영상이 불러일으키는 또 다른 상상력의 가능성을 간과한 것에 불과하다.

### 2) 복합 양식 리터러시의 개념

다양한 언어와 기호가 어우러져 의미를 구성하는 디지털 언어의 특성은 다양한 기호 체계를 아우르는 소통의 원리들을 수립하려는 사회기호학 이론에서 복합 양식 리터러시(multimodal literacies)(Jewitt & Kress, 2003)라는 이름으로 연구되고 있다. 여기서는 다양한 소통 행위에서 서로 다른 언어 양식(mode)과 미디어(media)가 사용되고 있다는 점에 주목한다. 예를 들어 책이나 신문, 잡지는 미디어의 종류로 볼 때 인쇄매체에 해당하는데, 그 의미 작용에 관여하는 언어 양식은 문자언어와 시각언어(그림, 사진, 도표 등)이다. 라디오의 경우에는 음성언어와 음향, 음악 등의 언어 양식이 관여하며, 텔레비전의 경우에는 문자언어(자막 등), 음성언어, 음향, 음악, 영상 등 다양한 언어 양식들이 복합적으로 관여한다.

복합 양식 리터러시를 주장하는 이들은 바로 이와 같이 현대적인 텍스트들에는 언어 양식과 미디어가 함께 작용하며, 매체의 특성에 따라 언어 양식들이 특정 방식으로 통합된다는 점에 주목하여, 현대의 텍스트 생산자와 수용자들은 개별적인 언어 양식, 즉 문자언어, 시각언어, 음악, 영상 등을 읽을 수 있어야 할 뿐 아니라, 이것들을 통합된 형식으로도 읽을 수 있어야 함을 강조한다. 특히 영상은 서로 다른 언어 양식들인 말, 이미지, 몸짓, 음악 등을 촬영과 편집의 문법을 통해 조합하고 통합시키는 복합 양식 텍스트의 대표적인 예이다(Burn & Leach, 2004).

이와 같이 매체 텍스트의 의미 실현 방식을 복합양식 리터러시의 측면에서 고찰하는 것은 미디어 리터러시에 대한 미시적 차원의 접근이라 할 수 있다. 언어에 대한 복합 양식의 관점은, 문자언어나 음성언어뿐 아니라 이를 포함한 다양한 소통 양식들이 모두 일정한 기호학적 원리들에 의해 작용된다는 점을 강조하는 것이다. 이는 이론적으로 언어의 사회적 기능과 실현에 초점을 두는 기능주의 문법(functional grammar)에 바탕을 둔다. 그 대표적인 학자인 할리데이(Halliday)에 따르면 언어는 다음의 세 가지 요건, 즉 (1) 어떤 대상이나 사건을 기호를 통해 표상할 수 있는 기능, (2) 소통 주체 간의 상호작용을 가능하게 하는 기능, (3) 텍스트를 조직하는 기능에 의해 성립되는 것으로 간주된다(Halliday, 1975, 1978). 이러한 할리데이의 언어 개념은 복합양식 이론을 지지하는 사람들의 이론적 기반이 되었다. 이미지나 영상과 같은 시각언어 역시 이 세 가지 조건을 만족시킨다는 점에서 '언어'로 볼 수 있으며, 이에 따라 텔레비전의 의미 작용 역시 이러한 영상언어를 포함한 복합 양식으로 볼 수 있기 때문이다.

한편 언어학에서 말하는 이가 대상에 대해 확실성의 정도를 나타내는 방식을 뜻하는 상(modality) 개념이 영상, 시각 디자인, 음악 등에서 제기되는 리얼리즘 문제를 해결할 수 있는 보다 일반적인 기호학 원리로서 채택된 것(Hodge & Tripp, 1986; Kress & van Leeuwen, 1996) 역시, 복합 양식 리터러시 이론을 발전시키는 데 도움이 되었다(Burn & Leeach, 2004:156). 예를 들어, 텔레비전 뉴스나 다큐멘터리는 현실의 대상이나 인물, 사건을 사실적으로 재현하기 위해 문자언어와 음성언어뿐 아니라 영상언어를 동원한다. 영어권 국가를 중심으로 자국어교육에서 다양한 미디어의 의미 작용이 실현되는 과정과 구조의 학습을 중시하게 된 데에는 바로 이러한 체계-기능 언어학의 전통이 자리하고 있었다. 최근에는 미국의 국어교사협회(The National Council of Teachers of English; NCTE)에서도 복합 양식 리터러시를 국어교육의 중요한 개념으로 강조하고 있다.

### 3) 어린이의 복합 양식 소통

최근에는 복합 양식이 단지 미디어 텍스트에만 나타나는 것이 아니라 유년기의 어린이들이 생산하는 텍스트의 자연스러운 특성임을 보여주는 연구들도 활발히 이루어지고 있다(정현선, 2005:321-325). 발달단계상 감각운동기에서 추상적 · 상징적 사고로 넘어가는 단계에 놓여 있는 만 3-4세의 어린

[그림 1-2] 복합 양식 소통의 특성을 보여주는 어린이의 '글'(주세형, 2006:463)

이들은 주로 시각적으로 대상을 표현하는 경향이 있다. 분명히 알아볼 수 있는 형태는 아니지만 구름에서 비가 오는 장면을 동그라미와 빗금으로 표현한다든가 하는 것이 그 예이다.

[그림 1-2]는 이와 같은 복합 양식 소통의 특성을 잘 보여주는 어린이의 '글'이다. 주세형(2006:463-464)에 따르면, 이 그림을 그렸을 당시의 어린이는 만 6세였다. 이것을 글이라 한 것은 어린이가 이 그림을 엄마에게 주면서 '편지를 썼다'고 표현했기 때문이다. 얼핏 보면 그다지 큰 의미 없는 선과 그림이 나열된 것으로 보이지만, 이 그림을 받은 엄마는 이 '편지'에 상당히 큰 감동을 받았다. 일에 지쳐 자신보다 늦게 일어나곤 하는 엄마에 대한 자녀의 안타까움이 잘 드러난, 한 편의 완결된 글로 보였기 때문이다.

엄마에게 이 글의 내용은 이렇게 해석되었다. 보통 이 어린이는 아침 8시 이전에 일어나는데, 엄마는 자신보다 늦게 일어나는 경우가 많았다. 어린이는 엄마를 깨워야 하지만, 피곤에 지쳐 늦잠을 자는 엄마가 안쓰러워 선뜻 깨우기 어려운 마음이 있다. 어린이는 그런 자신의 마음을 고양이와 새의 모습으로 표상했다. 8시를 가리키는 시계 옆의 '땡땡' 소리와 느낌표에서도 어린이의 마음이 잘 나타난다. 이 그림을 그리기 며칠 전, 어린이는 그림책에서 본 느낌표의 의미에 대해 물은 적이 있었다, 따라서 시계 옆에 있는 느낌표는 '큰 소리'를 표상한다고 볼 수 있다. 분명한 것은 이 아동의 '글'에 사용된 모든 선이 나름대로 의미가 있는 기호라는 점이다(주세형, 2006:464).

그런데 만 4-7세가 되면 어린이들은 자신이 속한 환경에서 중요하다고 생각하는 것들을 그림으로 표현하는데, 이때에는 좀 더 현실의 대상에 가까운 형태의 그림을 그린다. 이와 같은 그림들은 어린이들이 자신의 환경에 대해 느끼는 바를 기록하고 소통하는 언어로 볼 수 있다는 점에서, 이른바 발생적 리터러시(emergent literacy)의 주요 양상으로 일컬어진다. 여기서 그림이 소통 언어로 간주된다는 것은 문자언어나 음성언어에 국한된 것이 아니라 복합 언어 양식을 인정한다는 뜻이 된다.

비고츠키에 따르면 유년기의 어린이들은 그림 그리기를 아주 좋아하지만, 일반적으로 학령기가 시작될 무렵에는 이에 대한 흥미가 떨어지기 시작한다. 이 시기에 이르면 그림 그리기에 대한 애착은 이에 재능 있는 아이들, 혹은 가정이나 학교에서 이를 촉진하는 조건에 놓인 아이들에게서만 유지된다(Vygotsky, 1995:92-93). 그러나 다양한 미디어 환경 속에서 자라는 어린이들은 다양한 언어 양식이 복합적으로 결합하는 미디어 텍스트의 언어를 통해 또 다른 차원의 복합 양식을 받아들이게 된다고 볼 수 있을 것이다. 이렇게 볼 때 어쩌면 매체언어는 어린이들의 소통 방식에 자연스럽게 존재하는 복합 양식 소통의 연장선상에 있는 것으로 바라볼 수도 있을 것이다.

## 2. 문화적 측면: 문화적 리터러시

매체언어가 복합 양식의 특성을 지닌다는 점을 인식하는 것이 미디어 리터러시에 대한 미시적 접근이라면, 매체 텍스트의 수용과 생산에 관여하는 인간의 문화적 측면에 주목하는 것은 미디어 리터러시에 대한 보다 거시적인 접근이라 할 수 있다. 앞서 논의한 바와 같이, 디지털 미디어의 등장으로 인해 이제 일반인들도 단지 미디어의 수용자에만 머물지 않고 생산자가 될 수 있게 되었다. 그러나 여전히 대중매체에 바탕을 둔 대중문화가 수용자의 의식과 정체성, 삶의 방식에 주는 영향, 그리고 대중문화를 통해 수용자들이 자신이 누구인가를 드러내고 자신의 관심사를 표현하며 사회적 관계를 형성하는 방식을 문화적으로 이해하는 것은 미디어 리터러시에 있어 매우 중요한 문제이다. 이는 미디어를 통한 문화 수용과 향유, 생산이 가치의 측면과 관련되는 부분으로, 문화적 리터러시의 문제와 연관된다.

1) 문화적 가치와 전통, 대중문화

본래 문화적 리터러시(cultural literacy)란 개인이 사회문화적 소통에 기본적으로 필요로 하는 문화 지식으로서, 개인의 전통에 대한 인식, 문화적 유산과 그 가치에 대한 인식, 전통으로부터 무엇인가를 배울 수 있는 능력, 어떤 문화의 장단점을 이해할 수 있는 능력 등으로 구체화된다(Purves, Papa & Jordan, 1994). 일정한 연령에 도달한 어린이와 청소년들이 학교에서 배워야 할 문화의 내용을 구체적인 목록으로 제시한 허쉬(Hirsch)의 문화적 리터러시 개념은 이와 같은 관점의 연장선상에 있다(Hirsch, 1988). 앞서 살펴본 리비스주의도 이와 관련되는데, 이러한 관점에서는 미디어, 특히 대중매체와 관련된 대중문화를 문화의 일부로 보기보다는 문화의 오염원으로 간주하여 배척하는 경향이 있다. 여기서 말하는 문화적 리터러시는 전통이라는 수직적 범주를 중심으로 한 다분히 고전적인 방식의 문화 개념을 바탕으로 한 것이기 때문이다.

미디어와 관련된 문화적 리터러시는 이와 같이 전통이나 유산, 혹은 공인된 가치와 같은 수직적 문화 개념이 아니라, 일상적인 삶의 양식이나 소통 과정에서 발생하는 의미에 대한 해석의 측면에서 문화를 바라보는 수평적 관점과 관련된다(박인기, 2002:27). 미디어 문화에 대한 접근은 전통 문화의 계승 차원에서 본 문화교육이 아니라, 당대 문화에 대한 비판적 수용이라는 차원에서 본 문화교육 차원에서 이루어진다는 것이다.

그러나 대중문화 교육의 목표는 수용자들이 대중문화를 즐기는 이유를 성찰하고 자신의 즐거움 속에 투영된 욕망을 분석할 수 있는 능력을 길러주는 것(김성진, 1998:86)이라는 주장에서 볼 수 있는 것처럼, 미디어 문화에 대한 교육은 그대로 받아들일 수 있는 대상이 아니라 비판과 성찰의 대상으로 간주된다. 이는 미디어 문화에 내재한 상업성과 이데올로기에 대한 경계와 관련되며, 궁극적으로는 미디어가 수용자에게 미치는 영향에 대한 부정적 가치 판단과 관계된다.

앞서 비판적 리터러시와 관련하여 논의한 바와 같이, 미디어의 영향력에 대해 부정적으로 접근하는 입장 가운데에는 미디어가 사회의 지배적 이데올로기를 유포시키는 일종의 '의식 산업(consciousness industry)'이라고 보고, 이를 비판적으로 분석하는 눈을 길러야 한다는 주장(Masterman, 1980)이 있는데, 이는 미디어 리터러시에서 중요하게 다루어졌다. 영국의 대표적 미디어 교육 이론가인 랜 마스터만(Lan Masterman)은 프랑스의 사회기호학자 롤랑 바르트(Roland Barthes)의 신화론(mythology)에 힘입어 비판적 분석 중심의 미디어 읽기 방법을 널리 주장했다. 바르트가 말하는 현대 사회의 신화란 사람들이 주로 미디어를 통해 일상생활에서 별 의심 없이 당연하게 받아들이는 사회적 가치, 즉 이데올로기를 말한다. 이러한 관점에 따라 바르트와 마스터만은 미디어 문화의 수용은 그것을 있는 그대로 즐기고 향유하는 방식이 아니라, 그 안에 숨어 있는 신화를 밝히는 비판적 분석을 통해 이루어져야 한다고 주장했다(정현선, 2004:224-225). 미디어에 대한 비판적 분석을 중시하는 입장에서는 미디어와 수용자 간의 관계를 일방적인 영향의 관계로 파악한다. 이는 미디어 텍스트 자체에 의미가 저장되어 있고, 수용자는 그 의미를 그대로 받아들이는 존재라고 본다는 점에서, 일종의 텍스트 중심주의라 할 수 있다.

### 2) 선호된 해석 · 교섭된 해석 · 저항적 해석

그러나 미디어의 의미는 텍스트 자체에 내재해 있는 것이 아니라 텍스트와 수용자가 만나는 관계 속에서 생성되는 것이라고 보는 문화 연구(Cultural Studies)에서는, 미디어와 수용자 간의 관계를 일방적 영향의 관계가 아니라 수용자의 의미 교섭(negotiation)이 중요한 관계로 바라본다. 이런 관점에서는 텍스트 안에 저장된 의미가 무엇인가를 밝히는 것보다는, 수용자가 어떤 사회적 위치와 맥락에서 미디어 텍스트와 조우하는가, 이에 대해 누구와 어떤 사회적 관계 속에서 이야기하며 그 의미를 구성하는가와 같은 복잡한 사회적 과정을 중시한다. 이러한 입장의 이론적 가설을 제공한 것은 스튜어트 홀(Stuart Hall)의 의미생산이론이다.

이에 따르면, 미디어 수용자가 텍스트를 해석할 수 있는 위치는 크게 세 가지로 나눌 수 있다. 첫째는 텍스트 생산자가 바라는 의도를 그대로 해석하는 선호된 해석(preferred code)이고, 둘째는 텍스트 생산자가 의도한 의미가 수용자의 사회적 위치에 의해 적절히 협상되고 변형되는 교섭된 해석(negotiated code)이며, 셋째는 텍스트 생산자가 의도한 의미가 수용자에 의해 전혀 달리, 혹은 정반대의 의미로 해석되거나 거부되는 저항적 해석(oppositional code)이다. 바르트나 마스터만의 경우에는 수용자를 선호된 해석을 받아들이는 존재로 보고, 이에 비판적으로 개입하는 방법으로 기호학적 분석을 도입하고 있는 것이라 할 수 있다. 이에 비해 홀의 이론은 수용자들이 실제로는 협상된 해석과 저항적 해석을 하고 있다는 점을 보여줌으로써, 미디어 수용 과정에서 사람들이 스스로 구성하는 의미의 문화적 측면에 관심을 갖는 수용자 연구가 발전할 수 있는 계기를 마련했다(Turner, 1995).

이러한 이론적 패러다임의 전환을 통해, TV 드라마 시청자나 영화 관객으로서, 그리고 대중음악 장르나 스타의 팬으로서 수용자들이 어떻게 즐겁게 미디어 텍스트의 의미를 구성하며 개인적으로, 또 사회적으로 성장해 가는 가운데 스스로의 정체성을 탐색하고 있는가에 대한 여러 연구들이 쏟아져 나왔다. 이러한 연구들은 연구 방법에 있어 텍스트 연구에 치중하지 않고 수용자들의 실제적인 미디어 수용 맥락을 살펴보는 경험적 연구를 지향했고, 이를 통해 미디어 수용의 경험이 단순히 대중문화를 수동적으로 소비하는 데 그치지 않고 의미와 즐거움을 생산하는 과정임을 보여주었다. 즉, 대중문화의 소비 경험을 이데올로기적인 것으로 보았던 기존의 연구가 소홀히 했던 일상성에 주목하여, 미디어 수용자들이 일상적 삶 속에서 느끼는 즐거움과 저항성의 의미를 설명하고자 했다. 국내에서도 텔레비전 드라마, 가정에서의 인터넷 수용, 인터넷 팬픽, 대중음악, 영화, 라디오 등 다양한 분야에서 이와 같은 연구가 이루어졌다(나미수, 2005).

수용자 연구 중에는 미디어 텍스트를 능동적으로 해석하는 주체로 수용자를 바라보는 관점이 지나치게 강한 나머지, 모든 수용자들이 미디어의 의미를 매우 현명하게 파악하고 있는, 이데올로기로부터 해방된(liberated) 존재라고 주장하는 등 비판이론의 반대편 극단으로 치달은 한계를 보인 것도 많다. 그러나 수용자 연구는 미디어와 수용자의 관계를 일방적인 이데올로기적 영향 관계로 바라보던 시각에서 벗어나, 수용자가 자신의 삶의 실천과 관계의 맥락 속에서 미디어 문화를 통해 적극적으로 의미를 생성하는 주체라는 점에 주목함으로써, 인간의 삶에서 미디어가 어떤 의미인가를 보다 열린 시각에서 고찰할 수 있도록 해 주었다는 점에서 의의를 갖는다. 미디어 리터러시의 차원에서는 수용자 연구에 대해 텍스트 분석 중심의 미디어 문화뿐 아니라, 텍스트와 수용자 간의 관계에서 발생하는 미디어의 의미 읽기를 중시하는 새로운 문화교육의 방향을 제시했다는 평가를 내릴 수 있다.

### 3) 미디어 리터러시에서 읽기와 쓰기의 균형

그런데 지금까지 논의한 미디어 리터러시의 문화적 측면은 대중매체와 대중문화가 중심이 되었던 시대를 배경으로 한 것이다. 따라서 이 논의들은 대중매체가 생산한 대중문화가 수용자에게 미치는 이데올로기적 영향에 대한 분석을 강조하거나, 대중문화의 수용 과정에서 수용자들 스스로 주체적으로 생성하는 의미를 강조하는 등, 궁극적으로는 대중문화의 의미를 수용자들이 어떻게 해석해야 하는가에 치중해 있을 수밖에 없었다. 전문적인 미디어 생산자가 아닌 일반인들의 경우, 미디어 텍스트를 직접 만들 수 없었기 때문에 이를 수용하는 과정에서 생산하는 문화적 의미가 강조될 수밖에 없었기 때문이다. 그러나 앞서도 논의한 바와 같이, 디지털 미디어 시대가 되면서 미디어 리터러시는 읽기뿐 아니라 쓰기 역시 강조되게 되었고, 이는 문화적 리터러시 측면에서도 변화를 가져왔다. 이제 일반인들도 단지 대중매체의 수용자로서 의미를 능동적으로 생산한다는 의미가 아니라, 실제로 미디어를 통해 의사소통하고, 필요한 정보를 찾으며, 더 나아가 미디어 생산물을 제작하는 실질적인 의미의 미디어 생산자의 위치에 놓이게 된 것이다(안정임, 2004).

이와 같은 변화를 반영하여 영국의 미디어 교육을 주도하고 있는 커뮤니케이션사무국(Ofcom: Office of Communication)에서는, 다양한 미디어 학자들의 의견을 수렴하여 디지털 시대에 걸맞게 미디어 리터러시를 새롭게 정의했다. 이에 따르면 미디어 리터러시는 "다양한 맥락에서 이루어지는 소통에 대한 접근(access), 이해(understand), 창조(create) 능력"으로 정의된다(Ofcom, 2004). 여기서 이해는 분석(analysis)과 가치 평가(evaluation)를 아우르는 개념으로, 그리고 창조는 기존의 제작보다 소통 과정의 창의적 측면을 더욱 강조하는 개념으로서 채택되었다. 이는 미디어 리터러시 관점에서 이제 미디어 문화는 더 이상 비판과 성찰의 대상, 즉 이해의 대상에 머물지 않고, 적극적으로 창조해야 하는 것으로 여겨지게 되었음을 시사한다.

앞서 언어 능력으로서 미디어 리터러시를 바라보는 관점과 관련하여 유년기 어린이들의 언어가 미디어 언어와 같은 복합 양식 특성을 지니고 있음을 살펴보았다. 이와 마찬가지로 어린이들의 문화적 리터러시 발달에 있어 대중문화가 차지하는 의미에 대한 연구도 풍부하게 이루어져왔다. 그중 대표적인 학자인 미국의 다이슨(Dyson)은, 어린이들의 일상생활을 가득 채우고 있는 대중매체가 마치 장난감과 같이 어린이들 사이의 대화, 놀이, 노래 등에 유용하게 사용되는 상징물로 기능하고 있음에 주목했다. 이런 관점에서 다이슨은 대중매체를 "텍스트 장난감(textual toys)"이라 부르기도 했는데 (Dyson, 2003:331), 대중매체 텍스트들은 세계의 작용 방식에 대해 다양한 종류의 상징체계와 기술을 통해 사회의 이데올로기 혹은 관념들을 담고 있는 목소리들(voices)로 간주된다.

그러나 다이슨은 대중매체 텍스트의 이데올로기적 의미를 경계하면서도, 그것은 어린이들이 문화를 배워가는 과정에서 어쩔 수 없이 접하게 되는 사회적 담론임을 지적한다. 이와 더불어, 어린이들이 노래를 부르거나 대화를 나누고 이야기를 창작하는 것과 같은 문화적 실천을 하면서, 이러한 사회적 담론을 그대로 수용하는 것은 아니라는 점 또한 주목한다. 대중매체에 묻어오는 이데올로기와 같은 사회적 담론은 어린이들이 스스로 의미를 생산하는 과정에서 빌려오는 타자의 목소리들이라는 것이다. 이 과정에서 타자의 목소리들은 그대로 재생산되는 것이 아니라, 어린이들의 텍스트 속에서 재맥락화(recontextualization)되어 어린이들 자신의 목소리로 바뀌게 된다. 그리고 이와 같은 미디어 텍스트의 재맥락화 경험은 그 자체로 비공식적인 문화 학습 경험이 되며, 어린이들이 학교에서 배우게 되는 다양한 공식적 문화 학습의 기초가 된다(Dyson, 2003:329; 정현선, 2005:327).

이러한 관점이 곧 매체를 있는 그대로 받아들이는 것에 아무런 문제가 없다는 주장으로 이어지는 것은 아니다. 대중매체는 예를 들어 권력이나 부, 혹은 외모 등에 대한 지배적 형태의 욕망을 자극한다든가, 나이, 성, 인종, 계급과 같은 사회적 현실을 그대로 반영하는 등의 문제를 안고 있는 경우가 많기 때문이다(Buckingham & Sefonton-Green, 1994). 그러나 대중매체는 이런 부정적 측면만을 지닌 것이 아니라, 어린이들이 플롯을 구성하고 스스로의 관점을 형성하면서 이야기를 만드는 데 있어 아주 중요한 재료들을 제공하는 문화 자원이기도 하다. 다이슨이 강조하는 것은 바로 이런 점으로, 어린이들이 일상적 삶의 경험을 통해 얻게 된 문화자원으로 미디어 문화를 인식함으로써, 보다 의미 있는 문화 생산을 위해 활용할 수 있도록 해야 한다는 것이다. 여기서 중요한 것은 미디어 문화의 수용 자체가 아니라, 그것을 어떻게 비판하고 성찰하며 수용하도록 할 것인가와 관련된 교육적 기획이다. 그리고 이러한 문화 교육에 있어서는 어린이뿐 아니라 청소년과 성인도 예외가 아니다.

### 4) 매체를 문화 생산의 자원으로 바라보는 관점

이처럼 미디어 문화를 사회적 담론이자 문화 자원으로 바라보는 관점은 미디어 문화에 대한 비판적 관점과 모순되는 것이 아니라, 성찰적이면서도 창의적인 문화를 생산할 수 있는 능력을 기르는 데 있어 상호 보완적으로 작용할 수 있다. 의미 있고 새로운 문화를 생산하기 위해서는 자신이 세계를 바라보는 관점과 자신이 하고 싶은 이야기들의 바탕에 재료이자 토대로 작용하는 것에 대한 반성이 필요하기 마련이다. 예를 들어, 자신이 어떤 성격의 인물들을 만들어내고, 어떤 사건들을 어떤 배경에 배치해 개연성 있는 이야기를 만들 것인가를 고민하는 과정에는, 반드시 스스로 사용하는 언어와 관점, 가치에 영향을 준 사회적 담론들에 대한 성찰이 필요하다. 미디어의 수용자 입장에서 텍스트를 비판적으로 분석하는 것뿐 아니라, 미디어의 생산자 입장에서도 스스로 생산하는 텍스트의 문화적 의미를 성찰할 필요가 있다는 것이다. 그런데 이처럼 의미 있는 미디어 문화의 생산은, 대중매체에 대한 비판적 수용과 마찬가지로 일정한 교육적인 훈련을 필요로 한다.

1990년대 중반에 한국 사회에 디지털 미디어, 특히 비디오카메라와 편집 장비가 대중적으로 보급되었다. 이에 어린이와 청소년, 그리고 성인들이 미디어 텍스트를 직접 생산하도록 하는 미디어 창작 교육이 특히 영상 창작을 중심으로 활발히 이루어져왔다. 이러한 교육이 아직까지 정규 학교 교육이 아니라 사회교육이나 특별활동 차원에서 이루어지고 있다는 점에서 한계가 있는 것은 사실이다. 그러나 미디어 창작 교육은 문화예술의 생산 주체로서 미디어를 통한 자기표현과 사회적 발언 능력을 기르고, 자신들이 생산한 미디어를 다른 이들과 공유할 수 있는 기회를 제공한다는 점에서, 앞서 살펴본 바와 같은 미디어 리터러시의 접근 및 창조 문제를 적극적으로 제기하고 실천하는 것이라 볼 수 있다.

미디어 수용자들이 창작을 통해 미디어 문화 생산의 주체로서 자기표현의 기회를 경험할 수 있는 교육적 기회가 사회적으로 확대되고 있는 것은 분명

긍정적이다. 그러나 이러한 교육이 보다 의미 있는 미디어 문화 생산 능력을 기르는 데 기여할 수 있도록 하기 위해서는, 단지 일회적인 행사 차원에서 한 번 해 보는 것이 아니라 보다 지속적이고 체계적인 학습 기회가 제공되어야 한다. 사실 많은 어린이나 청소년뿐 아니라 일반적인 성인의 경우에도, 미디어 창작의 기회가 주어졌을 때 그들이 일상생활에서 접한 미디어 문화를 그대로 모방하는 경우가 많다. 따라서 마치 어린이들이 자신의 아이디어와 느낌을 표현하기 위해 문자언어의 규칙을 배우고, 문학 작품을 읽으며 비유적이고 상징적인 표현 방법을 배우며, 좋은 작품과 그렇지 않은 작품의 차이에 대한 비판적 안목을 배워 나가듯이, 미디어 창작에도 이와 유사한 교육적 과정이 필요함을 알 수 있다.

지금까지 논의한 바를 요약하면, 문화 능력의 측면에서 본 미디어 리터러시는 단지 미디어 텍스트의 수용에 있어 비판적인 분석 능력을 갖추는 것에 그치지 않고, 수용자 스스로 자신의 삶과 관계의 맥락 속에서 미디어 문화가 주는 즐거움의 의미를 성찰하는 가운데 향유할 수 있는 능력을 포함해야 한다는 함의를 얻을 수 있다. 이는 미디어 언어가 재현하는 현실에 대한 비판적 인식과, 그것이 자신에게 미치는 영향에 대한 성찰을 통한 의미 생산 능력과 관계된 것이다. 그러나 디지털 미디어가 가져온 소통 기술의 변화는 일반인들도 이제 더 이상 미디어 수용자에만 머무는 것이 아니라 생산자가 될 수 있게 되었으며, 이에 따라 미디어 언어를 통해 적극적으로 의미를 구성함으로써 문화 창조에 기여할 수 있는 실질적인 생산 능력도 필요하게 되었다. 문화 능력으로서의 미디어 리터러시는 이와 같이 미디어의 수용, 향유, 생산을 아우르는 복합적인 능력인 것이다.

### 3. 성찰적 측면: 비판적 리터러시

인간 소통에 대한 역사적 시각에서 볼 때 매체언어나 디지털 언어라는 말이 성립 가능하지만, 일정한 문법적 체계 혹은 기호학적 원리에 의해 의미를 생성하는 언어의 층위와 그 언어가 실현되는 일종의 그릇이라 할 수 있는 소통 기술로서의 매체 층위는 개념적으로 구분된다(Kress & van Leeuwen, 2001). 예를 들어, 같은 내용의 사건이 문자언어를 통해 신문이라는 인쇄매체를 통해 기사화될 수도 있고, 영상 언어를 통해 텔레비전이나 인터넷을 통해 보도될 수도 있다. 미디어 리터러시의 첫 번째 측면이 미디어 언어의 복합 양식적 특성에 대한 이해이고, 두 번째 측면이 언어를 통해 텍스트로 실현된 내용의 문화적 이해라면, 세 번째 측면은 텍스트의 의미를 구현하고 유통하는 미디어의 소통 기술에 대한 비판적 이해이다.

인쇄술의 발달로 인해 인간 소통의 역사에 대량 소통(mass communication)의 개념이 등장했음은 앞서 언급한 바 있다. 대량 소통은 인간의 소통 방식을 면대면 상호작용, 매개된 상호작용, 매개된 유사 상호작용의 세 가지 유형으로 나눈 톰슨(Thompson)의 분류에서 매개된 유사 상호작용에 해당된다(Thompson, 1995:83). 면대면 상호작용(face-to-face interaction)에서 상호작용의 참여자들은 같은 공간과 시간에 존재하면서 음성과 문자언어는 물론 몸짓과 표정을 포함한 다양한 상징물을 통해 대화할 수 있다. 이에 비해 편지쓰기나 전화 대화와 같이 매개된 상호작용(mediated interaction)에서는, 공간과 시간의 맥락이 분리되어 있는 개인들이 상대방에게 정보나 상징물을 전달하기 위해 종이, 전신, 전파 등을 사용한다. 면대면 상호작용과는 달리 매개된 상호작용에서는 참여자들이 이용 가능한 상징적 단서들이 제한되는데, 편지를 통한 상호작용의 경우 몸짓이나 표정을 통한 상호작용은 할 수 없게 되는 것을 예로 들 수 있다.

면대면 상호작용이나 매개된 상호작용은 비록 소통의 맥락이 일치하거나 분리되는 등의 차이가 있지만, 특정 상대를 향한 대화적 소통이라는 점에서는 공통점이 있다. 그러나 인쇄술의 발달과 전자매체의 발달에 의해 등장한 책, 신문, 라디오, 텔레비전 등 대량 소통 혹은 매개된 유사 상호작용(mediated quasi-interaction)은, 공간과 시간적 제약을 넘어 소통을 확장할 뿐 아니라, 잠재적 수용자들의 범위를 무한대로 확장하고, 다양한 상징물을 통해 소통할 수 있는 등의 장점을 지닌다. 반면, 메시지의 생산자가 수용자의 반응을 살피기가 어렵다는 점에서 독백적 성격을 지니며, 따라서 직접적인 상호작용이 아니라 유사 상호작용에 해당한다. 인쇄술의 발달과 전자매체의 발달로 인해 생겨난 매개된 유사 상호작용은 잠재적 수용자 범위의 확장성이 지닌 장점으로 인해, 사회적이고 공적인 소통 영역에서 면대면 상호작용과 매개된 상호작용을 대체해왔다. 정치가들이 일정한 장소에 청중들을 모아놓고 연설을 하는 것이 면대면 상호작용의 방식이라면, 이것이 텔레비전 캠페인이나 토론과 같은 매개된 유사 상호작용에 의해 점차 대체된 것이 그 좋은 예이다.

1) 인터넷 매체의 기술적 특성이 소통에 미치는 영향

그런데 디지털 미디어의 대표 격인 인터넷의 상호작용은 이와 같은 구분을 무색하게 할 정도로 서로 다른 성격의 상호작용을 복합적으로 가능하게 한다. 인터넷은 책, 신문, 라디오, 텔레비전과 같은 대량 소통을 매개하는 매개된 유사 상호작용의 특성을 지니지만, 일반인들의 대인 의사소통을 매개하기도 하기 때문이다. 후자의 경우 전달자와 수신자가 비록 공간적으로는 분리되어 있더라도 시간적 맥락은 공유하면서 상호작용할 수 있다는 점에서 '매개된 상호작용'에 속한다. 이처럼 인터넷은 대량 소통을 매개하기도 하지만 대인 의사소통을 매개하기도 하며, 이 둘 간의 경계는 디지털 언어의 복제 가능성에 의해 쉽게 허물어진다. 이와 같은 인터넷의 특성에 따라, 이제 과거와는 달리 개인 간 소통까지도 미디어에 의해 매개되는 정도가 커졌고, 오히려 미디어에 의해 매개되지 않는 소통이 거의 존재하지 않을 정도가 되었다. 이에 따라 이제 소통 기술에 대한 이해는 대중매체에 생산자로서 접근할 수 있는 특정 계층의 사람들이나 전문인들에게만 필요한 것이 아니라, 인터넷을 이용하는 일반인들의 개인적 소통을 위해서도 반드시 필요한 것이 되었다.

톰슨(Thompson, 1996)에 따르면 인터넷은 어떤 소통 매체보다 고정, 재생산, 참여의 정도가 큰 기술인데, 이 때문에 사회 변화의 강력한 추동력이 될 수 있다. 여기서 고정(fixation)이란 문자, 음성, 이미지, 영상 등 다양한 상징물을 담을 수 있는 저장 용량 정도를 뜻하는 개념이고, 재생산(reproduction)이란 메시지 혹은 텍스트의 복제 가능성 정도를 뜻하는 개념이며, 참여(participation)란 소통 매체 이용자들의 활용과 참여 폭을 가리키는 말이다(김영기 · 한선, 2005:567). 인터넷은 영상이나 소리를 담을 수 없는 인쇄매체나 문자를 통한 표현에 한계가 있는 영상매체와는 달리, 다양한 상징체계를 자유롭게 동원해 의미를 생산할 수 있다는 점에서 고정의 정도가 높은 소통 기술이다.

그런데 인터넷의 소통 구조와 관련하여 더욱 중요하게 고려해야 할 점은 '재생산'과 '참여'에 대한 것이다. 인터넷은 누군가가 생산해 놓은 메시지나 텍스트를 이용자가 자유롭게 복제해 유통시킬 수 있도록 되어 있다. 원본의 자유로운 복제가 가능한 디지털 방식의 소통 기술을 바탕으로 하고 있기 때문이다. 책의 경우에는 원본의 복제에 한계가 있고, 예를 들어 복사기를 이용해 복제를 한다 하더라도 물리적 측면에서 원본과는 분명히 다른 방식으로 복제된다. 그러나 인터넷에서는 원본과 복제본 사이에 전혀 차이가 없이 복제될 수 있다. 이 점에서 인터넷은 재생산의 정도가 매우 높은 기술인 것이다. 인터넷을 통해 텍스트를 접하는 독자들이 텍스트 자체를 자신의 공간으로 복제해 옮겨갈 수 있는 것은 바로 이와 같은 특성 때문이다. 개인 미디어인 블로그에 자신에게 필요한 정보와 지식을 차곡차곡 모아둘 수 있는 것, 원본의 일부에 변형을 가해 패러디를 하는 것이 가능한 것 등도 재생산 정도가 높은 인터넷 미디어의 기술적 특징과 관련된다(정현선, 2006).

한편 인터넷에서는 메시지의 전달자와 수신자 간의 구분이 이분법적으로 정해져 있지 않으며, 쌍방향 의사소통과 상호작용적 소통이 기술적으로 가능하다는 점에서 이용자들의 참여 정도가 다른 미디어에 비해 매우 높다. 이 또한 종이나 책, 텔레비전과 같은 기존 미디어의 소통 기술과는 근본적으로 다른 특성으로, 보다 개방적이고 자유로운 개인 간 대화와 집단 토론을 가능하게 함으로써, 탈중심화된 소통 체계를 만든다. 여러 사람들이 한 곳에 모여 오랫동안 소통하며 상호작용할 수 있다는 것은 그 자체가 하나의 공공장소 기능을 하게 됨을 뜻한다(박창호, 2004).

2) 인터넷 매체의 기술적 특성에 대한 이해가 필요한 이유

인터넷상에서 개인들은 타인과의 사이에서 이루어진 대화를 읽고, 해석하고, 문장을 형성해 상호작용하며 반응한다. 기존의 대중매체에서는 이용자들이 전달받은 정보 내용에 대해 평가할 수 있는 통로가 거의 없었기 때문에 이용자들이 직접적으로 자기주장을 펼칠 수 없었다. 그러나 인터넷과 같이 달라진 소통 구조 속에서는 전달자와 수신자가 직접적인 소통을 하면서 상대방의 반응을 느낄 수 있기 때문에 상호작용적 소통을 통해 자신의 정체성을 상대에 따라 유연하게 만들어 갈 수 있다. 바로 이러한 특성에 주목하여 많은 이들은 인터넷이야말로 이미 훼손된 것으로 생각되었던 공공영역(public sphere)을 새롭게 회복할 수 있는 공론장의 기능을 지닌 미디어라고 주장했다(정현선, 2006).

그러나 이와 같은 이상적 소통 가능성은 기술에 의해 '보장' 되는 것이 아니라, 가능성으로만 남아 있다. 그 기술을 사용하는 사람들이 이에 대해 어떤 입장과 태도를 갖고 소통의 문화를 만들어 가느냐에 따라, 인터넷은 지금까지 인간이 만들어온 다양한 소통 기술의 단점을 보완하고 장점을 살린 공론장이 될 수 있다. 그러나 최근 우리 사회가 목격한 바와 같이 인터넷은 걸러지지 않은 무책임한 감정과 욕설이 난무하고, 근거 없는 비방이 끝없는 오해와 갈등, 증오를 낳으며, 누군가가 오랜 시간에 걸친 노력과 창의적 아이디어를 통해 만든 정보와 지식, 그리고 예술 작품들을 정보 공유라는 미명하에 가로채가 버리는 비윤리적 공간으로 전락할 수도 있다.

소통을 매개하는 미디어의 기술적 특성에 대해 이해하는 것이 미디어 리터러시에 있어 중요한 문제로 대두된 것은 바로 이와 같은 사정 때문이다. 지금까지 우리 사회가 학교 교육을 통해 중시해 온 리터러시는 톰슨의 용어

를 빌면, 면대면 상호작용과 매개된 상호작용, 그리고 책을 중심으로 한 매개된 유사 상호작용에 관계된 것이었다고 할 수 있다. 그러나 오늘날 디지털 미디어의 등장으로 인해 이제 이러한 구분은 더 이상 명확하지 않고, 인터넷과 같은 하나의 미디어 안에서 복합적으로 작용하게 되었다. 이는 기존에 기술 매체가 개입하지 않은 면대면 상호작용이나, 기술 매체가 개입하지 않은 매개된 상호작용의 경우, 특히 사회적 의사소통의 영역에서 차지하는 비중이 줄어들었다는 뜻이 된다.

사회적으로 공론화되는 이슈들이 활발히 토론되고, 중요한 정보와 지식, 새로운 문화가 유통되는 공간인 인터넷은 미디어의 개입 없이 이루어지는 면대면 소통 방식과도 다르고, 생산자의 독백적 대량 소통을 중재한 대중매체의 소통 방식과도 다르다. 발신자와 수신자 간의 활발한 상호작용과 원본의 자유로운 복제와 공유가 가능한 인터넷과 같은 디지털 미디어의 소통 방식을 이해하는 데에는 이를 가능하게 하는 소통 기술에 대한 이해, 그리고 우리가 이 소통 기술을 이용하는 방식에 대한 성찰이 반드시 필요하다.

인쇄매체와 문자언어가 리터러시의 중심 기술이었던 시절에는 책을 인쇄하고 출판하고 서점을 통해 유통시키는 능력까지 일반인에게 요구되지 않았다. 그러나 인터넷이 중심 매체가 된 오늘날에는 저자에게 필요한 능력이 단지 글 쓰는 일에 그치지 않는다. 디지털 저자는 글만 쓰는 것이 아니라 이미지도 생산하며, 생산된 텍스트를 직접 미디어를 통해 유통까지 시키기 때문이다.

따라서 오늘날 요구되는 리터러시는 복합 양식의 언어를 통해 메시지를 생산할 수 있는 새로운 의미의 언어 능력, 그리고 이러한 언어를 통해 생산된 문화를 비판적으로 수용하고 스스로 창의적인 문화를 생산할 수 있는 능력뿐 아니라, 자신이 사용하는 소통 기술에 대한 이해와 성찰을 바탕으로 사회적 소통에 참여할 수 있는 능력까지도 포함해야만 하는 것이다. 바로 이런 의미에서 새로운 언어 능력, 문화 능력, 소통 능력으로서의 미디어 리터러시는 디지털 미디어 시대에 요구되는 새로운 리터러시라 할 수 있는 것이다.

## III. 국어교육에서 매체를 수용하는 방향

국어교육의 주요 목표는 국어 능력의 신장이다. 국어 능력 신장이라는 개념은 언어에 의해 사람과 관계 맺고, 언어를 통해 비판적으로 정보와 지식을 수용, 생산하며, 언어로 문제를 해결할 수 있는 사회적 소통 능력을 길러주는 것으로 이해될 수 있다. 기술 문명의 발달로 대표되는 현대 사회에서는 소통의 방식이 변화하고 있다. 따라서 국어교육은 우리 시대의 지배적 소통 언어와 소통 방식으로 자리잡고 있는 매체언어를 통해 이루어지는 국어 능력의 신장을 중요하게 다루어야 한다.

한편 기호적 관점 못지않게 소통적 관점이 중요하다. 정보 사회, 인간 관계, 대중문화 등 매체텍스트와 관련된 사회문화적 맥락에 대한 거시적 이해가 중요하다. 국어교육은 매체언어를 통해 생산되는 텍스트의 의미를 비판적으로 수용하고, 매체언어를 통해 창의적인 텍스트를 생산하여 사회적 소통에 기여할 수 있는 능력을 길러주어야 한다.

마지막으로 의미 작용에 관여하는 소통 기술에 대한 성찰적 태도도 중요하다. 매체언어 교육의 도입은 이제까지의 국어교육과는 다른 모습을 요구하고 있다. 여기에서는 매체언어 교육을 도입함으로써 국어교육에 어떤 변화가 나타나고 있는지에 대해 논의함으로써 새로운 국어과 교육과정에 제시된 매체언어 교육 내용의 의미를 찾아보고자 한다.

### 1. 언어를 바라보는 관점의 변화

매체언어를 국어교육에서 다루어야 하는 이유로는 여러 가지가 있다. 우선 앞에서도 서술했듯 많은 사람들이 인터넷을 비롯한 디지털 매체를 이용하고 있다는 것이 그 첫째 이유다. 즉 매체 환경의 변화로 인한 언어생활의 변화가 그것이다. 하지만 그것만으로는 부족하다. 사실 가장 핵심적인 것은 언어생활 변화의 핵심에 언어를 바라보는 관점의 변화가 있기 때문일 것이다. 국어교육에서 매체언어에 주목하는 것은, 현대 언어생활에 결정적인 영향을 미치는 매체에 대해 언어의 관점에서 접근할 필요가 있다는 문제의식을 반영하는 것이다.

오늘날 매체는 생각이나 정서, 정보와 지식 등을 다수의 사람들과 더불어 공유하고 즐기고 전파하는 매개 역할을 하되, "텔레비전, 영화, 비디오, 라디오, 사진, 광고, 신문, 잡지, 그리고 인터넷처럼 다양한 종류의 현대 커뮤니케이션 미디어를 망라하는 의미"(Buckingham, 2004:17)로 쓰인다. 그런데 이러한 매체를 단순히 생각이나 느낌을 전달하는 '도구나 수단'의 의미로 축소해서는 안 된다. 서로 다른 매체를 통해 표현하는 과정은 전달과 드러냄의 과정이면서 동시에 의미 구성 방식, 사유의 구조화 방식의 과정에서 차이를 보이기 때문이며, 어떤 매체를 선택하느냐 하는 것은 무엇을 어떻게 구조화하여 어떤 방식으로 드러낼 것인가와 밀접한 관련을 지니기 때문이다.

기계 · 전자 기술의 발달에 따라 새로운 형태의 매체가 등장하거나 지속적인 발달을 거듭하고 있으며, 이로 인해 우리들은 이전과는 다른 새로운 형태의 매체 텍스트를 수용하고 생산할 수 있다. 현대 사회는 다양한 매체 텍스트를 읽고 분석할 뿐 아니라 표현하고 유통시킬 수 있는 언어 능력을 우리에게 요구하게 되었다.

여기서 매체는 의미를 드러내고 전달하며 나아가 해석을 필요로 한다는 점을 중시할 필요가 있으며, 따라서 이해와 표현 방식의 측면에서 볼 때 언어의 측면에서 초점화하여 접근할 수 있다(최미숙, 2007)는 점에 주목해야 한다. 다시 말하면 매체 고유의 언어 체계를 통해 의미를 구성할 수 있고 텍스트로 표현하며, 그 텍스트를 수용하는 활동 또한 필요하다는 점이다.

사실 국어교육계에서 그 동안 매체언어라는 용어를 중심으로 하여 논의를 구체화한 것도 바로 이런 이유 때문이다. 기존의 언어가 음성언어와 문자언어로 이루어진 것이었다면, 매체언어는 텍스트의 종류에 따라 음성, 문자, 소리, 이미지, 동영상 등이 복합적으로 작용하여 의미를 형성한다는 특성을 지닌다. 이러한 특성 때문에 매체언어가 지니는 언어의 복합성과 입체성에 주목해야 하며, 음성언어와 문자언어가 다른 기호와 유기적으로 결합하면서 새로운 의미 관계, 새로운 의미를 창출하는 것을 중시해야 하는 것이다.

결국 매체언어는 다양한 언어가 복합적으로 작용하여 의미를 형성하는 독특한 언어 체계라는 특성을 지닌다. 이렇게 볼 때 매체언어로 표현된 매체 텍스트는 의미를 생성하는 문법적인 구조를 가지고 있는 음성언어나 문자언어처럼 상세한 분석과 해석을 필요로 하며(최미숙, 2007), 따라서 매체언어도 본질적으로 언어라 할 수 있는 것이다. 이러한 매체언어의 특성을 그 동안 문자언어와 음성언어 중심의 언어관에서 더 나아가 좀 더 복합적인 언어에 대한 관점으로 변화할 것을 요구하고 있다(정현선, 2005, 2006; 주세형, 2005).

## 2. 소통 방식의 변화를 담아내는 국어교육

디지털 매체의 이용이 단순히 이용으로 그치는 것이 아니라 우리의 언어생활을 변화시키고 있으며 그것은 의사소통 방식의 변화를 수반하고 있다는 점에 유의해야 한다. 앞서 살펴본 바와 같이, 오늘날 우리 사회에서 30대 이하 연령대의 경우 대부분이 인터넷을 이용하고 있다. 인터넷 이용자는 주로 자료·정보획득, 여가활동, 커뮤니케이션을 위해 인터넷을 이용한다.

우선 여기서 주목하고자 하는 것은 인터넷이 우리의 일상에서 빼놓을 수 없는 중요한 생활환경이 되었다는 점이다. 인터넷 접근성이 높아지면서 연령대를 막론하고 많은 사람들이 인터넷을 이용하고 있다는 점이다. 초기에는 주로 젊은 연령대를 중심으로 인터넷 이용률이 높았지만, 해가 다르게 중장년층의 이용률도 높아지고 있으며, 이는 그만큼 인터넷이 우리 생활 깊숙이 들어왔다는 것을 의미한다.

다른 하나는 이용행태의 측면이다. 인터넷을 이용하는 사람들이 주로 자료나 정보를 획득하기 위해서, 그리고 의사소통을 위해서 활용한다는 것은 우리 언어생활에 시사하는 바가 크기 때문이다. 종이 신문을 읽고, 책을 읽으면서 정보를 획득하고, 주로 면대면 의사소통을 하거나 전화, 편지 등의 형태로 이루어지던 기존의 의사소통 방식이 이제 디지털 매체를 활용한 의사소통 방식으로 전환되고 있는 것이다. 이모티콘, 이미지, 동영상을 동반하면서 이루어지는 디지털 의사소통은 목소리, 몸짓, 표정 그리고 문자 등을 통해 이루어지던 기존의 소통 방식과는 다른 특성을 지니는 것이다. 그리고 이러한 상황은 UCC(User Created Contents), 유비쿼터스(ubiquitous) 등의 발달과 함께 더욱 가속화될 것이다.

1990년대 후반 이후 국어교육이 그 동안 지속적으로 매체언어에 관심을 가졌던 이유, 매체언어가 국어교육에서 중요할 수밖에 없는 이유는 이것이 소통의 문제이기 때문이다. 말이나 글로 소통하는 것과, 신문이나 라디오 또는 텔레비전 그리고 인터넷을 통해 소통하는 것 사이에는 소통의 방식과 과정과 결과 등의 측면에서 큰 차이가 있다는 점을 인정하지 않을 수 없게 되었다.

이제 우리는 이전에는 이용하지 못했던 여러 형식의 소통 방식을 선택할 수도 있게 되었다. 여전히 만나서 말로 대화를 나눌 수도 있고 편지와 전화로 소식을 주고받을 수도 있지만, 전자우편을 통해 자신의 생각을 전달할 수도 있고, 핸드폰 문자 메시지를 통해 간단한 문자 대화를 할 수도 있다. 뿐만 아니다. 수신자를 수십 명을 설정하여 동시에 여러 명에게 메시지를 보낼 수도 있으며, 메신저를 통해 동시에 여러 사람이 문자 대화를 나눌 수도 있다. 전자 게시판에 실린 글을 읽고 자신의 생각을 게시판에 올릴 수 있으며, 미니 홈피나 블로그를 통해 사적인 내밀한 경험을 불특정 독자를 향해 글로 쓰기도 한다.

인터넷 게시판의 내용을 비판적으로 분석하면서 읽고 표현하기, 인터넷 토론의 논제에 대한 자신의 입장을 적극적으로 개진하기, 인터넷 매체를 활용하여 효과적으로 자신을 소개하기 외에도 사적인 언어생활이나 공적인 언어생활에서 적절한 매체언어로 소통하는 능력을 새로운 국어과 교육과정에서 강조하는 이유는 이런 이유 때문이다. 이렇듯 새로운 형식의 소통 방식은 우리들의 일상적인 언어 능력을 재구조화할 것, 국어교육에서 언어를 바라보는 관점을 변화시킬 것 등을 요구하고 있다.

## 3. 국어교육에서 다루어야 할 텍스트의 확장

이제는 국어교육에서 다루어야 할 언어 자료를 확장해야 할 시점에 이르렀다. 이제까지 라디오 프로그램, 만화, 영화나 드라마는 국어교육에서 다루지 않던 텍스트들이었다. 물론 제7차 국어과 교육과정에 따른 교과서의 경우 부분적으로 다루기는 했다. 만화가 등장하고 대중가요 가사가 등장했으며, 드라마도 등장했다. 제7차 국어과 교육과정에서부터 매체에 대해 관심을 갖기 시작했고, 제7차 국어과 교육과정에 의거하여 개발한 국어 교과서와 선택과목 교과서에서 다양한 매체 장르를 다룬 것이 사실이며, 이것은 이전의 교육과 비교할 때 매우 커다란 변화라 할 수 있다. 하지만 그것은 대부분 학습 내용 이해를 돕거나, 언어활동을 위한 보조 자료로서의 역할에 그치거나 다소 제한적인 차원에서 매체 텍스트를 다룬 경우가 많았다. 제7차 『중학교 국어(3-2)』 교과서의 '2. 비판하며 읽기' 대단원에서 신문과 텔레비전을 다루고 있기는 하지만 글의 신뢰성과 타당성을 판단하기 위한 자료 그리고 텔레비전의 순기능과 역기능을 알기 위한 자료를 제공하는 역할에 그치고 있는 것이 사실이다.

제7차 국어과 교육과정에서 더 나아가 2007년 개정 국어과 교육과정에서는 다양한 매체 텍스트를 언어 자료로 제시하고 있다. 새로 개발되는 국어 교과서에는 7차보다 훨씬 더 다양한 매체 텍스트들이 등장할 것이다. 이제 문자언어 중심 텍스트뿐만 아니라 다양한 매체 텍스트 또한 제시하는 교과서로 탈바꿈해야 할 것이며, 이를 위해 CD-ROM, 인터넷 사이트 형태의 교재도 병용하는 체제를 고려해야 할 것이다.

매체 환경의 변화는 우리가 읽어야 할 대상이 문자로 이루어진 텍스트뿐만 아니라 다양한 매체 텍스트 차원까지 포함하는 것임을 요구하고 있다. 이것은 어찌 보면 커다란 변화인 듯하지만, 스가야 아키코의 말대로 매체교육은 "전혀 새로운 것이 아니라 본래 분석적이었던 국어의 읽고 쓰기 범주를 미디어에 확대시킨 것"(아키코, 2001:39)으로 볼 수도 있다.

한편 주의해야 할 것은 만화, 영화, 드라마, 인터넷 게시물, 온라인 대화 자료 등 다양한 언어 자료로의 확장이라는 의미를, 여러 종류의 매체 텍스트를 백과전서식으로 다루어야 한다는 의미로 해석해서는 곤란하다는 점이다. 매체 자체의 관점이 아니라 국어교육의 관점에서 의미 있는 자료여야 할 것이며 그 내용이나 표현 방식의 차원에서도 학생들에게 수용 가능한 것이어야 한다.

문학 작품의 경우를 참조할 수도 있다. 우리가 일상적으로 대하는 문학 작품의 종류가 많기는 하지만 국어교육의 관점에서 교육적으로 의미가 있는 것을 교육 자료로 선택하는 과정을 거친다. 일차적으로 국어교육 목표에 부합하는 자료이어야 하며, 넓게 보아 궁극적으로 국어 능력 신장에 도움이 되는 자료여야 하며, 학생들이 읽고 감상하고 표현하는 데에 적절하면서도 필요한 작품이어야 한다. 매체언어 교육이 대상으로 하는 자료도 마찬가지라는 점을 전제로 해야 할 것이다.

### 4. 사회적 소통과 성찰의 언어문화 강조

매체언어 교육에서 매체 텍스트의 수용 교육만을 강조할 경우, 디지털 사회에서 능동적인 매체언어 능력을 신장하는 데는 한계로 작용할 것이다. 따라서 매체 텍스트를 이해하고 분석하는 능력뿐만 아니라 표현 및 생산 능력도 강조해야 한다. 매체 관련 교육이라는 점을 감안할 때 표현교육은 제작 교육으로까지 나아갈 수 있다. 매체언어 교육에 대한 본격적인 논의가 시작되던 초기부터 매체 텍스트의 표현 및 생산, 제작 교육(김대행, 1998; 김동환 외, 2000; 최병우 외, 2000)은 지속적으로 강조했던 부분이기도 하다.

매체 텍스트의 생산을 강조하는 이유 중 하나는 매체 텍스트의 수용자 역할만을 강조하는 교육이 아니라 생산자 교육을 통해 수용자 교육 또한 효율적으로 하자는 의도를 전제로 한 것이기도 하다(최미숙, 2006). 최근 인터넷 수용자뿐만 아니라 생산자에 대한 관심이 높아지고 있고, 이런 맥락에서 UCC에 대한 관심도 고조되고 있다. 매체를 이해하기 위해서는 매체 텍스트를 이해하고 분석하는 활동뿐만 아니라 학습자 스스로 콘텐츠를 제작하는 활동 또한 중요하다.

이렇듯 매체 텍스트의 이해나 비판적인 분석에 그치는 것이 아니라 표현하거나 생산하는 활동으로 나아가는 것은 일차적으로 매체언어의 특성을 실제 경험을 통해 파악할 수 있는 중요한 계기를 제공할 수 있다. 그리고 나아가 매체언어 및 매체 텍스트의 의미를 생산하고 유통시키는 힘과 관련 있는 복잡한 관계와 과정을 이해하는 데에도 도움을 줄 수 있다. 이 점에서 매체 텍스트의 "제작은 미디어 텍스트가 의식적으로 만들어지는 것이라는 인식을 수반한다"(Buckingham, 2004:96)라는 점을 강조할 필요가 있다. 매체 텍스트를 표현하고 생산해 봄으로써 매체를 통해 일상적으로 대하는 수많은 언어와 텍스트가 사실은 의도와 목적과 특정 생산 과정을 거쳐 의식적으로 만들어지는 텍스트라는 점을 인식할 수 있다. 이러한 인식은 해당 텍스트의 표면에 드러나지 않은 숨은 의도와 가치를 읽을 수 있도록 할 것이며, 숨은 의도와 가치를 드러내기 위한 표현 방식을 이해하는 데 중요한 역할을 할 것이다. 그리고 이는 복잡다단하게 이루어지는 사회적 소통 방식에 대한 이해를 높이는 역할도 할 수 있다.

또 이론이나 지식으로 배우기 어려운 매체 텍스트와 관련된 다양한 경험을 할 수도 있다. 버킹엄이 "학생들은 스스로 잡지나 비디오를 만드는 과정을 거치는 동안, 사용할 테크놀로지나 제작 방법, 그리고 어떻게 수용자를 파악하여 설정하고, 그들에게 어떻게 다가갈 것인가의 문제에 대해 선택을 해야 할 것이다. 또한 미디어 텍스트를 제작하고 보급하는 데 있어서도 온갖 종류의 한계를 직면하게 될 것이다"(Buckingham, 2004:98)라고 했던 이유도 여기에 있다. 매체언어를 통한 소통과 관련된 이런 한계를 스스로 경험하고 문제 상황과 대면하고, 그 문제를 해결하기 위한 방법을 모색할 뿐 아니라 문제 해결의 과정을 경험하는 것은 바람직한 매체언어 능력을 지닌 주체로 거듭나는 데 중요한 역할을 할 것이다.

하지만 이에 대한 우려가 존재하는 것도 사실이다. 자칫 국어교육의 범주를 벗어나 매체 자체에 대한 교육에 치중할 우려가 있다는 견해가 그것이다. 하지만 매체언어 교육이 국어교육의 일환이라는 점을 고려하고 교육의 초점을 국어교육에 두는 한, 그리 크게 우려하지 않아도 되는 사항일 것이다. 더욱이 전문적인 제작자를 양성하는 것이 목표가 아닌 만큼 매체 텍스트 생산의 결과물 자체를 지나치게 중시하거나 혹은 기술적 완성도를 목적으로 하지 않는다면 말이다. 완성도 높은 결과물의 생산이나 높은 기술 수준이나 복잡한 기술의 활용도 등을 중시하기보다는 활용도가 높은 표현 방법이나 표현을 위한 아이디어 생산 등에 초점을 두어 지도해야 할 것이다(최미숙, 2006). 그렇지 않으면 국어교육의 목표는 사라져버리고, 화려한 결과물 생산을 위해 맹목적으로 달려들거나 자칫 시시각각 발달하는 기술의 발달 속도에 아찔한 조급증을 느끼는 환자만 키워낼 수도 있을 것이다.

수용과 생산 교육이 단순 활동에 그치지 않고 우리 삶에서 의미 있는 것이 되기 위해서는 수용과 생산이 사회적 소통 차원에서 이루어지는 것이라는 자의식, 그리고 우리의 삶과 문화에 대한 성찰적 관점을 동반해야 한다는 것을 강조할 필요가 있다. 매체가 정보와 지식을 어떻게 구성하고 유통시키는지 이해하기, 대중문화가 수용자의 정체성 형성에 미치는 영향을 이해하기, 대중문화가 형성하는 세계와 현실을 주체적으로 이해하기, 언어생활에서 적절한 매체언어로 소통하기, 창의적인 언어문화 창조에 적극적으로 참여하기 등을 교육과정에서 강조하는 이유도 이런 점 때문이다.

소통이란 수용만으로 이루어지는 것이 아니며, 수용과 동시에 스스로 표현하고 생산할 수 있어야 원활한 소통이 이루어진다. 수용하는 경험, 생산하는 경험의 상호 작용을 통해 매체언어와 매체 텍스트의 수용과 생산에 관여하는 다양한 가치와 힘의 관계를 파악하고, 이를 바탕으로 한 사회의 일원으로서 좀 더 의미 있는 창의적인 소통 능력을 지니는 데 도움을 얻을 수 있을 것이다.

그리고 사회적으로 의미 있는 소통을 위해서는 성찰적 관점 또한 강조해야 한다. 매체 텍스트를 직접 표현하거나 제작하는 경험을 하면서 대부분의 학생들은 흥미를 느끼며 또 재미있게 활동을 한다. 하지만 반성적 성찰이 결여된 활동은 기계적인 반복 혹은 단순한 흥미 유발에 그치거나 '한 번 해보는 데 만족하고 마는' 의미 없는 활동이 될 우려가 크다. 이를 극복하기 위해서는 자신의 매체언어 활동이 자신의 삶과 사회, 문화의 지형도에서 어떤 의미를 지니며, 그것은 어떤 관점과 가치를 어떤 방식으로 드러내고 전달하는지에 대한 성찰적 관점이 필요하다. "다루는 주제에 대한 사고, 그리고 대상세계에 대한 사고 작용의 필요성이 강조되지 않는다면 나중에는 쓸모조차 없는 낡은 기계 조작법의 학습쯤으로 전락할는지도 모른다"(김대행, 2007: 49)는 논의가 의미 있는 것은 이런 맥락 때문이다.

## 참고문헌

김대행(1998), 「매체언어 교육론 서설」, 『국어교육』, 제97호, 한국국어교육연구학회.

김대행(2007), 「매체환경의 변화와 국어교육의 방향」, 『국어교육학연구』, 제28집, 국어교육학회.

김동환 외(2000), 「매체언어의 소통 원리와 교육적 대상화의 방법」, 서울대학교 국어교육연구소(연구보고서).

김성진(1998), 「국어교육의 대중문화 수용을 위한 시론」, 『국어교육연구』, 제5집, 서울대학교 국어교육연구소.

김양은(2005), 「리터러시 관점에서의 미디어 교육에 관한 연구: 언어로서의 미디어에 대한 인식을 중심으로」, 『한국언어문화』, 제27집, 한국언어문화학회.

김영기 · 한선(2005), 「인터넷의 횡단적 속성과 이용 방식에 관한 연구」, 『한국방송학보』, 19-2, 한국방송학회.

나미수(2005), 「민속지학적 수용자 연구에 대한 비판적 성찰: 국내 연구사례에 대한 분석과 평가」, 『커뮤니케이션 이론』, 1권 2호, 한국언론학회.

노명완 · 이차숙(2002), 『문식성 연구』, 박이정.

박인기(2002), 「문화적 문식성의 국어교육적 재개념화」, 『국어교육학연구』, 제15집, 국어교육학회.

박창호(2004), 「인터넷 커뮤니케이션, 공공 영역의 쇠퇴인가 부활인가?」, 『사회이론』, 제25호, 한국사회이론학회.

오미영 · 정인숙(2005), 『커뮤니케이션 핵심이론』, 커뮤니케이션북스.

안정임(2004), 「문화적 리터러시로서의 미디어 교육」, 『청소년 문화포럼』, 제9호, 한국청소년문화연구소.

윤여탁 외(2007), 「매체언어 교육의 본질에 대한 연구」, 『국어교육연구』, 제19집, 서울대학교 국어교육연구소.

정현선(2004), 『다매체 시대의 국어교육과 문화교육』, 역락.

정현선(2005), 「'언어 · 텍스트 · 매체 · 문화' 범주와 '복합문식성' 개념을 통한 미디어 교육의 국어교육적 수용에 관한 연구」, 『한국초등국어교육』, 제28집, 한국초등국어교육학회.

정현선(2006), 「'언어 · 문화 · 소통 기술'의 관점에서 본 미디어 리터러시의 고찰」, 『한국학연구』, 제25집, 고려대학교 한국학연구소.

정현선(2007), 「기호와 소통으로서의 언어관에 따른 매체언어교육의 목표에 관한 고찰」, 『국어교육연구』, 제19집, 서울대학교 국어교육연구소.

정현선(2008), 「매체와 국어교육」, 최미숙 외, 『국어교육의 이해: 국어교육의 미래를 모색하는 열여섯 가지 이야기』, 사회평론사.

조맹기(2004), 『커뮤니케이션의 역사』, 서강대학교출판부.

주세형(2005), 「'내용'과 '방법'으로서의 국어지식 영역의 역할」, 『한국초등국어교육』, 제27집, 한국초등국어교육학회.

주세형(2006), 「역대 초등학교 1학년 국어 교과서에서 매체 식별 교육 내용의 변천 양상과 국어교육사적 함의」, 『국어국문학』, 143호, 국어국문학회.

최미숙(2006), 「매체 텍스트 표현 교육의 실제: 인터넷 백과사전 제작 수업을 중심으로」, 상명대학교 논문집.

최미숙(2007), 「매체 언어 교육을 위한 교육과정 개발 방향: 선택 과목을 중심으로」, 『국어교육학연구』, 제28집, 국어교육학회.

최병우 · 이채연 · 최지현(2000), 『매체언어와 국어교육: 매체언어와 교수학습 방법에 관한 연구』, 서울대학교 국어교육연구소.

한국인터넷진흥원(2007), 「UCC 이용 실태 조사」(2007년 5월), 인터넷통계정보검색시스

템 http://isis.nida.or.kr
한국인터넷진흥원(2008), 『2007년 하반기 정보화 실태 조사 요약보고서』, http://isis.nida.or.kr

아키코, 스가야(2000, 안해룡·안미라 옮김(2001), 『미디어 리터러시』, 커뮤니케이션북스.
Buckingham, D. & Sefton-Green, J. (1994), *Cultural Studies Goes to School,* London: Falmer Press.
Buckingham, D. (2004), *Media Education: literacy, learning and contemporary culture*, 기선정·김아미 옮김, 『미디어 교육: 학습, 리터러시, 그리고 현대문화』, jNBook.
Burn, A. and Leach J. (2004), "ICT and moving image literacy in English," in R. Andrews, (ed.), *The Impact of ICT on Literacy Education,* London and New York: Routledge Falmer.
Dyson, A.H. (2003), ""Welcome to the Jam": Popular Culture, School Literacy, and the Making of Childhood," *Harvard Educational Review,* Dall 2003, 73(3): 328-361.
Halliday, M.A.K. (1975), *Learning How to Mean: Explorations in the Development of Language,* London: Edward Arnold.
Halliday, M.A.K. (1978), *Language as Social Semiotics: The Social Interpretation of Language and Meaning*, London: Arnold.
Hirsch, E.D. (1988), *Cultural Literacy: What Every American Needs to Know,* New York: Random House.
Hodge, B. & Tripp, D. (1986), *Children and Television: A Semiotic Approach,* Cambridge: Polity.
Jewitt, C. & Kress, G. (2003), *Multimodal Literacy*, New York: Peter Lang.
Kress, G. & van Leeuwen, T. (1996), *Reading Images: The Grammar of Visual Design*, London: Routledge.
Masterman, L. (1980), *Teaching about Television*, London & Basingstock: The Macmillan Press.
Ofcom (2004), Ofcom's Strategy and Priorities for Promoting Media Literacy, http://www.ofcom.org.uk
Poster, M. (2005), 김승현·이종숙 옮김, 『미네르바의 올빼미가 날기 전에 인터넷을 생각한다』, 이제이북스.
Purves, A.C., Papa, L. & Jordan, S. (eds.) (1994), *Encyclopedia of English Studies and Language Arts,* vol. 1, NCTE.
Thompson, J.B. (1996), *The Media and Modernity: A Social Theory of Media,* Stanford University Press.
Turner, G. (1995), 김연종 옮김, 『문화연구입문』, 한나래.
Vygotsky, L. (1995), 팽영일 옮김, 『아동의 상상력과 창조』, 창지사.

제2장

# 국어교육과 매체언어 교육

## I. 매체언어 교육 수용의 배경

2007년 개정 국어과 교육과정에서 매체언어 교육 내용을 대폭 반영한 배경은 여러 가지 측면에서 고찰할 수 있다. 매체와 국어교육에 관한 초기의 논의는 매체를 교육의 수단으로 어떻게 활용할 것인가 하는 차원에서 이루어졌으며 이후 매체를 국어교육의 중요한 교육 내용으로 담아내야 한다는 논의로 이어졌다. 특히 국어교육에서 매체를 어떻게 수용할 것인가에 관한 논의는 1990년 후반부터 본격화되었다. 이후 초기에 이루어지던 매체 활용 교육에서 벗어나 국어교육에서 매체를 어떤 방식으로 수용할 것인가, 구체적인 교육 내용은 무엇인가 등에 관한 논의로 이어지면서 '매체언어 교육'에 많은 관심을 갖기 시작했다. 이는 정보화 사회로 진입하면서 우리의 언어생활에 많은 영향을 미치고 있는 매체를 매체언어의 차원에서 초점화하여 수용하자는 것으로 볼 수 있다.

2007년 개정 국어과 교육과정에서 매체언어 교육을 본격적으로 도입된 배경에는 국어교육학계, 국어교육 현장, 사회의 요구가 크게 작용했다. 그 요구는 급변하고 있는 매체 환경 속에서 상당한 질적 변화를 겪고 있는 언어문화의 현실을 보다 적극적으로 반영하고, 학습자들에게 필요한 실제적인 매체언어 능력을 길러주어야 한다는 것이었다. 이를 구체적으로 살펴보면 다음과 같다.

## 1. 매체 발달에 따른 사회적 요구의 반영

우선 매체언어 교육의 도입에는 매체의 발달이 가져온 언어생활의 변화를 담아야 한다는 사회적 요구가 크게 작용했다. 우리 사회가 정보화 사회로 진입하고 인터넷을 비롯한 다양한 매체를 일상적으로 활용하면서 우리의 언어생활에 일대 혁신적인 변화가 일어나고 있다. 디지털 매체의 발달에 따라 소통 방식의 변화뿐만 아니라 나아가 사고방식, 문화 등의 측면에서 많은 변화를 보이고 있는 것이다. 특히 인터넷의 발달은 우리의 언어생활 변화와 밀접한 관련을 지니고 있다. 전자우편, 인터넷 전자 게시판, 메신저 등을 통한 소통 방식의 변화는 기존의 소통 방식과는 그 틀과 성격의 측면에서 다른 특성을 보이고 있다. 이러한 일상적인 언어생활의 변화를 국어교육에서 담아내지 않을 수 없는 상황이 된 것이다.

매체언어 역시 의미 해석이 필요하다는 점에서 광의의 언어로 볼 수 있는데, 이러한 매체언어는 기존의 언어 운용 방식과는 다른 특성을 지니고 있다. 디지털 매체가 가져온 이러한 언어 운용 방식의 변화를 국어교육에서 심층적으로 다루어야 한다는 주장이 지속적으로 제기되었다. 특히 이제까지는 기술의 발달이 우선하면서 소통 방식의 변화가 이루어지고, 이어 학교 현장에서 이를 교육 내용으로 담아내는 형식으로 진행이 되고 있지만, 앞으로는 국어교육에서 매체의 발달로 인해 가능해진 다양한 소통 방식에 대한 능동적이고도 적극적인 교육적 대처가 필요하다는 사회적인 요구가 있었던 것이 사실이다. 2007년 개정 국어과 교육과정에서 매체언어 관련 교육 내용이 크게 강화된 것은 이러한 사회적인 요구를 받아들인 결과라 할 수 있다.

## 2. 국어교육학의 연구 성과 수용

국어교육 차원에서 매체언어 교육을 어떻게 수용할 것인가에 대해 지속적인 연구를 수행했던 학계의 요구를 들 수 있다. 매체의 발달이 가져온 언어생활의 변화는 곧 국어교육 내용의 변화를 요구했으며, 국어교육학계에서는 이를 구체화하기 위한 연구를 이미 오래 전부터 수행하고 있었다. 1990년대 중후반부터 국어교육에서 매체언어 교육 내용을 어떻게 담아낼 것인가에 대한 연구가 활발하게 이루어지기 시작했다. 한국어교육학회, 국어교육학회, 한국독서학회, 한국문학교육학회 등의 학회뿐만 아니라 각 대학의 국어교육 관련 연구소 등을 중심으로 이루어진 학술대회 및 활발한 연구 활동을 통해 '매체언어 교육' 관련 연구를 속속 발표하기 시작했고, 이를 통해 매체언어 교육 내용의 구체적인 틀을 마련할 수 있었다.

그 동안 이루어진 연구의 기본 방향은 미디어 사회로 진입하면서 우리의 언어 생활에 많은 영향을 미치고 있는 매체를 매체 언어의 차원에서 초점화하여 수용하자는 것으로 볼 수 있다. 특히 매체언어 교육에 대한 연구의 발달은 인터넷의 발달로 인해 그 강도를 더하고 있다. 이는 인터넷의 발달이 가져온 변화가 크기 때문이기도 하려니와, 인터넷이 우리의 언어생활 전반을 규정하게 되면서 그 중요성에 대해 인식하게 되었기 때문이기도 하다.

## 3. 국어교육 현장의 실천과 요구

국어교육 현장에서 이루어진 매체언어 교육의 활발한 움직임, 즉 학교 현장의 요구를 들 수 있다. 국어과 교육과정의 개정을 기다릴 여유 없이 매체언어 교육을 당면 과제로 맞닥뜨린 곳은 바로 학생들을 직접 지도하는 학교 현장이었다. 그것은 디지털 문화에 익숙한 학생들을 직접 대면하는 현장이었기 때문에 언어생활과 사고방식, 문화 등의 측면에서 지도의 필요성을 일

[그림 2-1] 교사들이 개발한 매체언어 교재

찍 절감했기 때문이기도 했다.

학교 현장에서는 교사 연수 혹은 다양한 교사 모임을 통하여 매체의 이해와 매체의 국어교육적 활용에 대하여 연구하고 여러 수업 방법을 모색하는 기회를 갖기도 했다. 또 학생들 지도를 위한 다양한 매체언어 관련 자료집을 펴내는가 하면, 학교 현장에서 실질적으로 활용할 수 있는 대안적 형태의 교재를 개발하기도 했다. 이러한 노력은 매체언어 교육의 구체적인 예를 제시함과 동시에 그 가능성을 실천의 형태로 보여주었다는 점에서 매우 의미 있는 결과물이라 할 수 있다.

국어교육 현장에서 이루어지는 매체언어 교육의 움직임은 최근 인터넷 중심의 매체언어 교육으로 수렴되고 있는 듯하다. 이는 인터넷이라는 매체가 기존의 매체가 지니는 특성을 기술적으로 대부분 포괄하면서 발달했기 때문이기도 하려니와, 학교 현장의 기술적 지원 가능성, 학습의 용이성 등의 이유 때문일 것이다.

## 4. 외국의 자국어 교육 참조

매체언어를 자국어 교육에 포함하여 교육하는 외국의 경우도 중요한 참조가 되었다. 영국, 뉴질랜드, 캐나다, 호주 등의 경우 그들의 모국어 교육과정에서 매체를 다루고 있으며, 매체교육 전문가들은 대부분 모국어 교사라고 한다(A. Burn & J. Leach, 2004). 이 부분에 대해 『미디어 리터러시』의 저자인 스가야 아키코는 "미디어의 학습은 전혀 새로운 것이 아니라 본래 분석적이었던 국어의 읽고 쓰기의 범주를 미디어에 확대시킨 것"(2001:39)이라고 강조했다. 매체의 발달로 인해 다양한 매체 텍스트가 생산되고 국어 교육에서 다루어야 할 텍스트의 범주가 확대되었으며, 이는 텍스트의 양적 증가만을 의미하는 것이 아니라 텍스트를 이해하고 표현하는 방법의 차이를 동반하기 때문에 이에 대한 교육이 필요하다는 것이다

## II. 매체언어 교육의 수용과 국어과 교육과정

### 1. 매체와 매체언어의 개념

현대 사회에서 매체는 우리의 삶, 나아가 우리의 언어 생활과 불가분의 관계를 맺고 있다. 매체의 발달은 소통 방식의 변화뿐만 아니라 우리들의 사고 방식의 변화를 초래하고 있으며, 나아가 우리의 언어 문화를 변화시키고 있다. 이러한 매체의 개념이 무엇이며, 국어교육에서 중요한 교육 내용으로 부각된 매체언어의 개념은 무엇인지 살펴볼 필요가 있을 것이다.

#### 1) 매체의 개념

매체란 "중재하는 수단, 도구 혹은 매개체라고 하며, 이는 효과나 정보가 운반되거나 전달되는 물질 혹은 경로"(D. Buckingham, 2004:17)를 의미한다. 넓은 의미에서 볼 때, 매체는 사람들의 생각이나 정서 그리고 다양한 정보와 지식 등을 전달하고 공유할 수 있도록 매개 역할을 하는 것이다. 이런 관점에서 보면 음성뿐만 아니라 문자 또한 매체로 볼 수 있다(오미영 · 정인숙, 2005).

그러나 오늘날 우리가 매체라고 할 때는 이보다 제한적인 의미로 쓰인다. 생각이나 정서, 정보와 지식 등을 다수의 사람들과 더불어 공유하고 즐기고 전파하는 매개 역할을 하되, "텔레비전, 영화, 비디오, 라디오, 사진, 광고, 신문, 잡지, 그리고 인터넷처럼 다양한 종류의 현대 커뮤니케이션 미디어를 망

라하는 의미"(D. Buckingham, 2004:17)로 쓰인다. 이 관점에 따르면, 현대 사회에 이르면서 지속적인 기술 발전이 만들어낸 신문, 라디오, 텔레비전, 영화, 인터넷 등이 제한적인 의미의 매체라 할 수 있다. 매체를 단순히 생각이나 느낌을 전달하는 '도구나 수단'의 의미로 축소해서는 곤란하다. 서로 다른 매체를 통해 표현하는 과정은 전달의 과정이면서 동시에 의미 구성 방식, 사유의 구조화 방식에서 차이를 보이기 때문이다.

이러한 의미의 매체는 현대 언어 생활에서 매우 큰 비중을 갖게 되었다. 기계 · 전자 기술의 발달은 이전과는 다른 새로운 형태의 매체 텍스트를 생산하고 있으며, 현대 사회는 그러한 텍스트를 읽고 쓸 수 있는 언어 능력을 우리에게 요구하고 있는 것이다. 여기서 매체 텍스트는 "여러 다른 형식의 커뮤니케이션 수단에 의해 전달되는 다양한 프로그램, 제작된 영화 영상 작품, 이미지, 웹 사이트 등"(D. Buckingham, 2004:17)을 의미한다.

### 2) 매체언어의 개념

매체는 의미를 드러내고 전달하며 나아가 해석을 필요로 한다는 점에서 그 이해와 표현 방식의 측면에서 볼 때 '언어의 측면'에서 초점화하여 접근할 수 있다. 이러한 관점을 초점화하기 위해 국어교육계에서는 그 동안 '매체언어'(김대행, 1998)라는 용어를 통해 논의를 구체화시킨 바 있다. '매체언어'라는 용어는 매체의 언어적 특성과 소통 경로에서 발생하는 의미 작용을 국어교육의 내용에 포함하는 새로운 접근을 활성화하는 데 중심 개념이 되었다.

매체언어는 다양한 매체 텍스트에 실현되는 언어의 특성에 주목한 용어다. 기존의 언어가 음성언어와 문자언어로 이루어진 것이었다면, 매체언어는 텍스트의 종류에 따라 음성, 문자, 소리, 이미지, 동영상 등이 복합적으로 작용하여 의미를 형성한다는 특성을 지닌다. 말과 글만이 아니라 영상 이미지나 소리와 같은 또 다른 차원의 '언어들'이 결합하여 의미를 생성하는 것이다. 따라서 매체언어는 음성, 문자, 소리, 이미지, 동영상 등 다양한 언어가 통합되면서 의미를 형성하기 때문에 음성, 문자, 이미지 등이 개별적으로 의미를 표현하고 전달하는 방식과는 다른 차이를 지니며, 나아가 다른 표현 효과를 내게 된다. 이런 관점에 의하면 매체언어를 매체 텍스트에 실현된 문자언어나 음성언어로 한정하여 보는 것에 대해서는 재고할 필요가 있다

결국 매체언어는 다양한 언어가 복합적으로 작용하여 의미를 형성하는 독특한 언어 체계를 지니는 것이며, 나아가 매체 텍스트는 의미를 생성하는 문법적인 구조를 가지고 있는 음성언어나 문자언어처럼 상세한 분석이 가능해진다(A. Burn & J. Leach, 2004). 이렇듯 매체언어가 국어교육에서 다루던 기존의 언어(음성언어와 문자언어)와 차이를 지니기는 하지만, "매체언어도 본질적으로 언어라는 점, 그러기에 해석의 과정이 필요하게 마련이라는 점, 이러한 과정은 궁극적으로 의미의 추구를 겨냥하게 한다는 점에서 동질적인 것"(김대행, 1998:9)이라 할 수 있으며, 매체언어를 국어교육에서 교육 내용으로 다루어야 하는 필요성이 생긴다.

국어교육에서 매체언어에 주목하는 것은 현대 언어생활에 결정적인 영향을 미치는 매체에 대해 언어의 관점에서 접근할 필요가 있다는 문제 의식을 반영하는 것이며, "국어교육이 언어교육인 이상 언어의 복합성과 다면성을 충분히 아우르는 교육이라야 본질에 부합"(김대행, 2007:8)할 것이기 때문이다. 그리고 국어교육이 '매체' 자체가 아니라 '매체언어'를 바탕으로 할 때 비로소 의미의 생산[텍스트text], 의미의 공유 및 유통[소통communication], 그리고 의미의 생산 및 수용과 유통의 바탕이 되는 사회 · 문화[society · culture]에 접근할 수 있는 계기를 마련할 수 있다는 인식을 전제로 한 것이기도 하다.

## 2. 국어교육 내 매체 관련 내용의 등장: 제7차 국어과 교육과정

1997년 12월에 고시된 제7차 국어과 교육과정은 국어교육에서 매체에 대해 고민하기 시작한 출발점으로 볼 수 있다. 1990년대 후반, 매체의 변화가

가져온 의사소통 방식의 변화, 사유 방식의 변화에 대한 국어교육적 차원에서의 문제 의식이 시작된 것이다. 이 전에 교육방법의 수단으로 활용하던 차원에 머물러 있던 매체를 일상적인 언어 생활의 차원에서 고민하기 시작한 것이다. 국어교육은 이에 대한 노력을 시도하고 있으며, 그 노력을 제7차 교육과정을 통해 드러내었다. 제7차 국어과 교육과정에 드러난 매체 관련 교육 내용을 예로 들어 보면 다음과 같다.

<제7차 국어과 교육과정의 국민 공통 기본 교육과정에 제시된 내용>

· 가장 좋아하는 먹을거리, 텔레비전 프로그램 등에서 재미있는 내용을 골라 말한다. (1학년/말하기/기본)
· 텔레비전에서 본 것이나 라디오에서 들은 것 중에서 화제에 알맞은 내용을 선정하여 말한다. (3학년/말하기/기본)
· 친구나 가족, 연예인들의 말에서 어법에 맞지 않는 예를 찾는다. (3학년/말하기/심화)
· 연극이나 텔레비전 드라마를 보고, 배우들이 상황에 따라 말, 표정, 몸짓, 어조를 어떻게 달리 사용하는지 안다. (4학년/말하기/심화)
· 만화 영화의 내용을 사건이나 행동의 변화가 드러나게 글로 쓴다. (4학년/쓰기/심화)
· 컴퓨터를 이용하여 방학이 되면 하고 싶은 일을 글로 쓴다. (4학년/쓰기/기본)
· 컴퓨터를 이용하여 가족 신문에 실을 만한 내용을 글로 쓴다. (4학년/쓰기/심화)
· 텔레비전 드라마에서 등장 인물의 어휘 사용이 상황에 적절하지 못한 경우를 찾고 적절한 어휘로 바꾼다. (5학년/듣기/심화)
· 글자의 모양, 크기, 문단 모양 등을 고려하여 자신의 글을 보기 좋게 컴퓨터로 편집한다. (5학년/쓰기/기본)
· 그림이나 사진, 표 등을 넣어 자신이 쓴 안내장이나 신문기사를 보기 좋게 편집한다. (5학년/쓰기/심화)
· 텔레비전이나 라디오 프로그램, 강연회 등에서 관심 있는 내용을 적극적으로 찾아서 듣는다. (6학년/듣기/기본)
· 인터넷, 컴퓨터 통신 등 다양한 매체를 이용하여 필요한 정보를 찾아 말한다. (7학년/말하기/기본)
· 주변에서 이용할 수 있는 다양한 매체의 종류와 활용법 등을 안다. (7학년/말하기/심화)
· 자신이 말한 내용을 녹음하거나 녹화하여 주제에서 벗어난 내용이 있는지 검

토한다. (7학년/말하기/심화)
- 인터넷, 컴퓨터 통신 등 다양한 매체를 이용하여 필요한 정보를 찾아 글을 쓴다. (7학년/쓰기/기본)
- 주변에서 이용할 수 있는 다양한 매체의 종류와 활용법 등을 조사한다. (7학년/쓰기/심화)
- 주변에서 이용할 수 있는 다양한 매체를 이용하여 내용을 선정하여 글을 쓴다. (7학년/쓰기/심화)
- 시청각 보조 자료를 활용했을 때의 전달 효과에 대해 토의한다. (8학년/쓰기/심화)
- 방송에서의 말하기와 일상 대화를 비교하고, 말하기가 사회 · 문화적 과정임을 설명한다. (9학년/말하기/기본)
- 다양한 매체를 활용하여 글의 이해도를 높인다. (9학년/읽기/기본)
- 영상 매체나 청각 매체 등이 글의 내용을 이해하는 데 어떤 효과가 있는지 토의한다. (9학년/읽기/심화)
- 연극이나 영화, 비디오를 보고, 등장 인물의 언어적 표현과 반언어적 표현, 비언어적 표현의 상호 보완성에 대해 토의한다. (10학년/듣기/심화)
- 신문이나 잡지에서 논쟁이 이어진 예를 찾아보고, 쓰기가 가지는 사회적 역할에 대해 토의한다. (10학년/쓰기/심화)

<'국어생활' 과목에 제시된 내용>
3. 국어와 매체 환경
① 현대인의 언어 생활에 영향을 끼치는 여러 가지 매체의 작용을 이해한다.
② 지식 정보 사회에서 멀티미디어를 이용한 의사 소통의 특성을 이해한다.
③ 여러 가지 매체 속에 나타나는 다양한 텍스트를 이해하고 감상한다.
④ 대중매체로 표현된 국어 사용 현상을 비판적으로 평가한다.
⑤ 여러 가지 매체를 이용하여 효과적인 국어 생활을 한다.

제7차 국어과 교육과정에 반영된 매체언어 관련 교육 내용에 대해 많은 논의가 이루어졌는데, 대표적으로 김대행(1999)은 제7차 국어과 교육과정에 반영된 매체언어의 교육이 대체로 심화 수준의 활동 예에 치우쳐 있으며, 이는 매체 언어를 기본적인 학습의 요소로 보기보다는 학습 방법상의 선택으로 보는 수준의 인식을 반영하는 것이라고 논평하고 있다. 다시 말하면 학년급별로 비교적 고르게 매체언어를 원용하고 있기는 하지만, 그것이 다만 학습의 수단으로 인식될 따름이지 학습의 대상으로 인식된 흔적은 매우 적기 때문에 그 겨냥하는 효과가 정보 자료의 취득이나 이해의 수준에서 여전히 맴돌고 있다는 지적이다.

이에 비해 제7차 국어과 교육과정의 고등학교 선택 과목인 <국어 생활> 교육과정의 경우, '지식 정보 사회에서 멀티미디어를 이용한 의사 소통의 특성을 이해한다.'에서 볼 수 있듯, 매체언어 교육에 좀 더 근접한 내용을 담고 있는 것을 볼 수 있다. 하지만 역시 부분적인 접근에 그치고 있는 것이 아쉬운 점으로 남는다.

제7차 국어과 교육과정에 제시된 매체언어 내용이 아쉽기는 하지만 매체언어에 대해 본격적인 관심을 쏟던 초기라는 점, 국어교육에서 매체언어 교육에 대한 논의는 시작 단계였다는 점을 감안한다면 의미 있는 현상으로 볼 수도 있을 것이다. 여기서 좀 더 중요한 것은 그러한 출발점을 바탕으로 어떤 노력을 해야 하는가 하는 점일 것이며, 이후 제7차 국어과 교육과정에 의거한 교과서를 개발하면서 좀 더 구체적인 방식으로 매체언어 관련 내용을

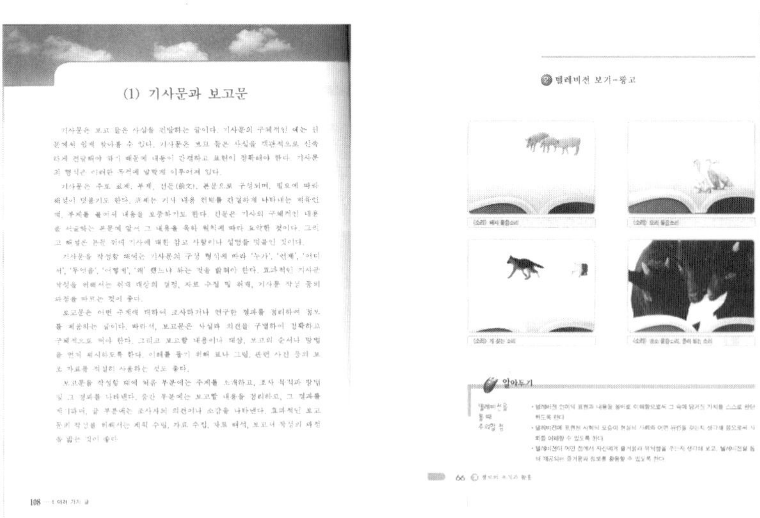


[그림 2-2] 제7차 중학교 국어 교과서와 고등학교 국어 교과서에 실린 매체 관련 학습 활동

담고자 노력했음을 알 수 있다.

제7차 국어과 교육과정이 고시된 이후 매체는 빠른 속도로 발달했으며, 우리의 일상 언어생활에 이전보다 더 많은 변화를 가져왔다. 그리고 매체의 발달로 인한 언어생활의 변화와 소통 방식의 변화를 국어교육에 실질적으로 담아내야 한다는 목소리가 더욱 높아졌다. 이는 매체를 단지 교수·학습을 위한 수단으로서 활용하는 차원을 넘어서 국어교육의 내용으로 인식할 필요가 있다는 점을 강조하는 것이었으며, 나아가 매체 변화에 따른 언어 사용방식의 변화, 소통 방식의 변화를 국어과 교육의 내용에 본격적으로 반영해야 한다는 주장으로 이어졌다. 가령 그 동안 소설 작품 감상을 위해 그 소설을 소재로 만들어진 영화를 보조 자료로 활용하는 차원에서 매체의 활용이 이루어졌다면, 이제 영화 고유의 표현 및 소통 방식을 밝히고, 이를 통해 우리들의 언어 능력을 신장시킬 수 있는 교육으로 나아가야 한다는 문제의식으로 나아간 것이다.

## 3. 매체언어 교육의 본격적 수용: 2007년 개정 국어과 교육과정

제7차 국어과 교육과정 이후 지속적인 논의 과정을 거쳐 2007년 2월에 고시된 2007년 개정 국어과 교육과정에서는 매체언어 교육 내용을 본격적으로 도입하고 있다. 제7차 국어과 교육과정의 경우 매체언어 관련 교육 내용을 다루기는 했지만 부분적으로 다루었던 것에 비하여 2007년 개정 국어과 교육과정에서는 국어교육의 관점에서 대폭 수용하여 다루고 있다. 국민 공통 기본 교육과정의 경우 매체언어 관련 교육 내용을 듣기, 말하기, 읽기, 쓰기, 문법, 문학 영역별로 각 영역의 특성과 학습 내용을 고려하여 통합적으로 배치하였으며, 선택 과목의 경우 '매체 언어' 과목을 새로 만들어 교육과정을 개발하였다.

2007년 개정 국어과 교육과정에서 알 수 있는 매체언어 교육의 특징으로 매체 활용 혹은 매체교육의 차원이 아니라 '매체언어의 교육'을 지향하고 있다는 점을 들 수 있다. 이는 매체와 관련된 모든 내용을 국어교육의 내용으로 다루는 것이 아니라는 점을 의미하는 것이다. 매체 관련 내용을 전부 국어교육에서 다룰 수는 없는 일이다. 동일하게 매체를 다루면서도 국어교육의 관점에서 바라보는 것과 미디어학의 관점에서 바라보는 것은 대상은 유사하지만 내용 측면에서는 달라진다. 영화를 대상으로 할 때, 미디어학의 관점이라면 영화 마케팅 전략 등이 중요하겠지만 국어교육학의 관점에서는 영화 언어의 표현 방식과 이해 방식에 관심을 둘 수 있다. 그리고 국어교육에서 방송 언어의 특성과 의미 구성 방식 등에 관심을 둔다면, 미디어 교육에서는 '방송국이 시청률을 광고주에 판매함으로써 이루어지는 비즈니스'라는 것에 대한 학습을 다룰 수 있다.

이런 관점에 설 때 매체언어 교육은 매체 자체의 장르적 속성에 근거한 교육, 즉 만화, 영화, 드라마, 신문 기사, 심층보도 등 각 장르에 대한 이해와 교육을 지향하는 교육이 아니다. 매체언어가 어떤 방식으로 의미를 구성하고 생산하며 유통시키는가 또 어떤 수용 과정을 유도하는가 등에 대한 이해, 나아가 매체 텍스트를 해석하고 분석하고 평가하는 활동을 중시해야 하는 것이다. 다시 말하면 매체언어의 측면에서 초점화하여 다룸으로써 현대 사회가 요구하는 국어교육 내용으로 특화하여 설정할 수 있는 것이다. 2007년 개정 국어과 교육과정은 이런 점을 고려하여 매체언어 교육 내용을 수용하였다.

## 4. 매체언어 교육의 수용과 관련된 쟁점과 논의

2007년 개정 국어과 교육과정에서 매체 언어 관련 내용이 본격적으로 제시되는 만큼 교육과정 개발 과정에서부터 많은 사람들이 관심을 가졌으며, 그 과정에서 몇 가지 쟁점이 형성되었다. 여기에서는 2007년 개정 교육과정 개발 과정에서 제기되었던 매체언어 교육의 수용을 둘러싼 쟁점을 살펴보고자 한다.

### 1) '매체를 국어교육에 도입할 필요가 있는가'를 둘러싼 논의

2007년 개정 국어과 교육과정에서 매체언어를 도입하면서 많은 사람들이 강조했던 관점 중 하나는 국어교육적 관점, 다시 말하면 '국어교육으로서의 매체언어 교육'이라는 관점이었다. 스가야 아키코(2002)에 의하면 매체 관련 교육을 실시하는 외국의 경우 대부분 매체에 대한 교육과 매체언어 교육을 구분하지 않고 그네들의 자국어교육에서 하도록 하는 경우가 많다고 한다. 그 경우 언어의 관점에서 초점화하여 매체를 다루기도 하지만, 매체 자체에 대한 교육에서부터 매체와 관련된 광범위한 내용을 다루는 경우가 많다. 하지만 우리의 경우는 다른 모습을 보이고 있다.

국어과 교육과정을 개발하는 과정에서 매체언어 교육 내용과 관련하여 많은 사람들이 끊임없이 제기했던 문제는 '과연 매체를 국어교육에 도입할 필요가 있는가?' 하는 것이었다. 그러한 질문의 근저에는 바로 '매체언어 교육의 국어교육적 정체성'을 강조하기 위한 의도가 전제되어 있다고 보아야 할 것이다. '국어교육의 관점'에서 매체에 접근하는 방식, 다시 말하면 매체 언어의 관점을 강조함으로써 국어교육적 정체성을 선명하게 드러낼 것을 요구했던 것이다. 결국 새로운 국어과 교육과정에서 매체언어를 본격적으로 도입하면서 요구했던 것은, 매체 자체에 대한 교육이 아니라 매체 '언어 교육'을 해야 한다는 주장으로 요약할 수 있다.

새로운 교육과정이 고시된다고 해서 이 문제가 종결되는 것은 아니며, 사실은 본격적인 출발이 이루어진 셈이다. 이제 그러한 문제제기가 어떤 점에서 의미 있는 것인지, 만일 의미 있는 것이라면 그러한 관점의 실현을 위해 마련해야 할 구체적이고 풍부한 교육적 기획은 무엇인지 등에 대한 논의가 필요하다. 그것은 곧 차세대를 위한 매체언어 교육과정 연구의 시작을 의미하는 것이기도 하다.

### 2) '국어과 교육과정의 하위 영역으로 설정할 것인가'의 문제

매체언어 교육 내용을 국어과 교육과정에 어떤 방식으로 담을 것인가에 대해서는 서로 다른 견해가 제기되었다. 국어과 교육과정상 하나의 영역으로 신설하여 다루어야 한다는 의견, 기존의 영역에 통합적으로 제시해야 한다는 의견이 그것이다.

우선 매체언어가 지니는 차별화된 특성을 강조하면서 매체언어 교육 내용을 국어과 교육과정상 하나의 독자적인 영역으로 설정하여 제시해야 한다는 논의가 있었다. '보기(viewing)', '보여주기(presenting)' 등의 영역을 신설해야 한다는 주장이 그 예이다. 외국의 자국어 교육과정을 보면 호주와 뉴질랜드에서는 '보여주기' 영역에서 다루었으며, 영국에서는 '읽기' 영역에 반영되어 있어 적절한 예를 보여주고 있다. 하지만 매체언어 활동이 기존의 듣기, 말하기, 읽기, 쓰기, 문법, 문학 영역의 활동에서 구체적으로 구현되는 것이라는 점을 고려할 때, 국어과 교육과정상 하나의 영역으로 설정하기보다는 각 영역에 통합되는 방식으로 설정해야 한다는 의견도 제기되었다.

그러한 논의 과정에서 영역 신설에 대해 이견을 제시한 경우는 있었지만, 매체언어 관련 내용을 교육과정에 담는 것 자체에는 별다른 이견이 없었던 것으로 보인다. 두 의견이 서로 팽팽하게 개진되기는 했지만, 매체언어 교육의 필요성을 강조했다는 점에서는 공통점을 보였던 것이다. 그런 논의를 바탕으로 국민 공통 기본 교육과정에서는 기존의 여섯 영역에 통합적으로 설정하고, 선택과목에서는 하나의 과목으로 따로 설정하자는 논의로 집약된 것으로 보인다.

국민 공통 기본 교육과정이라는 점을 고려할 때, 교육과정상 영역을 따로 설정하여 매체언어가 지니는 차별성을 강조하기보다는 언어활동으로서의 보편성을 강조하는 것이 좀 더 효율적인 측면이 있을 것이다. 그리고 그것을 바탕으로 선택 과목 중심 교육과정에서 '매체 언어'라는 과목을 신설한 것도 의미 있는 대안으로 볼 수 있을 것이다. 다만, 국어과 교육과정상 매체언어

교육 내용을 일관성 있게 반영하는 방식이 필요하며, 이는 매체언어 교육 내용의 체계화를 지속적인 과제로 설정해야 한다는 것을 의미한다.

### 3) 매체언어의 표현과 텍스트 생산 교육에 대한 우려 및 기대

매체언어 교육에서 매체 텍스트의 수용 교육만을 강조할 경우, 미디어 사회에서 능동적인 매체언어 능력을 신장하는 데는 한계로 작용할 것이라는 견해가 지배적이다. 따라서 매체 텍스트를 이해하고 분석하는 능력뿐만 아니라 표현과 생산 능력도 강조해야 하며, 매체 관련 교육이라는 점을 감안할 때 표현 교육은 제작 교육으로까지 나아갈 수 있다. 매체언어 교육에 대한 본격적인 논의가 시작되던 초기부터 매체 텍스트의 표현 및 생산, 제작 교육은 매체언어에 관한 초기 연구(김대행, 1998; 김동환 외, 2000; 최병우 외, 2000)부터 지속적으로 강조했던 부분이기도 하다.

매체 텍스트의 생산을 강조하는 이유 중 하나는 매체 텍스트의 수용자 역할만을 강조하는 교육이 아니라 생산자 교육을 통해 수용자 교육 또한 효율적으로 하자는 의도를 전제로 한 것이기도 하다. 이렇듯 매체 텍스트의 이해나 비판적인 분석에 그치는 것이 아니라 표현하거나 생산하는 활동으로 나아가는 것은 일차적으로 매체언어의 특성을 실제 경험을 통해 파악할 수 있는 중요한 계기를 제공할 수 있다. 그리고 나아가 매체언어 및 매체 텍스트의 의미를 생산하고 유통시키는 힘과 관련 있는 복잡한 관계와 과정을 이해하는 데에도 도움을 줄 수 있다. 이 점에서 매체 텍스트의 "제작은 미디어 텍스트가 의식적으로 만들어지는 것이라는 인식을 수반한다"(D. Buckingham, 2004:96)라는 점을 강조할 필요가 있다.

매체 텍스트를 표현하고 생산해 봄으로써 매체를 통해 일상적으로 대하는 수많은 언어와 텍스트가 사실은 의도와 목적과 특정 생산 과정을 거쳐 의식적으로 만들어지는 텍스트라는 점을 인식할 수 있다. 이러한 인식은 해당 텍스트의 표면에 드러나지 않은 숨은 의도와 가치를 읽을 수 있도록 할 것이며, 숨은 의도와 가치를 드러내기 위한 표현 방식을 이해하는 데 중요한 역할을 할 것이다. 그리고 이는 복잡다단하게 이루어지는 사회적 소통 방식에 대한 이해를 높이는 역할도 할 수 있다.

또 이론이나 지식으로 배우기 어려운 매체 텍스트와 관련된 다양한 경험을 할 수도 있다. 버킹엄이 "학생들은 스스로 잡지나 비디오를 만드는 과정을 거치는 동안, 사용할 테크놀러지나 제작 방법, 그리고 어떻게 수용자를 파악하여 설정하고, 그들에게 어떻게 다가갈 것인가의 문제에 대해 선택을 해야 할 것이다. 또한 미디어 텍스트를 제작하고 보급하는 데 있어서도 온갖 종류의 한계를 직면하게 될 것이다"(D. Buckingham, 2004:98)라고 했던 이유도 여기에 있다. 매체언어를 통한 소통과 관련된 이런 한계를 스스로 경험하고 문제 상황과 대면하고, 그 문제를 해결하기 위한 방법을 모색할 뿐 아니라 문제 해결의 과정을 경험하는 것은 바람직한 매체언어 능력을 지닌 주체로 거듭나는 데 중요한 역할을 할 것이다.

매체언어를 이해하는 데 그치는 것이 아니라 표현하는 능력, 생산하는 능력을 목표로 해야 한다는 것은 매체언어 교육을 주장하는 대부분의 논자가 강조하는 사항이다. 그리고 이에 대해 낙관적으로 바라보는 경우도 적지 않다. 실제 학생들은 이미 교사보다 더 능숙하게 휴대폰이나 디지털 카메라를 다루고 게임 세계를 즐기며, 더 자주 영화를 보며, MP3로 음악을 듣는다는 점, 그리고 자신의 미니 홈피나 블로그에 자신의 일상을 글로 쓰면서 음악과 영상을 곁들이면서 자신을 표현하는 방법을 체득하고 있는 상황에서 매체 텍스트 생산 교육이 그리 큰 문제가 되지 않을 것이라고 보는 것이다. 그런데 생산 교육과 관련해서 그 실행에 어려움을 느낄 것이라는 견해 또한 제시되기도 했다. 매체언어가 복합적인 언어의 특성을 지니고 있고, 매체 텍스트 생산의 경험이 축적되지 않은 상황에서 이런 우려는 당연한 것이라 할 수 있다.

매체 텍스트의 이해로 그치는 것이 아니라 표현하거나 생산하는 활동은 매체언어의 특성을 실제 경험을 통해 파악할 수 있는 중요한 계기를 제공할 것이며, 매체언어 및 매체 텍스트의 의미를 생산하고 유통시키는 힘과 관련 있는 복잡한 관계와 과정을 이해하는 데에도 도움을 줄 수 있을 것이다. 다만, 전문적인 제작자를 양성하는 것이 목표가 아닌 만큼 매체 텍스트의 생산은 결과물 자체 혹은 기술적 완성도에 목적이 있는 것이 아니라는 점을 명확하게 할 필요가 있다. 하루가 다르게 변화하는 기술의 발달 수준을 고려할 때에도 최신의 기술을 익히거나 중시하는 것은 기술에 대한 지나친 강박을 초래할 수도 있다. 매체언어 교육이 국어교육의 일환이라는 점을 고려해야 할 것이다.

따라서 매체 텍스트를 생산할 때에도 완성도 높은 결과물의 생산이나 높은 기술 수준이나 복잡한 기술의 활용도 등을 중시하기보다는 단순하고 기초적이면서도 활용도가 높은 표현 방법이나 표현을 위한 아이디어 생산 등에 초점을 두어 지도한다면 이 부분에 대한 우려는 어느 정도 불식될 수 있을 것이라고 본다.

#### 4) 매체의 긍정적·부정적 측면에 대한 균형 있는 교육의 필요성

매체언어가 우리들의 생활에 중요하게 부각되기 시작하면서 그 장점과 함께 단점에 대해서도 우려하는 목소리가 커지고 있다. 우리들의 소통방식을 편하게 하기는 하지만, 다양한 매체 및 인터넷에만 매몰될 경우 인간의 주체성과 창의적인 언어 활동에 부정적으로 작용하게 될 소지도 있으며, 이에 대한 교육이 필요하다는 점이다.

예전에는 대중문화에 대한 부정적 견해 때문에 매체에 대한 역기능을 강조하는 경우가 많았다. '텔레비전은 바보 상자'라는 표현이 압축하듯 매체는 학생들의 생활에서 분리시켜야 할 그 무엇이라는 관점을 지니고 있었던 것이 사실이다. 그것이 기술의 발전으로 분리 자체가 어려운 다양한 매체들, 예를 들면 휴대폰이나 컴퓨터 등의 등장으로 인해 우리의 일상적 삶 그리고 우리들의 일상적인 언어 생활과 떼어놓을 수 없는, 나아가 강력한 영향력을 행사하는 상황에 처하게 되었고, 이제 이런 매체를 적극적이고 긍정적인 관점에서 교육에 도입하려는 태도를 취하게 된 것이다. 매체의 긍정적 측면에 대한 교육뿐만 아니라 부정적 측면에 대한 교육도 중요하며 그것이 균형을 이루어야 한다는 견해는 이런 태도가 자칫 가질 수 있는 무성찰적인 태도를 경계한 것으로 볼 수 있을 것이다.

성찰적 관점에서 자신의 주체적인 매체언어 능력을 기르는 것을 목표로 삼을 때, 인터넷 환경의 언어문화에 대한 성찰을 교육 내용으로 강조할 때, 이런 우려를 불식할 수 있을 것이다.

## III. 2007년 개정 국어과 교육과정과 매체언어 교육

### 1. 국민 공통 기본 교육과정에서의 매체언어 교육

#### 1) 국어과 교육과정의 6영역과 통합하여 교육 내용 제시

국민 공통 기본 교육과정에서는 매체언어 내용을 국어과 교육과정상의 6영역의 교육 내용으로 녹여내고자 했는데, 이는 매체언어가 듣고 말하고 읽고 쓰는 활동, 문법을 적용하는 활동, 문학 활동에서 긴밀하게 결합되어 있다는 것을 반영한 것이기도 하다. 다음은 2007년 개정 국어과 교육과정의 '듣기', '말하기', '읽기', '쓰기' 영역별 내용 체계를 표로 제시한 것이다.

〈듣기〉

<table>
<tr><td colspan="2">듣기의 실제<br>- 정보를 전달하는 말 듣기 - 설득하는 말 듣기<br>- 사회적 상호 작용의 말 듣기 - 정서 표현의 말 듣기</td></tr>
<tr><td>지 식</td><td>기 능</td></tr>
<tr><td>○소통의 본질<br>○담화 특성<br>○매체 특성</td><td>○내용 확인<br>○추론<br>○평가와 감상</td></tr>
<tr><td colspan="2">맥 락<br>○상황 맥락<br>○사회·문화적 맥락</td></tr>
</table>

〈말하기〉

<table>
<tr><td colspan="2">말하기의 실제<br>- 정보를 전달하는 말 하기 - 설득하는 말 하기<br>- 사회적 상호 작용의 말 하기 - 정서 표현의 말 하기</td></tr>
<tr><td>지 식</td><td>기 능</td></tr>
<tr><td>○소통의 본질<br>○담화 특성<br>○매체 특성</td><td>○내용 생성<br>○내용 조직<br>○표현과 전달</td></tr>
<tr><td colspan="2">맥 락<br>○상황 맥락<br>○사회 · 문화적 맥락</td></tr>
</table>

〈읽기〉

<table>
<tr><td colspan="2">읽기의 실제<br>- 정보를 전달하는 글 읽기 - 설득하는 글 읽기<br>- 사회적 상호 작용의 글 읽기 - 정서 표현의 글 읽기</td></tr>
<tr><td>지 식</td><td>기 능</td></tr>
<tr><td>○소통의 본질<br>○글의 특성<br>○매체 특성</td><td>○내용 확인<br>○추론<br>○평가와 감상</td></tr>
<tr><td colspan="2">맥 락<br>○상황 맥락<br>○사회 · 문화적 맥락</td></tr>
</table>

〈쓰기〉

<table>
<tr><td colspan="2">쓰기의 실제<br>- 정보를 전달하는 글 쓰기 - 설득하는 글 쓰기<br>- 사회적 상호 작용의 글 쓰기 - 정서 표현의 글 쓰기</td></tr>
<tr><td>지 식</td><td>기 능</td></tr>
<tr><td>○소통의 본질<br>○글의 특성<br>○매체 특성</td><td>○내용 생성<br>○내용 조직<br>○표현과 고쳐 쓰기</td></tr>
<tr><td colspan="2">맥 락<br>○상황 맥락<br>○사회 · 문화적 맥락</td></tr>
</table>

2007년 개정 국어과 교육과정에서는 각 영역의 내용을 '지식', '기능', '맥락'으로 범주화하여 제시하고 있는데 '지식'의 하위 내용으로 '매체 특성'을 제시하고 있다. 이는 듣고 말하고 읽고 쓰는 활동에서 활용되는 매체의 특성에 대한 지식이 있어야 언어 활동에 대해 제대로 알고 활동할 수 있다는 점을 고려한 것이다.

매체언어 교육 내용은 우선 1학년부터 10학년까지 제시된 학년별 내용의 6영역에 걸쳐 제시되어 있다. 매체언어 교육 내용은 국민 공통 기본 교육과정에서는 별도의 영역으로 설정하지는 않았지만 각 학년별 내용에서 중요한 비중을 차지하고 있다. 국어과 교육과정에서 성취기준에 반영된 것 중 대표적인 예를 제시하면 다음과 같다.

3학년 읽기 〈글의 수준과 범위〉 인물의 성격이 잘 표현된 만화나 애니메이션

| 성취 기준 | 내용 요소의 예 |
|---|---|
| (4) 만화나 애니메이션을 보고 인물의 성격을 시각적으로 표현하는 방식을 안다. | · 인물의 성격을 표현하는 방식 이해하기<br>· 인물의 성격이 드러나는 부분 찾기<br>· 인물의 성격이 시각적으로 표현된 부분을 찾아 언어로 바꾸어 표현하기 |

5학년 듣기 〈담화의 수준과 범위〉
○ 여러 가지 매체를 활용한 발표(1)　○ 매체를 활용하여 이루어지는 친구들 간의 온라인 대화(3)

| 성취 기준 | 내용 요소의 예 |
|---|---|
| (1) 발표를 듣고 매체 활용의 효과를 판단한다. | · 발표의 목적과 내용 파악하기<br>· 매체의 특성과 기능 이해하기<br>· 매체 활용의 효율성 판단하기 |
| (3) 온라인 대화를 일상 대화와 비교하여 이해한다. | · 온라인 대화의 특성 이해하기<br>· 온라인 대화와 일상 대화의 공통점과 차이점 파악하기<br>· 바람직한 온라인 대화 태도 형성하기 |

6학년 듣기 〈담화의 수준과 범위〉 라디오, 텔레비전 등에서 보도하는 뉴스

| 성취 기준 | 내용 요소의 예 |
|---|---|
| (1) 뉴스를 듣고 정보에 관점이 반영됨을 안다. | · 뉴스의 담화 구조 이해하기<br>· 사건의 개요 파악하기<br>· 서로 다른 시각이 반영된 뉴스 비교하기<br>· 뉴스의 사회적 기능 이해하기 |

7학년 말하기〈담화의 수준과 범위〉 일상생활에서 제기되는 문제를 해결하기 위한 인터넷 토론

| 성취 기준 | 내용 요소의 예 |
|---|---|
| (3) 인터넷 게시판의 내용을 비판적으로 분석하고 인터넷 토론에 주체적으로 참여한다. | · 인터넷 매체의 상호작용적 특성 이해하기<br>· 게시판의 내용을 비판적으로 분석하기<br>· 논제에 대한 자신의 입장을 적극적으로 개진하기<br>· 언어 예절, 인권, 초상권 등을 고려하기 |

7학년 읽기 〈글의 수준과 범위〉 인물의 가치관이나 사고방식이 잘 드러난 영화

| 성취 기준 | 내용 요소의 예 |
|---|---|
| (5) 영화에 등장하는 인물의 가치관이나 사고방식을 비판적으로 이해한다. | · 영화의 매체 특성 이해하기<br>· 영화의 서사 구조 파악하기<br>· 주요 인물의 성격 및 인물 형상화 방식 파악하기<br>· 영화에 나타난 인물의 가치관이나 사고방식에 대해 토론하기 |

8학년 듣기 〈담화의 수준과 범위〉 두 사람 이상의 진행자나 참여자가 공동으로 진행하는 라디오 프로그램

| 성취 기준 | 내용 요소의 예 |
|---|---|
| (4) 라디오 프로그램을 듣고 진행자의 말하기 특성과 효과를 평가한다. | · 라디오 프로그램의 특성 이해하기<br>· 진행자의 말하기 전략 분석하기<br>· 진행자의 반언어적 표현 효과 평가하기<br>· 다른 매체 프로그램 진행자의 말하기 방식과 비교하기 |

8학년 읽기 〈글의 수준과 범위〉 대상의 본질을 우회적으로 표현한 풍자물

| 성취 기준 | 내용 요소의 예 |
|---|---|
| (5) 다양한 풍자물의 매체 특성과 그 효과를 이해하고 비판적으로 수용한다. | · 매체 특성과 풍자물의 표현 방식 이해하기<br>· 생산자와 수용자가 공유하는 사회적 통념 파악하기<br>· 풍자물에 담긴 현실 비판의 내용과 비판 방식에 대해 평가하기<br>· 풍자와 표현의 자유에 대해 토의하기 |

8학년 쓰기 〈글의 수준과 범위〉 매체의 대상이잘 반영된 온라인 대화, 문자 메시지, 전자우편

| 성취 기준 | 내용 요소의 예 |
|---|---|
| (4) 목적, 독자, 매체가 쓰기의 내용과 형식에 미치는 영향을 고려하면서 글을 쓴다. | · 온라인 대화, 문자 메시지, 전자 우편의 매체적 특성 이해하기<br>· 매체의 특성이 쓰기의 내용과 형식에 미치는 영향 이해하기<br>· 속어, 비어, 성차별적 언어 사용 등 부적절한 표현 고쳐 쓰기 |

9학년 쓰기 〈글의 수준과 범위〉 일상적 경험이나 사회적 사건을 다룬 영상물(5)

| 성취 기준 | 내용 요소의 예 |
|---|---|
| (1) 독자의 요구와 관심사를 고려하여 학교나 지역 사회를 홍보하는 글을 쓴다. | · 홍보하는 글의 구성 방법과 표현의 특징 이해하기<br>· 조사, 면담 등을 통하여 정보 수집하기<br>· 부연 설명, 인용을 사용하여 내용 구체화하기<br>· 홍보 대상에 대한 독자의 요구와 매체 특성 고려하기 |
| (5) 영상 언어의 특성을 살려 영상으로 이야기를 구성한다. | · 영상 언어의 특성 이해하기<br>· 일상적 경험이나 사회적 사건을 바탕으로 이야기 구성하기<br>· 관객이나 시청자의 관심과 흥미를 고려하여 영상물 만들기 |

10학년 말하기 〈담화의 수준과 범위〉
○ 인터넷상의 자기 소개(1)　○ 생활 주변에서 발생하는 문제의 해결 방안을 제시하는 방송 보도(4)

| 성취 기준 | 내용 요소의 예 |
|---|---|
| (1) 인터넷 매체를 활용하여 효과적으로 자신을 소개한다. | · 인터넷 매체를 통해 자신을 소개할 때 필요한 자료 이해하기<br>· 글, 사진, 그림, 동영상으로 자신을 표현하거나 설명하기<br>· 청자의 관심을 고려하여 자신의 홈페이지 내용을 효과적으로 소개하기 |

| | |
|---|---|
| (4) 생활 주변에서 발생하는 문제를 취재하여 보도한다. | · 방송 보도의 특성 이해하기<br>· 문제의 중요도를 고려하여 취재 내용 선정하기<br>· 문제가 잘 드러나도록 보도 내용 편집하기<br>· 방송의 특성을 살려 보도물 제작하기 |

국민 공통 기본 교육과정의 경우, 성취 기준에 해당하는 구체적인 매체 텍스트를 명시하고 텍스트를 중심으로 듣고 말하고 읽고 쓰는 활동을 하도록 제시하고 있다. 해당 학년의 학생들이 일상적인 생활에서 자주 접하는 매체언어 자료 혹은 매체 텍스트를 대상으로 활동할 수 있도록 하였다. 예를 들면 매체 텍스트는 '만화나 애니메이션(3학년), 온라인 대화(5학년), 인터넷 토론(7학년), 영화(7학년), 라디오 프로그램(8학년), 영상물(9학년), 방송 보도(10학년)' 등의 형태로 제시되고 있다. 그리고 해당 텍스트를 중심으로 비판적으로 읽고 분석하고 참여하며, 나아가 매체 텍스트를 표현하는 활동을 하도록 성취 기준을 통해 제시하고 있다. 동일한 텍스트라 하더라도 학년별로 어떤 내용을 학습해야 하는가에 초점을 두어 교육 내용을 제시하고 있는 점도 주목할 만하다.

한편, 성취기준으로 제시되지는 않았지만 '내용 요소의 예'에 반영된 것으로 대표적인 것을 들면 다음과 같다.

7학년 듣기 〈담화의 수준과 범위〉 주변 인물을 대상으로 한 면담

| 성취 기준 | 내용 요소의 예 |
|---|---|
| (3) 주변 인물과 면담을 하고 결과를 분석한다. | · 면담의 목적과 의도 이해하기<br>· 면담 대상에 대한 정보 수집하기<br>· 매체의 특성을 고려하여 면담하기<br>· 면담 결과를 목적에 따라 정리하고 분석하기 |

9학년 쓰기 〈글의 수준과 범위〉 학교나 지역 사회를 홍보하는 글(1)

| 성취 기준 | 내용 요소의 예 |
|---|---|
| (1) 독자의 요구와 관심사를 고려하여 학교나 지역 사회를 홍보하는 글을 쓴다. | · 홍보하는 글의 구성 방법과 표현의 특징 이해하기<br>· 조사, 면담 등을 통하여 정보 수집하기<br>· 부연 설명, 인용을 사용하여 내용 구체화하기<br>· 홍보 대상에 대한 독자의 요구와 매체 특성 고려하기 |

여기에서도 알 수 있듯이 매체언어의 성격 자체가 매체를 통해 이루어지는 오늘날의 언어생활을 반영한 것이기 때문에 성취기준으로 제시되지 않은 경우에도 활동을 통해서 구현될 수 있다는 점을 고려할 필요가 있다.

#### 2) 매체 활용의 차원을 넘어 '언어 활동'의 차원에서 구현

국민 공통 기본 교육과정은 텍스트를 중심으로 이루어지는 언어 활동을 중시하고 있으며, 교육 내용을 대부분 텍스트의 이해와 표현 교육에 초점을 맞추고 있다. 따라서 국민공통 기본 교육과정의 경우 개별 텍스트를 제시하고 그 텍스트를 중심으로 하여 매체언어 활동을 강조했다는 특성이 있다.

이러한 교육 내용은 매체언어가 명실공히 우리 언어 생활을 움직이는 중요한 축이 되었음을 인정하는 것이면서 동시에 말하고 듣고 읽고 쓰는 생활에서 매체언어 활동이 중요한 비중을 차지하게 되었다는 것을 강조하는 것이다. 그리고 매체언어를 통해 구현된 매체 텍스트를 이해하고 분석하는 활동뿐만 아니라 표현하고 참여하는 활동 또한 고루 강조함으로써 어느 한쪽에 치우치지 않도록 배려했음을 알 수 있다.

여기서 우리가 주목해야 할 것은 2007년 개정 국어과 교육과정의 국민 공통 기본 교육과정에 제시된 매체언어 활동은 제7차 국어과 교육과정에서 제시했던 매체 활용 수준을 넘어선 것으로 언어 활동의 측면에서 구현한 것이라는 점이다. 단순히 대상 자료가 변화한 것이 아니라 듣고 말하고 읽고 쓰는 활동의 질적인 변화가 일어났다는 점을 반영한 것으로 볼 수 있다는 점이다.

## 2. 선택과목에서의 매체언어 교육

#### 1) 선택과목 매체언어 교육 내용의 특성

'매체언어'라는 선택과목은 국민 공통 기본 교육과정에서 제시한 매체언어 교육 내용을 좀 더 심화된 형태로 제시하고 있다. 선택과목에서는 세부 항목을 '매체언어의 성격', '매체언어와 사회 · 문화', '매체언어의 수용과 생산'으로 나누고 각 세부 항목을 '자료 유형'과 유기적으로 결합하여 교육하도록 제시하고 있다. 선택과목에서는 '매체언어 교육으로 초점화'하고 지식, 매체 언어 활동이 이루어지는 사회 · 문화에 대한 이해, 성찰과 향유를 중심으로 한 비판적 이해와 창조적 표현 능력 등을 강조함으로써 통합적인 매체 언어 능력의 신장을 지향하고자 하는 특성을 지니고 있다. 다음은 '매체 언어' 과목 교육과정 내용 중 일부이다.

(1) 내용 체계

| 매체 언어의 성격 | 자료 유형 |
|---|---|
| · 매체 언어의 개념과 특성<br>· 매체 언어의 역할<br>· 매체 자료의 유형 | · 정보 전달과 설득<br>뉴스, 칼럼, 광고와 사진, 기획물(다큐멘터리, 특집) 등 |
| **매체 언어와 사회 · 문화**<br>· 매체 언어와 정보 사회<br>· 매체 언어와 대중 문화<br>· 매체 언어와 인간 관계 | · 심미적 정서 표현<br>영상물, 대중 가요, 사이버 문학, 만화, 오락물 등 |
| **매체 언어의 수용과 생산**<br>· 매체 자료의 비판적 수용과 심미적 향유<br>· 매체 자료의 창의적 변용과 생산<br>· 매체 언어를 통한 사회적 소통과 문화 참여 | · 사회적 상호 작용<br>온라인 대화 등 |

(2) 세부 내용

가) 매체 언어의 성격

① 매체 언어의 개념과 특성

- 매체 언어의 개념을 이해한다.
- 문자, 음성, 소리, 이미지, 동영상 등이 통합될 수 있는 매체 언어의 특성을 이해한다.
- 매체 언어를 통한 의사소통의 특성을 이해한다.

② 매체 언어의 역할

- 매체 언어가 어떻게 의미를 생성하는지 안다.
- 매체 언어가 언어 문화를 어떻게 구성하는지 이해한다.

③ 매체 자료의 유형
· 매체 자료의 유형을 안다.
· 매체 자료의 유형별 특성을 안다.

나) 매체 언어와 사회 · 문화
① 매체 언어와 정보 사회
· 매체에 따른 정보 활용의 특성과 방식을 안다.
· 기술 발달에 따른 매체의 변화가 정보와 지식을 어떻게 구성하고 유통시키는지 이해한다.
② 매체 언어와 대중 문화
· 매체 언어가 형성하는 대중 문화의 특성을 이해한다.
· 대중 문화가 수용자의 정체성 형성에 미치는 영향을 이해한다.
· 대중 문화가 형성하는 세계와 현실을 주체적으로 이해한다.
③ 매체 언어와 인간 관계
· 인간 관계에 영향을 미치는 매체 언어의 작용을 이해한다.
· 매체 언어 활동에서 매체 언어에 대한 태도가 중요함을 안다.

다) 매체 언어의 수용과 생산
① 매체 자료의 비판적 수용과 심미적 향유
· 매체 자료의 의미를 비판적으로 분석하고 평가한다.
· 다양한 관점과 가치를 고려하여 매체 자료를 수용한다.
· 매체 자료의 창의적인 표현 방식과 심미적 가치를 이해하고 향유한다.
② 매체 자료의 창의적 변용과 생산
· 기존 매체 자료를 창의적으로 변용하여 생산한다.
· 매체 언어의 특성을 고려하여 동일 내용을 다른 매체로 표현한다.
· 목적, 수용자, 매체의 특성 등을 고려하여 다양한 매체 자료를 생산한다.
③ 매체 언어를 통한 사회적 소통과 문화 참여
· 사적인 언어 생활에서 적절한 매체 언어를 활용하여 소통한다.
· 공적인 언어 생활에서 적절한 매체 언어를 활용하여 소통한다.
· 매체를 통하여 사회적 의사소통에 적극적으로 참여한다.
· 창의적인 언어 문화 창조에 적극적으로 참여한다.

선택과목에서는 매체언어와 매체 자료의 성격에 대한 이해, 사회 · 문화적 맥락에서 매체언어가 어떤 역할을 하고 있는지에 대한 이해를 강조하며, 이를 바탕으로 매체 텍스트를 수용하고 생산하는 활동을 강조하고 있다. 여기서 세 가지 내용 범주는 각기 독자적으로 존재하는 것이 아니라 서로 긴밀한 관련을 맺고 있다. 매체언어 자체의 '성격'에 대한 이해를 바탕으로 매체 언어와 사회 · 문화가 맺고 있는 관계를 파악해야 하며, 마찬가지로 매체 언어의 성격과 사회 · 문화의 관계에 대한 이해를 바탕으로 '수용과 생산' 활동이 이루어져야 한다는 것이다.

### 2) 매체언어 자료의 유형

2007년 개정 국어과 교육과정은 내용 체계상 '실제' 부분에서 언어 활동의 목적에 따른 분류 방식을 취하고 있다. '정보 전달, 설득, 사회적 상호 작용, 정서 표현'이 그 예이다. 이는 언어 활동의 목적을 고려하여 유형을 분류하고 유형별로 매체 텍스트의 종류를 제시하는 방식이다. 이런 방식은 어떤 언어 활동 목적을 위해 주로 어떤 텍스트를 활용하는지를 바탕으로 접근함으로써 국어교육의 관점을 고려했다는 특징이 있다.

'매체 언어' 교육과정에서도 '자료 유형'을 제시하면서 언어 활동의 목적을 고려하였는데, '정보 전달과 설득'을 하나로 묶어 제시한 점에 주목할 필요가 있다. 국민 공통 기본 교육과정의 '듣기', '말하기', '읽기', '쓰기' 영역의 경우 언어 활동의 목적을 '정보 전달'과 '설득'으로 분리하여 제시하였는데, 선택과목인 '매체 언어' 과목에서는 하나로 묶어 '정보 전달과 설득'으로 제시하였다. 그리고 매체언어의 경우 심미적인 특성을 지닌 텍스트가 양적으로나 질적으로 중요하다는 점을 고려하여 '심미적 정서 표현'이라는 유형을 설정하고 있다. 여기서 '정보 전달과 설득'의 경우, 매체를 통해 전달되는 정보는 단순히 정보만을 전달하는 경우보다는 특정 형태의 설득을 전제로 한 것이 많다는 점을 고려한 것이다. 물론 정보 전달만을 위한, 그리고 설득만을 위한 텍스트도 가능하다. 다만 설득을 전제로 한 정보 전달, 정보 전달 방식에 의해 설득 방식이 달라질 수 있다는 점 또한 배려하기 위해, 특히 매체 텍스트의 경우 이러한 특성이 좀 더 강화되는 경향이 있다는 점을 고려하여 하나로 묶어서 범주를 설정하는 것도 의미가 있다.

3) 매체언어에 대한 심화된 이해와 수행 활동 제시

국민 공통 기본 교육과정에서는 매체언어 교육 내용을 듣고 말하고 읽고 쓰는 활동, 그리고 문법을 익히는 활동, 문학 활동과 함께 제시하였다. 이와 달리 선택 과목에서는 매체언어 자체에 대한 심화된 이해와 수행 활동을 중심으로 제시하고 있다. 선택과목에서 매체언어와 매체 자료의 성격에 대한 이론적인 이해, 매체언어의 의미화 체계의 바탕이 되는 사회·문화에 대한 이해 등을 독자적 범주로 설정하여 강조한 것은 심화 과목으로서의 성격을 고려한 것으로 볼 수 있다.

국민 공통 기본 교육과정이 듣고 말하고 읽고 쓰는 일상 언어생활에서 매체언어 활동이 자연스럽게 이루어지도록 배려한 것이라면, 선택과목에서는 매체언어와 사회·문화에 대한 심화된 이론적 인식을 바탕으로 좀 더 차원 높은 매체언어 활동을 할 수 있도록 배려한 것이라 할 수 있다. 일상 언어생활에서 이루어지는 매체언어 활동의 본질이 무엇인지 인식하고, 현대 정보사회의 특성과 언어문화를 성찰함으로써 스스로 매체언어 능력 신장을 위해 노력하는 태도를 강조하는 차이도 보이고 있다.

매체 텍스트 제시 방식에 있어서도, 성취 기준을 위한 개별적인 매체 텍스트 제시 방식이 아니라, 매체 텍스트의 유형을 언어활동의 목적을 고려하여 '정보 전달과 설득', '심미적 정서 표현', '사회적 상호 작용' 등으로 제시한 것 또한 심화 과목으로서의 특성이라 할 수 있다.

4) 매체 텍스트와 매체 문화에 대한 주체적인 향유 능력 강조

앞에서도 논의했듯이 매체언어로 표현한 의미 구성물인 매체 텍스트와 매체 문화를 성찰하고 향유하는 능력을 강조하였다. 이는 매체 텍스트를 비판적으로 읽고 표현하는 능력 못지않게 매체 텍스트와 매체 문화를 주체적으로 향유하는 능력이 필요하다는 것을 강조하기 위한 것인데, 예를 들면 사람

들과 매체를 통해 자신의 생각이나 느낌, 정서를 즐겨 주고받고, 인터넷을 통해 다양한 매체 텍스트를 접하면서 즐기거나 탐재하는 활동을 의미하는 것이다. 또 자신을 둘러싸고 있는 매체 문화를 되돌아보면서 반성적으로 성찰하고 좀 더 바람직한 매체언어 능력 및 문화를 위한 노력이 필요하다는 점을 강조하는 것이기도 하다.

매체의 발달은 새로운 형태의 향유 문화를 만들어내고 있다. 예를 들면, 인터넷을 통해서 시 레터를 주고받으며 콘서트 형식을 통해 소설을 감상하며, 영상과 음악이 곁들여진 영상시가 전자우편으로 배달되고 있다. 낭송이 사라져가는 현대사회에서, 영상과 낭송과 시화의 결합이 이루어진 시 감상이 이루어지고 있는 것이다. 자신이 살고 있는 사회와 문화와 삶을 되돌아보면서 의미 있는 매체 경험을 향유하는 방식에 대한 교육은 강조해야 할 부분이다.

5) 매체와 인간·사회·문화의 관계에 대한 성찰 강조

매체가 우리 사회, 그리고 대중 문화와 어떤 관계를 맺고 있는지, 나아가 인간과 어떤 관계를 맺고 있으며 인간 관계를 어떻게 변화시켰고, 또 변화시킬 수 있는 것인지에 대한 물음과 성찰을 중요하게 다룰 필요가 있다. 이것은 학습자를 단지 매체 수용자 혹은 사용자 차원에 가두는 것이 아니라 우리 사회에서 매체가 차지하는 위치와 맥락에 대한 이해뿐만 아니라 그 속에서 자신과 이웃의 삶을 돌아보면서 성찰하는 기회를 제공하고 지적이고 인격적 성숙의 기회를 제공하고자 하는 것이다.

## 참고문헌

김대행(1998), 「매체언어교육론 서설」, 『국어교육』, 제97호, 한국국어교육연구학회.

김대행(2007), 「매체 환경의 변화와 국어교육의 방향」, 『국어교육학연구』, 제26집, 국어교육학회.

김동환 · 이도영 · 염은열 · 서유경(2000), 『매체언어의 소통원리와 교육적 대상화의 방법』, 서울대학교 국어교육연구소 학술 발표회 자료집, 서울대학교 국어교육연구소.

김정자(2002), 「국어교육에서 미디어 교육의 수용」, 『국어교육학연구』, 제15집, 국어교육학회.

김정자(2006), 「국민공통 기본 교육과정에서의 매체 언어 교육 내용」, 『국어교육학연구』, 제26집, 국어교육학회.

김창원(2002), 「국어교육과 문화론」, 『한국초등국어교육』, 제20집, 한국초등국어교육학회.

민현식(2005), 「매체 변화 시대의 국어 정책 및 교육의 방향」, 『새국어생활』, 제15권 제2호, 국립국어연구원.

박인기 · 곽지순 · 박은주 · 박창균 · 이향숙 · 배능재 · 정유진 · 함욱 · 이지영(2005), 「국어교육과 미디어 텍스트」, 삼지원.

박인기(2002), 「문화적 문식성의 국어교육적 재개념화」, 『국어교육학연구』, 제15집, 국어교육학회.

서유경(2005), 「ICT 기반의 국어과 교재 구성 방향」, 『국어교육학연구』, 제24집, 국어교육학회.

송현정 외(2006), 『국어과 고등학교 선택중심 교육과정 개정 시안 수정 · 보완 연구』, 한국교육과정평가원.

안정임 · 전경란(1999), 『미디어 교육의 이해』, 한나래.

오미영 · 정인숙(2005), 『커뮤니케이션 핵심 이론』, 커뮤니케이션북스.

우한용 외(2004), 『신문의 언어문화와 미디어 교육』, 서울대출판부.

윤여탁 · 최미숙 · 김정자 · 정현선 · 송여주 · 손예희(2007), 「매체언어 교육의 본질에 대한 연구」, 『국어교육연구』, 제19집, 서울대학교 국어교육연구소.

이인제 외(2005), 『국어과 교육과정 개정(시안) 연구 개발』, 한국교육과정평가원.

이재기 외(2006), 『국어과 교육과정 개정 시안 수정 · 보완 연구』, 한국교육과정평가원.

이채연(2001), 「인터넷의 매체 언어성과 국어 교재화 탐색」, 『국어교육』, 104호, 한국어교육학회.

전국국어교사모임 매체연구부(2005), 『국어시간에 매체 읽기』, 나라말.

전국국어교사모임 매체연구부(2005), 『매체교육의 길 찾기』, 나라말.

정구향(2002), 「매체언어 교육의 내용 범주와 수용 양상 연구」, 『새국어교육』, 63집, 한국국어교육학회.

정현선(2005), 「'언어 · 텍스트 · 매체 · 문화' 범주와 '복합 문식성' 개념을 통한 미디어 교육의 국어교육적 수용에 관한 연구」, 『한국초등국어교육』, 제28집, 한국초등국어교육학회.

정현선(2006), 「기호와 소통으로서의 언어관에 따른 매체언어교육의 목표에 관한 고찰」, 『서울대학교 국어교육연구소 2006년 연구보고대회 자료집』, 서울대학교 국어교육연구소.

주세형(2005), 「'내용'과 '방법'으로서의 국어지식 영역의 역할」, 『한국초등국어교육』, 제27집, 한국초등국어교육학회.

최미숙(2006), 「매체 텍스트 표현 교육의 실제: 인터넷 백과사전 제작 수업을 중심으로」, 『상명대학교 교육연구소 논문집』, 상명대학교 교육연구소.

최미숙(2007a), 「매체언어 교육을 위한 교육과정 개발 방향」, 『국어교육학연구』, 제26집, 국어교육학회.

최미숙(2007b), 「매체환경의 변화에 따른 국어교육의 변화」, 『한말연구』, 제20집, 한말연구학회.

최병우 · 이채연 · 최지현(2000), 「매체언어와 국어교육: 매체언어의 교수-학습에 관한 연구」, 서울대 국어교육연구소 연구보고서.

최홍원(2005), 「매체 개념과 국어교육의 가능성 연구」, 『선청어문』, 제33집, 서울대학교 사범대학 국어교육과.

한국교육과정평가원(2006), 『국어과 고등학교 선택중심 교육과정 개정시안』(학교적합성 검토본 최종본).

스가야 아키코(2001), 안해룡 · 안미라 역, 『미디어 리터러시』, 커뮤니케이션북스.

Buckingham, D. (2004), *Media Education: literacy, learning and contemporary culture*, 기선정 · 김아미 역, 『미디어 교육-학습, 리터러시, 그리고 현대문화』, jNbook.

Burn, A. & Leach, J. (2004), *ICT and moving image literacy in English, The Impact of ICT on Literacy Education*, R. Andrews (ed.), London and New York: Routledge Falmer.

Edgar, A. & Sedgwick. P. (2003), 박명진 외 역, 『문화 이론 사전』, 한나래.

Poster, M. (1998), 이미옥 · 김준기 옮김, 『제2 미디어 시대』, 민음사.

제3장

# 매체의 발달에 따른 읽기 · 쓰기 방식의 변화

## I. 매체 환경의 변화

### 1. 디지털 미디어로의 변화

인간이 동물과 다른 점으로 흔히 거론되는 것은 서로 소통하고 타인과 관계를 형성하며 협동한다는 점이다. 인간은 매체를 사용하여 타인과 소통하는데, 인간이 사용하는 매체는 음성언어에서, 문자로, 책이나 신문, 라디오나 텔레비전, 영화, 인터넷 등으로 발전해 왔다. 이에 따라 인류의 문화는 구어문화에서 문자문화로, 인쇄문화로, 영상 매체로, 디지털 문화(디지털 매체 환경의 문화)로 이행되어 왔다. 음성언어, 문자, 인쇄 매체, 디지털 매체와 같은 매체의 발달과 그 역사를 살펴보면, 어떤 매체가 그 시대를 주도했느냐에 따라 사람들 간의 소통 양식은 물론 문화 양식에까지 영향을 미쳤음을 알 수 있다. 특히 현대의 매체 환경은 급격히 음성, 문자, 이미지, 영상, 음악 등이 결합된 복합 매체 환경으로 이행되고 있다. 여러 디지털 매체 중 특히 컴퓨터, 인터넷의 등장과 확대가 이러한 변화를 주도하고 있다.

1) 음성언어

음성언어에 의한 소통은 말하기를 중심으로 이루어진다. 말하기는 음성언어를 바탕으로 하여 쉼, 강세, 억양, 어조 등의 주변언어적(paralinguistic) 요소와 몸짓, 손짓, 표정, 시선, 접촉 등의 다양한 소통 수단을 통하여 이루어지는 복합적인 소통 양식이라고 할 수 있다. 말하기에 의한 소통은 화자와 청자가 직접 대면하여 이루어지는 것으로서 상황과 맥락을 공유하여 이루어지는 소통이다. 따라서 말하기에 의한 소통은 다른 시간대와 다른 공간의 사람과는 소통이 어렵다는 한계를 지닌다. 지식과 정보를 다른 시간대와 다른 공간의 사람과는 나눌 수 없기 때문에 지식과 정보의 기록, 보존, 유통이 제대로 이루어지기 어렵다. 구전을 통하여 일부가 이루어지기도 하나 이는 그 양에 있어 미미하고, 구전의 과정 중에 왜곡이 일어날 수 있는 한계가 있다.

2) 문자언어

문자의 발명과 사용으로 인간은 음성언어 소통과는 다른 새로운 소통 방식을 사용하게 된다. 문자언어에 의한 소통은 쓰기와 읽기를 중심으로 이루어진다. 쓰기를 통하여 인간은 말하기에 의한 소통 방식의 한계였던 시간적, 공간적 한계를 극복할 수 있게 된다. 쓰기를 통하여 축적된 지식을 기록하고 보존할 수 있게 됨으로써 필자와 독자 간의 시간적 제약을 초월할 수 있게 된 것이다. 그러나 말하기 상황과 달리 쓰기와 읽기에서는 공간적 상황을 공유하지 않기 때문에 필자와 독자가 분리된 탈상황적, 탈맥락적 소통이 이루어진다. 따라서 쓰기와 읽기에 의한 소통은 필자의 전달 내용에 크게 의존하여 정보 이해가 이루어지고, 독자에 대한 필자의 고려 정도에 따라, 필자의 글쓰기 방식에 따라 소통의 질과 양이 달라지게 된다. 독자의 이해를 위한 순차적이고 체계적인 쓰기 방식, 관습적인 글 구조가 필요하게 되고, 이를 통하여 인간은 순차적이고 논리적이고 체계적인 사고에 익숙해졌다고 볼 수 있다.

그런데 문자언어 사용의 초기에는 왕족이나 귀족 등의 지배층이나 성직자 등의 일부 특수한 계층이 문자를 이용한 소통, 즉 쓰기와 읽기를 독점하였다. 이는 역사를 통해 알 수 있는데, 쓰기와 읽기에 의한 소통은 말하기에 비해 문자를 해독하는 능력이 있어야 한다는 제한이 있기 때문이었다. 문자로 인하여 지식과 정보의 축적과 보존, 유통이 가능해졌지만, 이는 대부분의 사람들이 읽기와 쓰기 능력을 갖추고, 인쇄술의 발달로 문서나 책이 보편화된 시대에 와서야 진정으로 이루어졌다고 할 수 있다.

### 3) 인쇄 매체

인쇄술의 발달로 책을 대량으로 출판하고 유통시킴으로써 문자언어에 의한 소통 방식인 읽기와 쓰기는 더욱 발달하였고 대중화되었다. 인쇄 매체의 발달을 통해 진정한 지식의 기록, 축적, 유통이 이루어졌으며, 일부 계층이 지식을 독점하던 것에서 벗어나 지식의 대중화를 이루었다고 할 수 있다. 인쇄술의 발달로 책은 누구나 소유할 수 있는 것이 되었으며, 독서를 통하여 인간은 지식에 쉽게 접근할 수 있게 되었다. 즉 책이나 신문, 잡지 등의 양산은 독서의 편이와 확대를 가져왔다고 할 수 있으며, 이 때부터 개인적 독서의 역사가 시작되었다고 할 수 있다. 그러나 책을 통하여 독서는 쉽게 이루어졌으나 책의 출판, 즉 전문적 지식의 생산은 아직까지 대중의 것은 아니었다. 따라서 저자의 권위가 인정되고 책은 신뢰성 있는 지식의 출처로 인정되었다.

### 4) 영상 매체

영화나 텔레비전 같은 영상 매체는 문자언어를 읽고 쓰는 능력과는 또다른 능력을 요구한다. 영화와 텔레비전은 문자언어와 음성언어 해독 능력뿐만 아니라 상징과 이미지를 읽어 내는 능력을 요구한다. 그러나 인쇄 매체가 문자 해독 능력에 따라 지식의 이해에 제한이 있었던 것에 비해, 영화나 텔레비전은 시청각 매체로서 편안하고 자연스러운 형태로 지식과 정보를 수용할 수 있다. 즉 이미지를 통해 지식과 정보를 전달함으로써 책이나 신문보다 쉽게 이해할 수 있는 매체이며, 수용자에게 끼칠 수 있는 영향력에 있어 더 폭발력을 지닌 매체라고 할 수 있다. 또한 책은 개인적 독서를 요구하는 매체지만 영화나 텔레비전 등의 영상 매체는 다수의 수용자가 동시에 정보를 수용할 수 있게 하는 대중매체의 특징을 지니고 있다.

### 5) 디지털 매체

영상 매체를 거쳐 문자, 영상, 음성이 복합된 디지털 매체에 이르면, 소통 방식은 큰 변화를 보이게 된다. 디지털 매체는 양방향 소통, 이용자들을 상호 연결시키는 네트워크의 구성, 네트워크를 기반으로 한 동시적, 비동시적 커뮤니케이션이 가능하게 함으로써 기존의 문자나 인쇄 환경에서의 읽고 쓰는 방식과는 다른 읽기와 쓰기 방식과 능력을 요구하고 있다.

디지털 매체의 발전은 개인뿐만 아니라 사회, 문화적으로 큰 변화를 가져왔다. 현대인들은 인터넷에서 신문을 읽고 영화를 보고 음악도 듣는다. 인터넷을 통해 여러 가지 정보를 검색하기도 한다. 신문 기사 검색을 통해 유용한 정보를 찾아내기도 한다. 전자우편으로 중요한 업무 연락을 하고, 인터넷 카페를 통해 공통 관심사를 가진 사람들과 관계를 맺고 정보를 주고받는다. 종이에 펜으로 글을 쓰는 것보다 워드프로세서 프로그램을 작동시켜 컴퓨터에서 글을 쓰는 경우가 많으며 인터넷 블로그에 글을 쓰면서 자신을 표현하거나 여러 사람들과 관계를 형성하기도 한다. 이렇게 컴퓨터와 인터넷으로 대표되는 디지털 매체의 발달은 개인과 사회의 생활방식뿐만 아니라 소통방식과 나아가 사고방식의 영역에까지 그 이전과는 다른 큰 변화를 야기한다. 특히 중요한 변화는 읽고 생각하고 기록하고, 기록을 저장하고 유통시키는 과정이 바뀌는 것에서 일어난다. 신문이나 책을 통해 얻던 정보를 인터넷의 다양한 자료들을 통해 수용하고 재생산하며, 펜으로 쓰던 글을 워드 프로세서를 사용해 작성하고, 문서로 보관하던 기록들을 컴퓨터 파일로 저장하게 된 것은 디지털 매체에 의한 읽기, 쓰기 방식의 큰 변화라고 할 수 있다.

그러나 새로운 소통 수단이 나온다고 해서 이전의 소통 수단이 없어지는 것은 아니다. 현대 사회는 책으로 대표되는 인쇄 매체, 영화로 대표되는 영상 매체, 신문, 텔레비전과 라디오 등의 대중매체 등이 공존하면서 서로 기능을 분담하고 있다. 하지만 영화, 방송, 신문 등의 매체가 인터넷에서 통합되고 있으며, 인터넷은 이들을 포괄하면서 주도적인 매체로 기능하고 있다. 더구나 20년 남짓 세월이지만 인터넷은 이전 매체의 영향과는 비교할 수 없을 정도로 경제, 사회, 문화적으로 큰 영향을 끼쳤다. 기업의 업무환경에서 개인 생활까지 모두 인터넷 환경으로 바뀌었다. 초고속 인터넷 보급이라든지, 인터넷 사용 관련 여러 통계, 특히 인터넷 이용자에 관한 최근 통계는 그 대상을 만 3세 이상으로 잡고 있는 것을 보면, 인터넷이 우리 생활에 일상화된 것으로 볼 수 있다. 또한 인터넷 이용이 기존의 정보에 대한 검색 및 활용이라는 수동적 도구에서 표현하고 참여, 공유하는 적극적 도구로 활용되고 있음을 알 수 있다.

2002년 월드컵, 촛불 시위, 2003년 대통령 선거 등을 예로 들며 사회적 의제설정을 인터넷이 주도하고 있으며, 21세기 한국의 문화 혁명은 인터넷을 매개로 하고 있다는 주장도 있다(이정덕, 2004). 산업적인 측면으로 포털, 게임 등 10조에 이르는 디지털 콘텐츠, 7조원에 이르는 인터넷 쇼핑 등 인터넷과 연계된 다양한 사업들이 등장했다. 앞으로도 변화는 더 예고되고 있는데, 초고속무선인터넷, 휴대인터넷(WiBro) 등을 중심으로 광대역의 개념을 무선으로 확대하여, 언제 어디서나 초고속인터넷을 사용할 수 있는 실질적인 유비쿼터스 환경을 만든다는 것이다.

## 2. 디지털 매체의 특징

디지털 매체는 기존의 대중매체와는 다른 여러 가지 특성을 지니고 있다. 흔히 이야기되는 주요한 특징으로 하이퍼텍스트, 상호작용성, 네트워크성, 멀티미디어를 기반으로 하고 있다는 점 등이 있다. 그 밖에 영상매체와 비교할 때 시간적 제약을 받지 않는 비동시적 소통이 가능한 매체, 일대일, 일대다, 다대다 소통이 모두 가능한 다커뮤니케이션 매체, 일부 특권층이 아닌 다중의 이용자들이 정보를 생산하고 분배하는 민주성을 지닌 매체 등이 그 특징으로 지적되고 있다. 또한 인터넷은 매스미디어로서의 특성과 함께 대인커뮤니케이션의 특성도 함께 지닌 통합매체라고 할 수 있다.

기존의 읽기, 쓰기 방식에 중요한 변화를 가져온 디지털 미디어의 특징을 몇 가지로 정리하면 다음과 같다.

1) 멀티미디어

컴퓨터, 인터넷 등의 디지털 매체는 멀티미디어적인 속성을 지니고 있다. 멀티미디어는 음성, 문자, 그림, 동영상 등이 혼합된 매체로서, 미디어 융합 혹은 복합성 등으로 정의되기도 한다. 초기의 컴퓨터는 문자만 처리할 수 있었으나 기술이 발전함에 따라 문자 이외에도 음성, 그림, 동영상 등으로 이루어진 텍스트를 구성할 수 있게 되었다. 문자, 음성, 그림, 동영상 등이 혼합된 텍스트를 수용하고 생산하게 됨으로써 사용자들은 새로운 읽기, 쓰기 방식이 필요하게 된다.

2) 하이퍼텍스트

책으로 대표되는 문자 텍스트는 그 내용을 전개함에 있어 선형적이며 순차적인 방식을 취하게 된다. 따라서 책은 독자에게 책의 처음부터 순차적으로 마지막까지 읽어 나갈 것을 요구한다. 이는 독자에게 순차적이고 선형적인 사고를 요구하며 독자는 책에 담긴 지식과 정보를 얻기 위해 순차적이고 체계적인 독서를 해야 한다. 이와는 달리 디지털 매체에 의해 구성된 텍스트는 책과는 달리 순차적이고 선형적인 독서를 요구하지 않는다. 지식과 정보의 다양한 조합과 연계성 속에서 비선형적 텍스트를 만들어 나간다. 텍스트와 텍스트를 상호 연결시키며, 문자뿐만 아니라 음성, 그림, 동영상 등의 다양한 매체를 복합하여 텍스트를 구성한다. 이러한 하이퍼텍스트 방식에 의한 디지털 텍스트는 전통적인 책 텍스트의 개념을 근본적으로 해체시키며, 기존의 읽기 방식, 사고 방식뿐만 아니라 또다른 읽기 방식과 사고 방식을 요구한다.

### 3) 상호작용성

신문이나 텔레비전과 같은 대중매체는 생산자가 수용자에게 일방적으로 정보를 전달하는 방식이다. 그러나 디지털 매체는 기술적으로 지식과 정보의 생산이 이전보다 쉬워져 수용자가 생산자가 될 수 있는 가능성이 커졌다. 이용자가 지식과 정보 생산자이면서 동시에 지식과 정보 소비자가 될 수 있는 상호작용성으로 인해 디지털 매체의 개인과 사회에 큰 변화를 일으킬 수 있게 되었다. 지식의 생산이 일부 엘리트의 독점물이 아니라 다수의 이용자들이 정보를 생산하고 유통하고 분배하는 지식의 대중화, 민주화가 가능하게 되었다는 점이다.

### 4) 네트워크성

네트워크성은 디지털 매체가 유무선망을 통해 연결될 수 있음을 의미하는 것이다. 디지털 기술을 이용한 뉴 미디어로 대표되는 인터넷은 개인용 컴퓨터 이용자들을 상호 연결시킨다. 이러한 컴퓨터와 컴퓨터의 상호 연결은 생산된 지식과 정보의 유통에 큰 힘을 발휘한다. 컴퓨터의 탄생만으로는 오늘날의 변화를 이끌어낼 수 없다. 인터넷은 산업혁명에서 철도와 같은 역할을 하게 된다. 인터넷의 등장으로 컴퓨터가 상호 연결됨으로써 대중매체뿐만 아니라 대인 매체로서의 역할도 하게 되고, 생산된 지식과 정보의 대량 유통이 가능해진 것이다.

디지털 매체의 특징을 간략히 살펴보았다. 새로운 매체는 새로운 문화를 만든다. 새로운 매체는 새로운 언어를 창조한다(김병욱, 2004). 소통 기술의 변화는 소통 문화의 변화로 이어지며, 발전된 소통의 문화는 다시 기술의 변화를 요구하게 된다. 현대 사회는 디지털 매체 환경으로 급속히 변화하고 있는데, 디지털 매체는 전통적인 읽기와 쓰기의 개념, 기존의 저자와 독자에 대한 개념을 변화시키고 있다. 디지털 매체의 개방적이고 상호작용성인 특성으로 인해 읽기와 쓰기가 동시에 일어날 수 있으며 따라서 정보의 수용자이면서 동시에 생산자가 될 수 있다는 점이 가장 큰 변화로 지적될 수 있을 것이다.

## II. 디지털 매체 환경에서 읽기의 변화

### 1. 디지털 매체 환경의 읽기 방식

#### 1) 읽기의 개념

읽기에 대한 전통적인 개념은 문자를 해독하는 것으로 보았다. 그리고 읽기를 교육할 때에는 글의 의미를 그대로 이해하는 데에 초점을 두었다. 그러나 인지심리학의 영향을 받은 최근의 관점에서는 읽기를 글의 의미를 그대로 이해하는 수동적 행위가 아니라 독자가 자신의 기존 지식을 바탕으로 하여 새로운 의미를 구성하는 적극적 행위로 바라보고 있다. 디지털 매체 환경에서는 의미 구성 행위로서 읽기의 개념이 더 적절하게 맞다고 할 수 있다. 더 나아가 읽기와 쓰기가 동시에 진행되기도 하며, 읽기의 결과가 곧바로 글쓰기로 이어져 읽기는 곧 지식의 재구성이라고 할 수 있다. 또한 정보가 선형적으로 구성되지 않고 파편적으로 연결되어 있고, 다양한 정보가 쏟아지고 있기 때문에 읽기는 지식과 정보의 탐색과 연결이라고 할 수 있다. 또한 디지털 환경에서 읽기는 책에서 문자를 읽는 행위에서 화면상에서 문자를 읽고 사진을 보고, 필요하다면 동영상을 보면서 음향을 듣는 행위, 즉 시청각적으로 보고 듣는 행위가 되었다.

## 2) 읽기의 공간

전통적인 책은 지면의 연속으로 이루어진 일정한 텍스트 공간을 가지고 있다. 따라서 일정한 흐름을 가지고 읽어 나가야 한다. 그러나 책과 비교하여 디지털 매체의 읽기 공간은 화면이라는 점이 차이가 있다. 화면에 정보가 제시되는 방식은 책의 지면과는 다른 방식으로 이루어진다. 화면의 구성에 따라 정보가 여러 조각으로 나뉘어 구성되기도 하고, 다양한 형식의 정보가 함께 구성되기도 한다. 링크를 통해 다른 텍스트의 화면으로 쉽게 이동되기도 한다. 이러한 읽기의 공간은 비선형적 읽기를 요구하며 독자에게 정보를 적극적으로 구성하기를 요구한다.

## 3) 읽기의 방식

디지털 매체의 읽기 방식의 대표적인 특징으로 이야기될 수 있는 것은 비선형적 읽기와 멀티미디어 읽기이다. 비선형적 읽기는 자신이 독서의 경로를 만들어 가며 읽어 나가야 하는 방식이다. 멀티미디어 읽기는 시청각적 읽기로서 문장, 음성, 그림, 영상을 읽어 내는 읽기를 말한다.

책은 주어진 공간에서 순차적으로 내용을 읽어 나가면 된다. 디지털 공간의 읽기는 독자가 스스로 독서 경로를 만들어가며 텍스트를 읽어야 하는데 독자는 자신만의 독서 항해를 진행해야 한다. 따라서 독서의 경로 찾기는 즉흥적인 행위라는 위험성도 있지만 새로운 텍스트와의 예기치 못한 만남과 새로운 독서체험의 기회를 가진다는 점에서 특별하고 창조적인 읽기의 하나로 이어질 가능성이 있다. 디지털 텍스트의 다중적이며 다층적인 창조성은 이러한 읽기의 자기 경로를 확보하는 과정에서 새로운 장르의 결합이나 문화의 혼종으로 이루어지는 것이라고 할 수 있다.

이에 대해 부정적 입장도 있다. 비선형적 읽기, 즉 링크로 연결된 하이퍼텍스트 읽기는 독자로 하여금 읽기의 목적성과 방향성을 잃어버리게 하고 한 주제에 대한 집중적인 읽기를 방해할 가능성이 크다는 것이다. 이에 비해 책의 읽기 방식은 선형적 읽기 방식으로서 정독을 기본적으로 요구하고 있으며 한 주제에 대한 집중적인 탐색과 읽기를 필요로 한다는 것이다.

멀티미디어 읽기를 통해 읽기는 책에서 문자를 읽는 행위에서 화면상에서 문자를 읽고 사진을 보고 필요하다면 동영상을 보면서 음향을 듣는 행위, 즉 시청각적으로 보고 듣는 행위로 그 개념의 폭이 더 넓어진다고 할 수 있다. 이에 대해 부정적인 입장도 많은데, 디지털 매체 환경의 시대를 독서의 위기로 보기도 한다.

독서는 단순한 무아의 상태가 아니라 능동적이고 주체적인 마음의 작용에 몰입하는 일인데, 오늘날의 매체 환경 속에서 사람들은 언어적 사유 과정이나 마음의 움직임으로부터 멀어지고 감각적 현혹과 말초적 황홀에 몰입하게 된다는 것이다. 독서가 탈출과 몰입이라 하지만, 사람들은 영상매체나 전자게임을 통해 훨씬 쉽게 일상의 탈출과 몰입을 체험한다. 독서도 문학과 마찬가지로 근대의 산물이며, 진지한 독서는 인쇄문화의 발달에 의해서 생긴 것이며, 디지털 매체 환경의 문화는 문자 문화와는 정반대의 속성을 지닌다. 문자 문화가 어려움, 고독함, 느린 자아 형성 등과 연관이 있다면, 디지털 문화는 쉬움, 즉각성, 상호성, 감각적 자극 등과 연관이 있으며, 온라인에서 존재한다는 것과 실존적 깊이에 대한 주관적 체험을 갖는다는 것은 서로 양립할 수 없는 상황이다(이남호, 2006).

독서 환경이 디지털 매체로 전환되면서 새로운 읽기 방식을 요구한다면, 우리는 기존의 읽기 전략과는 다른 새로운 읽기 전략을 개발해야 한다. 디지털 매체의 읽기 특성의 장점과 단정을 파악하여 그 매체에 적절한 읽기 방식을 통해 지식과 정보를 효율적으로 구성하는 것이 필요할 것이다.

## 2. 디지털 매체 환경의 독자

쓰기를 포함하는 읽기의 개념, 즉 읽기가 쓰기로 이어지는 새로운 읽기 전략이 가능한 상황에서 독자는 기존의 일반적 감상이나 간접적 비판의 위치가 아니라 텍스트에 부딪쳐 텍스트를 변화시키는 주체의 기능을 담당한다. 매체 환경의 변화는 읽기의 방식에 변화를 가져왔으며, 읽기의 개념, 독자의 개념 또한 확대시키고 있다. 디지털 환경의 역동성은 수동적 독자를 능동적이고 참여적인 언어활동의 주체로 만들고 있다.

독자는 다양한 텍스트의 파편들로부터 그럴듯한 이야기의 관계를 설정하는 새로운 저자가 된다. 텍스트의 링크 구조가 독자로 하여금 텍스트를 넘나드는 글읽기, 즉 '도약의 독서'를 실현시키는 것이다. 이러한 디지털 텍스트 구조에서 독자는 시각적 읽기의 독자를 넘어 디지털 도구를 전면적으로 활용하는 기술자 혹은 작가와 같은 글쓰기에 참여하는 작가독자, 나아가 텍스트를 선택 조합하는 조절자의 개념으로 확대 이해된다.

디지털 시대의 독자는 자신의 텍스트에 또 하나의 텍스트를 추가하거나 연결시키는 행위를 읽기를 통해 계속하고 있는 것이며, 이러한 과정을 볼 때 디지털 글읽기는 메타적이게 된다. 선택과 연결을 통한 디지털 읽기 행위는 그 자체로 쓰기와 연결, 여기서 쓰기는 텍스트의 연결 조합과 같은 텍스트의 구성적 측면도 포함한다. 독자가 구성하는 텍스트는 쓰기의 일종이며, 이 과정에 독자는 구체적인 저자로 등장하고 '함께 쓰는 독자'가 된다. 디지털 텍스트는 독자로 하여금 끊임없이 자료를 조합하게 만들며, 매체 공간을 탐색하게 유도하는 매체 특성을 가지고 있다.

전자매체의 독특한 매체 특성과 그에 따른 읽기 방식의 변화는 새로운 독자의 개념을 요구하고 있다. 독자의 개념도 전자매체 시대의 독자는 수동적인 독자에서 능동적인 독자로, 이해하고 비판하는 독자에서 비판하며 쓰는 독자로 변화하고 있으며, 독자 역시 이해와 비판과 쓰기를 동시에 진행하는 역동적인 독자로서의 자질을 갖출 필요가 있다. 반면 전자매체 시대의 독자는 진지한 독자에서 흥분된 독자로 부정적인 변화를 보이기도 한다.

매체를 읽으면서 이해와 비판과 종합 그리고 쓰기가 동시에 이루어지는 전자매체의 특성상 일방적 소통 시대의 문화와는 다른 새로운 문화가 등장하고 있다. 독자들은 이전의 일방적으로 수용하는 독자에서 벗어나 능동적으로 필자에게 개입하여 상호작용하는 작독자로 변화하여 새로운 문화를 창출하는 주체로 거듭나는 것이다. 즉 디지털 시대의 독자들은 단순히 정보와 지식을 수용하고 소비하는 것이 아니라 정보와 지식의 생산에도 관여함으로써 정보와 지식의 전체 유통 과정에 모두 참여할 수 있게 된 것이다.

## III. 디지털 매체 환경에서 쓰기의 변화

### 1. 디지털 매체 환경의 쓰기 방식

#### 1) 쓰기의 개념

쓰기는 영어 단어 scribe에서 나온 것이며, scribe는 모두 칼이나 펜으로 그을 때 나는 소리 "스읔, 스크르"에서 유래한 것이다. 글을 쓰는 것은 문자의 발명과 글을 쓰는 데 필요한 도구와 밀접한 관련이 있다. 타자기나 컴퓨터와 관련해서 '글을 쓴다'는 말 대신 '글을 친다'는 말로 대체되고 인터넷과 관련하여 '글을 쓴다'는 말 대신 '글을 올린다'는 말로 대체되는 현상이 벌어지고 있다. 글을 쓴다는 것과 글을 친다나 글을 올린다는 말에서 드러나듯이 전통적인 글쓰기와 컴퓨터나 인터넷 기반 글쓰기는 글쓰기의 개념과 방식에 차이점이 있을 수 있다.

전통적인 글쓰기는 동양에서는 '붓', 서양에서는 '펜'으로 우리의 생각을 종이 위해 단선적 혹은 선형적으로 시작과 중간을 거쳐 끝에 이르러 마무리 짓는 행위를 말한다. 그런데 컴퓨터 글쓰기는 전통적 글쓰기와는 전혀 다른, 시작도 없고 끝도 없는 글쓰기라고 말할 수 있다는 것이다. 컴퓨터로 글을 쓴다는 것은 워드프로세서의 자판을 손가락 끝으로 침으로써 우리의 생각과 감정을 표현해내는 것이다. 컴퓨터 글쓰기는 가감이 자유롭고 다른 사람의 의견을 들어 얼마든지 고쳐 쓸 수 있다는 장점을 가지고 있다. 그러나 한편으로 압축의 효과가 느슨해지고 독창성을 가질 수 없다는 단점도 있다(김병욱, 2004:16-21). 따라서 종이에 글을 쓰는 전통적인 글쓰기는 글을 쓰는 시간이 많이 걸리는 대신 사고의 정련과 깊이 있는 사색, 성찰, 진지성과 진정성을 내포하는 글쓰기라고 보는 반면 글을 치는 것 혹은 글을 올리는 것과 같은 디지털 시대의 글쓰기는 쓰기가 쉽고 즉각적인 대신에 깊이 있는 사고와 경박하고 진지성이 없다는 비판을 받고 있다.

모든 글은 자신의 이름을 걸고 쓸 때 참다운 글이 되는 것인데, 글쓰기에서의 익명성은 글쓰기의 진지성이 사라질 위험이 있다는 지적도 있다. 모든 글쓰기는 게임이나 놀이와는 달리 글 쓰는 사람의 정신이 투영되어야 하는데 인터넷의 글쓰기는 말장난과 같은 언어 유희로 전락할 위험이 있다는 것이다(김병욱, 2004:21). 하지만 컴퓨터를 이용하여 글을 쓰기가 쉽게 되고 인터넷을 통해 다양한 형식과 방식으로 글을 쓰게 됨으로써, 쓰기란 전문가가 하는 것이란 인식 대신에 누구나 쉽게 쓸 수 있는 것으로 변화되고 있다고 할 수 있다.

쌍방향적인 소통이 가능해짐으로써 필자는 글을 쓸 때 독자를 강하게 의식하게 된다. 독자의 반응을 즉각적으로 확인할 수 없었던 전통적인 글쓰기에 비해 디지털 시대의 쓰기는 독자의 반응을 즉각적으로 쉽게 알 수 있게 되어 더욱 독자 지향적인 글쓰기를 하게 된다.

인터넷 글쓰기는 의식적인 글쓰기를 요구하는데, 인터넷에서 글을 쓴다는 것은 수많은 잠재적인 독자를 염두에 두게 만든다. 토론방이나 게시판 등의 공감은 책을 출간함으로써 다수의 독자를 확보하는 현실 세계에서의 작가와는 달리 글을 쓰는 모든 인터넷 사용자를 작가로 만들어 준다(김혜은, 2003). 자신의 글에 대한 조회수, 실시간 확인 가능한 답변, 그리고 수많은 댓글은 글쓰기에 더욱 긴장감을 부여한다. 인터넷에 글을 쓴다는 것은 글을 쓸 때 무수한 타인의 눈을 의식함으로써 자아를 인식하게 되고, 이 과정에서 한 개인의 정체성이 재조합된다. 인터넷은 표현의 욕구로 넘쳐나 수많은 미니홈피, 블로그를 보면, 인터넷의 글쓰기는 소통하고자 하는 욕망의 표현인 동시에, 연결하고자 하는 욕망, 그리고 다른 사람들에게 인정받고 싶어하는 욕구의 표현이라고 볼 수 있다.

또한 디지털 시대의 글쓰기는 문자에 의한 쓰기에서 소리, 사진, 동영상이 결합된 복합 양식의 쓰기로 확대되고 있다. 쓰기의 매체가 문자 중심에서 문자와 소리, 사진, 동영상이 결합됨으로써, 쓰기란 개념이 단순히 문자적 글쓰기에서 구성하기, 형상화하기, 또는 기록하기의 개념으로 확대된다고 할 수 있다.

유비쿼터스 시대의 글쓰기란 '글을 쓴다'는 의미보다는 '기록한다'는 의미에 더 가깝다고 할 수 있겠다. 유비쿼터스가 되면서 기기들 간의 호환이 자유로워졌고 이 때문에 아날로그 시대에는 전혀 다른 분야로 구분되었던 글, 사진, 동영상 등이 '기록'이라는 범주 속에서 서로의 장벽을 무너뜨리게 되었다는 것이다. 아날로그의 글쓰기가 디지털과 결합하게 된 것이다. 이처럼 글과 사진, 동영상이 자유롭게 결합하면서 '기록'은 더 생동감 있게, 더 빠르게, 더 쉽게 발전하고 있으며. 글로써는 완벽하게 전달할 수 없는 것들도 사진이나 동영상과 함께 보여주면 더 생생하고 빠르게 전달할 수 있다고 보고 있다(조현경, 2005).

인터넷 블로그에 있는 다양한 여행기나 맛집 기행 등의 글에서 이러한 점을 살펴볼 수 있으며 이러한 글쓰기는 디지털 매체의 기술과 특성을 잘 활용한 글쓰기라고 할 수 있다. 그러나 또한 이러한 복합 양식 글쓰기에 대한 비판 또한 만만치 않다. 사진이 주가 되는 글쓰기는 자신이 보여주고 싶은 삶의 모습을 보여주는 것이지, 해석하는 것이나 성찰하는 것이 아니라는 것이다.

### 2) 쓰기의 공간

종이에 글을 쓰는 대신 인터넷 기반 글쓰기는 인터넷이라는 공간적 특성 때문에 쓰기의 변화가 일어난다. 인터넷 매체의 두드러진 특징 중 하나는 멀티미디어성이며, 인터넷이란 쓰기의 공간에서는 이러한 특성을 고려하여 글을 쓰지 않을 수 없게 된다. 인터넷에서 요구되는 글쓰기는 현실 세계의 종이 글쓰기와는 차이가 있다. 인터넷 글쓰기는 문자 언어로만 된 텍스트보다는 다매체적인 글쓰기를 지향하고 있으며, 인터넷 이용자들도 문자적 정보뿐만 아니라 음성, 사진, 동영상 등 다양한 정보가 담긴 하이퍼텍스트를 기대한다. 이에 따라 글의 스타일에 변화가 생기고, 온라인 공간에 맞는 글의 형태를 고려하게 된다. 종이 글쓰기에서는 고려하지 않던 요소들, 즉 글자, 문단, 이미지의 배치 등의 고려를 하게 된다. 글이 화면을 통해 제시됨으로써 가독성을 높이기 위해 인터넷 글쓰기에서는 문단 띄기가 늘어나고, 내용의 목록화를 선호하며, 명료한 전달을 위한 그림, 만화, 사진 등을 첨부하는 등 다매체적 글쓰기의 특징이 드러나게 된다.

### 3) 쓰기의 방식

#### (1) 다양한 방식의 글쓰기

인터넷에서 구성되는 글은 내용의 양과 질, 신뢰도, 완성도, 글의 형식 등에 따라 다양한 편차를 보이고 있다. 양에 있어 짧은 한 줄의 댓글에서부터 한 권의 전자책까지, 질에 있어 일상의 정보를 담은 글에서 전문적인 지식을 담은 글까지, 정보의 신뢰도에서 개인이 자신의 경험을 말한 텍스트에서 공인된 기관에서 제공하는 전문 지식까지, 완성도에 있어 현재 구성적인 텍스트에서 완결된 텍스트까지 다양한 글이 생산된다.

글의 형식 또한 다양하다. 인터넷 공간에서는 홈페이지, 전자편지, 인터넷 대화방이나 메신저, 인터넷 게시판, 미니홈피나 블로그, 인터넷 신문, 인테넷 광고, 웹툰, 사이버 문학 등 다양한 방식의 글쓰기가 이루어지고 있다. 이러한 다양한 방식의 쓰기가 이루어짐으로써 웹으로 대표되는 인터넷은 수많은 정보와 지식이 연결되어 그 자체로 거대한 정보 텍스트를 형성하고 있다. 각기 하나의 글이지만 링크를 이용하여 네트워크상에서 다양한 연결체로 조직할 수 있다. 이러한 점은 전문가가 아니더라도 누구나 쉽게 글을 쓸 수 있다는 장점으로 작용하기도 하고, 수많은 정보의 바다에서 정작 필요한 정보는 찾기 힘들어 헤매기 쉽다는 단점이 되기도 한다.

쓰기의 매체 또한 다양하다. 인터넷 공간에서 글을 쓸 때는 종이에 글을 쓸 때와는 달리 문자뿐만 아니라 소리, 이미지, 동영상 등의 다양한 매체를 활용하여 다양한 유형의 글을 생산할 수 있다. 따라서 문자로만 글을 쓸 때와 다양한 매체를 활용하여 글을 쓸 때의 차이를 알고 상황과 맥락에 맞는 글을 써야 한다.

(2) 다중적 글쓰기와 다층적 글쓰기

디지털 시대의 글쓰기 방식에서, 텍스트는 네트워크 속에 존재하며, 링크를 통하여 서로 연결되어 있다. 즉, 각각의 글은 하나의 거대한 정보로 연결되며, 그 자체가 하나의 텍스트라는 것이다. 따라서 저자는 창조적 개인이 아니라 다중적이면서 다층적임을 의미하며, 디지털 글쓰기의 특징을 다중적이며 다층적 글쓰기로 정리할 수 있다. 다중적이며 다층적인 글쓰기는 지식의 협업적 생산을 가능하게 한다.

인터넷에 글을 올린다는 것은 개인적인 작업이다. 하지만 정보 검색이 용이한 인터넷의 특성에 따라 개인의 글은 다른 사람의 글과 연결되어 글 이상의 의미를 창출한다. 바로 그것이 온라인에서의 글쓰기의 매력이다. 도큐먼트 형식의 글이 대표적이다. 도큐먼트 형식은 답글(리플)을 다는 것이 아니라 작성자 이외의 사람이 작성자의 글을 수정할 수 있는 공개게시판이다. 글이 차례차례 쌓이지 않고 글 중간에 수정 의견이 끼여 들어간다. 특정 글이 있으면 자신이 주장하고 싶은 부분만을 골라 그 글의 아래가 아니라 그 부분에 개입하여 의견 개진을 하고 글 자체를 수정한다. 도큐먼트 글쓰기는 온라인 글쓰기의 '집합성'의 최고점이라고 할 수 있다(남명희, 2004).

이를 보여주는 대표적인 것으로 위키위키(WikiWiki) 시스템이 있다. 위키위키는 관리자가 아니더라도 누구나 읽고 쓸 수 있는 웹사이트로서 일종의 공동체 웹사이트 시스템이라고 할 수 있다. 위키위키는 하와이 어로 '빨리빨리'를 뜻하는데, 위키위키의 개발자 커닝햄(W. Cunningham)은 누구나 쉽고 빠르게 웹페이지를 수정하도록 하기 위해 만들었다고 한다. 웹의 기본 정신과 철학을 '정보의 공개와 공유를 통한 인간의 행복'(김중태, 2006)이라고 했

[그림 3-1] 지식의 협업적 생산과 공유: 위키피디아

을 때, 위키위키의 정신은 이를 잘 보여준다고 할 수 있다. 위키위키의 핵심과 정보와 지식의 협업적 생산을 잘 보여주는 것이 온라인 백과사전인 위키피디아(Wikipedia)이다.

(3) 가변적이며 동시적인 글쓰기

인터넷을 기반으로 한 글쓰기는 공간적으로는 가변적이며, 시간적으로는 동시적이라는 특징을 가지고 있다. 종이에 글을 쓸 때는 글의 수정이나 편집이 자유롭지 않았다. 따라서 글쓰기의 시작은 글의 처음과 끝까지의 내용을 숙고하여 계획하는 것이며 이것을 통해 거의 완벽한 초고를 생산해내야 했다. 그러나 컴퓨터에 글을 쓸 때는 글의 이동과 수정, 편집이 용이해 글을 쓰기가 훨씬 자유로워졌다. 완벽한 계획과 숙고의 과정을 거치지 않아도 글을 쓸 수 있으며, 글의 처음부터가 아니라 글의 중간 부분에서부터 글쓰기를 시작할 수도 있다. 즉 주의의 집중과 사고의 연속성을 요구하는 기존의 종이 글쓰기와는 달리 컴퓨터로 글을 쓸 때는 사고의 분절과 단편적인 사고에 의해서도 글을 쓸 수 있게 되었다. 따라서 "글씨 쓰기에서의 손가락에 대한 자의식이 없어지고 그것의 문자화 속도가 머릿속의 사유 속도와 거의 같아"지면서 "내면 의식의 표출에 즉각성과 솔직성"을 드러내는 것이 디지털 글쓰기의 속성(김병익, 1994)이라고 컴퓨터나 인터넷 기반의 글쓰기를 비판하기도 한다. 전통적인 글쓰기의 입장에서 보면 이는 “방향감 상실”의 불완전한 글쓰기, 미완성의 글쓰기라는 것이다.

그러나 이러한 가변성과 동시성은 텍스트를 움직이며 상호작용하는 것이라는 새로운 개념으로의 인식을 가능하게 해 준다. 출판된 책이나 신문, 잡지의 글은 잘못된 지식이 발견되더라도 수정이 쉽지 않다. 그러난 인터넷 글쓰기의 가변성과 동시성은 잘못된 정보가 발견되거나 새로운 정보가 생산될 때 즉각적으로 수정을 가능하게 해 준다. 또한 독자의 반응을 즉각적으로 확인하며 독자 지향적인 글쓰기를 하도록 하는 동인이 된다.

## 2. 디지털 매체 환경의 저자

### 1) 저자 개념의 변화

인터넷 공간에서 저자와 독자의 경계가 희미해진다. 저자이면서 독자, 독자이면서 저자의 역할을 하게 됨에 ‘작독자’라는 개념이 새롭게 생겨난다. 작독자 개념을 잘 보여주는 것 중 하나가 댓글쓰기이다. 가장 쉬운 인터넷 글쓰기의 한 형태는 댓글을 다는 행위인데, 다른 사람의 글이나 신문 기사에 댓글을 단다는 것은 정보 읽기와 이에 대한 적극적인 반응을 포함하고 있다.

또한 디지털 시대의 저자는 문자로만 글을 쓰는 전통적인 글쓰기와는 다른 글쓰기, 즉 멀티미디어적인 글쓰기와 같은 복잡한 능력을 요구받고 있다. 따라서 디지털 시대의 저자는 필자라는 개념에서 구성자, 디자이너, 정보생산자로 그 개념과 기능이 변화하고 있다. 즉 새로운 매체에 의해 새로운 저자의 역할이 기대되고 있다. 따라서 인터넷 공간에서 글을 쓰는 저자는 단순히 문자 텍스트에서 벗어나 문자, 음성, 이미지, 동영상 등을 결합한 복합 양식 텍스트를 생산할 것을 요구받고 있다.

디지털 매체 환경에서의 글을 쓰는 저자는 책의 저자에 비해 그 권위가 약화되었다. 디지털 글쓰기의 특징 중 하나인 가변적 글쓰기로 인해 디지털 텍스트는 책에 비해 유동적이고 변화가능성이 크다. 따라서 텍스트 자체의 신뢰성이나 저자의 권위는 추락하게 되었다.

2) 저자의 확대

디지털 환경 속에서 저자의 문제는 글쓰기가 창조적 개인이나 전문가에 의해서만 이루어지는 것이 아니라는 점을 보여준다. 분야별로 전문적인 작독자가 등장하고 있으며, 이들은 초보자 수준에서 점차 전문가 수준으로 발전하고 있다. 현재 인터넷에서 정보의 생산과 유통, 재생산에서 가장 강력한 힘을 발휘하고 있는 것 중 하나가 블로그이다. 블로그는 전문가가 아니더라도 평범한 일반인들도 누구나 정보 생산자가 될 수 있다는 가능성을 열어 놓았다.

자신의 블로그를 바탕으로 하여 관심 분야나 전문 분야에 대한 논의가 이루어지고 이것이 책으로까지 발행하기도 한다. 인터넷이 생활화되기 전에는 일정한 수업과 검증 과정을 통해 전문가가 된 이후 대중의 인정을 받고 도서출판 담당자의 의뢰를 받아 책을 출간했다. 그런데 디지털 환경에서는 블로그에서 많은 사람들의 인정을 받은 평범한 디지털 저자가 인쇄용 책의 저자가 되기도 한다.

최근 미국에서는 블룩(Blook) 열풍이 불고 있는데, 블로그 콘텐츠의 가치를 확인시켜준 '살람 팍스의 평화를 위한 블로그'가 그 대표적 예이다. 우리나라도 예외 없이 출판시장에서 블룩이 유행이다. 블룩은 1인 인터넷 매체인 블로그(blog)와 책(book)의 합성어로서 블로그나 개인 홈페이지에 실린 글, 그림, 사진 등을 담아 책으로 펴낸 것을 말한다. 미국의 베스트셀러 100권 중 20권은 블룩이라고 한다. 이에 앞서 우리나라는 '주부(wife)'와 '블로거(blogger)'를 합성한 '와이프로거(wifelogger)'라는 단어까지 등장했는데, 주부의 관심사인 요리, 인테리어, 육아 등에 관한 알짜 정보를 담은 책들이 이미 서점마다 베스트셀러 코너를 장식하고 있다.[1] 예를 들면, 『베비로즈의 요리비책』, 『2000원으로 밥상 차리기』, 『반나절이면 집이 확 바뀌는 레테의 5만원 인테리어』 등은 인기 블로그나 카페의 내용을 책으로 묶은 것이다. 그리고 나물이(www.namool.com)의 『2000원으로 밥상 차리기』는 2003년 초판이 나온 이래 113쇄를 인쇄하여 70만 부쯤 팔린 블룩 사상 최고 베스트셀러라고 한다.

이미 사이버 문학에서는 이러한 경향이 있어왔는데, 인터넷에서 인기 있는 소설이 책으로 출판되었다. 귀여니의 『그놈은 멋있었다』, 『늑대의 유혹』 등이 대표적인 경우이다. 그러나 이에 대한 평가는 엇갈리고 있다. 문학이나 교양서의 경우는 블로그 콘텐츠인 특성상 호흡이 짧고 깊이가 얕다는 단점을 극복하지 못하면, 책이 될 수 없으며 문학의 논쟁을 불러일으켜 질이 저하되는 우려를 안고 있기 때문이다.

## IV. 디지털 매체 환경의 읽기와 쓰기 방식의 문제와 가능성

디지털 매체 환경에서의 읽기나 쓰기는 디지털 매체에 대한 숙달성을 필요로 한다. 즉, 디지털 매체로 생산된 텍스트를 읽거나 디지털 매체 기반의 텍스트를 생산할 때에는 디지털 매체에 기술적인 문제, 디지털 장치나 매체의 전달 방식에 대한 이해가 사용자에게 전제되어 있어야 한다. 이러한 이해가 부족해서 생기는 문제는 디지털 정보 격차를 유도하며, 세대 간, 계층 간 정보 접근의 차이는 결국 사회 문화적, 정치적, 경제적 차이로 이어진다. 그러나 디지털 매체의 기술에 대한 이해는 표면적인 문제이며, 더 중요한 것은 디지털 매체 환경의 읽기, 쓰기 방식에 대한 문화적 이해이다. 컴퓨터나 인터넷이 단순히 읽기나 쓰기를 위한 새로운 도구나 매체가 아니라 이것에 기

1) 주간조선(2006.6.27), [새책]블로그를 책으로 만든 '블룩' 인기, 중앙일보(2006.9.28), 컨셉의 명수에게 배우는 책쓰기 전략, 세계일보(2006.11.12), [책]블로그, 책을 만나다…Blook 열풍 참고.

반한 읽기나 쓰기의 문화적 의미를 알아야 한다. 거의 누구나 웹사이트를 만드는 법을 배울 수 있지만, 이 신기술의 사회 · 문화적 의미에 대해 생각하기를 배우는 사람은 없다고 구락(2002:40-50)은 지적한다. 즉 인터넷을 읽고 쓰는 수행적 능력뿐만 아니라, 그 속에 내재된 소통 방식과 가치 체계와 문화에도 관심을 가져야 한다는 것이다. 테크놀로지의 방향과 가치에 관하여 사색하며 의견을 표하고 적극적 참여자가 되어야 하며, 따라서 우리는 단순한 사용자 이상의 존재가 될 필요가 있다는 것이다.

인쇄 문화에 기초한 책의 시대에는 저자는 자신의 분야에서 전문가였고 저자의 권위가 절대적이었다. 따라서 누구나 쉽게 출판을 할 수 있는 것은 아니었다. 대신 잘못된 정보나 지식의 구성에 대한 책임은 전적으로 저자의 책임이었다. 그러나 디지털 매체 환경에서는 누구나 쉽게 정보와 지식을 생산하고 유통시킬 수 있게 되었으며 쉽게 저자가 될 수 있다. 대신 그 정보나 지식의 진위나 권위는 절대적으로 보장되는 것은 아니다. 따라서 독자의 글읽기는 더욱 치열해질 필요가 있다. 디지털 매체 환경에서 독자는 다양한 경로의 글읽기를 통해 지식과 정보를 구성해 내야 하기 때문에, 독자의 책임이 더 커진다. 따라서 이 시대의 독자와 저자는 읽기와 쓰기에서 경박성, 즉각성을 경계해야 하고, 숙고적 사고와 성찰을 더 필요로 한다.

## 1. 읽기 · 쓰기 방식의 변화에 대한 성찰의 전제

웹이 지니고 있는 커뮤니케이션 미디어에서 중요한 특징으로 상호작용성과 양방향성, 하이퍼텍스트 및 하이퍼미디어, 디지털화, 저장 및 광역성, 표준화를 들고 있으며 이것을 커뮤니케이션 패러다임의 대전환을 가져온 주요 원인으로서 보고 있다(윤준수, 1997). 이러한 요인들을 기반으로 하여 수용자 개념의 전환(수동적 정보 소비자에서 적극적 정보 사용자로), 의미 생산과 이해에서 선형성의 전환(선형성에서 비선형성으로), 정보 확장의 전환(양적인 차원의 변화와 정보 독점에서 정보 분산으로), 시공간 경계의 전환, 개별 미디어의 통합으로 의사소통에서 패러다임의 전환을 논하고 있다.

따라서 종합하자면 다매체 환경에서 소통의 특징은 문자와 이미지, 이성과 감성이 중층적으로 얽힌 복합적 소통으로, 사적 소통과 공적 소통의 경계를 넘나드는 인터넷의 소통으로, 쌍방향적 소통으로 정리할 수 있겠다. 이 중 인터넷 미디어의 쌍방향성에 큰 의의를 두고 있는 논의가 많은데 한 예를 들어 보겠다.

> 디지털넷은 쌍방향 소통이다. 구술사회에서 이루어졌던 쌍방향 소통이 새로운 차원에서 다시 나타난 것이다. (중략) 이러한 쌍방향 소통은 구술사회에서 나타났던 몇 가지 특징들을 다시 나타나게 해주고 있다. 구술이 즉각적인 청자의 반응과 참여에 의해 소통이 이루어졌다면 인터넷에서도 접속한 자의 즉각적인 반응과 참여가 가능해졌다. (이정덕, 2004)

이러한 쌍방향 소통을 통해 자료의 수동적 접수를 넘어서 능동적 반응, 대응, 참여가 가능하게 되고, 사회적으로 다양한 참여가 지속적으로 확대되며, 네트워크를 통해 집단을 형성하여 사회적 의제 설정에 중요한 역할을 담당하게 된다고 보고 있다.

위 논의들을 부분적으로 인정할 수 있으나, 이제 기술의 변화를 통해 낙관적 전망을 내놓거나, 기술로 인한 소통의 변화 내지 가능성을 논하는 것에서 벗어나, 또는 미디어 연구자들의 연구 성과를 소개하는 것에서 나아가 매체의 발달과 그에 따른 소통방식의 변화와 사용자들의 대응에 대해 반성적 성찰이 필요한 시기라고 본다. 이러한 논의를 위해서는 고려해야 될 사항이 몇 가지 있다.

첫째, 새로운 매체는 새로운 소통 방식을 요구하지만, 새롭다는 의미는 모든 것이 새롭다는 의미는 아니다. 일부 요소가 새롭다는 것, 즉 다르다는 것이다. 모든 요소가 새롭다는 것은 낯설다는 의미이고 그것은 이해하기 어렵다. 따라서 새로운 매체가 기존 매체를 대체하는 것은 아니다. 새로운 소통 매체(또는 방식)로 인해 소통 매체가 풍부해지거나 역할 분담 또는 기능 재편이 일어난다고 보아야 한다. 편지와 전자우편, 음성 전화와 문자 메시지의 역할 분담 내지는 기능 재편을 생각해 보면 이를 알 수 있다.

둘째, 소통이란 말의 진정한 의미를 따져 보아야 한다. 소통이란 공유의 과정이자 이해의 과정이다. 그렇다면 웹상에서의 소통이 과연 공유의 소통인지 그리고 삶의 나눔인지 진지하게 성찰해 볼 필요가 있다. 공유되지 않은 혹은 서로 이해되지 않는 쌍방향적 전달 또는 다방향적 전달이 아닌지 생각해 보아야 한다. 디지털 매체의 기술이 소통의 쌍방향성을 가능하게 해 주지만 진정한 소통을 가능하게 하는 것은 사람들의 소통에 대한 의지라고 볼 수 있다.

셋째, 인터넷으로 대표되는 디지털 매체 그리고 그로 인한 소통 방식과 문화를 그 자체로 이해하도록 해야 할 것이다. 오프 라인의 특성에 비추어 온라인의 소통과 문화를 예단하지 말아야 할 것이다.

넷째, 기술이 무엇을 가능하게 하고, 기술이 무엇을 한계짓는지 이해할 필요가 있다. 디지털 기술로 인해 가능하게 된 개념들, 예를 들어 비선형적 사고 등의 개념을 다시 한번 검토해 볼 필요가 있다. 인터넷을 통한 읽기나 컴퓨터를 통한 글쓰기가 비선형적 사고의 특성을 지닌다는 것이 많이 언급되는데, 디지털 매체의 기술이 그러한 가능성을 열어주나 모든 읽기와 쓰기가 비선형적 사고를 통해 이루어지는 것은 아니다.

## 2. 읽기 · 쓰기 방식의 변화에 대한 성찰

인터넷으로 대표되는 뉴미디어의 등장으로 인해 읽기와 글쓰기 방식에 기존의 방식과 다른 여러 변화가 일어났다는 것은 많은 사람들이 동의하는 점이다. 글쓰기 방식에 대한 큰 변화의 특징으로 들고 있는 것은 저자 개념의 변화와 공동 작업에 대한 가능성, 가변적 글쓰기, 동시적 글쓰기 등이다. 읽기 방식의 변화에 대한 것은 독자 개념의 변화, 즉 저자로서의 독자, 글읽기 방식에서 다양한 경로의 등장 등이다. 사실은 가장 큰 변화는 읽기와 쓰기의 통합일 것이다. 기존의 인쇄매체 시대의 저자와 독자, 쓰기와 읽기의 엄격한 분리, 저자와 글의 권위 등에 대해서 현재의 디지털 시대는 저자와 독자가 통합된 작독자 개념의 등장, 읽기와 쓰기의 통합, 가변적 글쓰기로 인한 저자와 글의 권위에 대한 의심 등이 대체되고 있다. 그리고 비선형적 사고의 등장과 선형적 글쓰기의 종말에 대한 논의와 함께 모자이크적 커뮤니케이션과 다매체적 글쓰기의 등장, 글엮기로 대표되는 새로운 글쓰기의 방식, 하이퍼텍스트의 인터랙티브적 속성 등에 대해서도 그 변화와 가능성에 대한 논의가 활발하게 일어나고 있다. 이러한 변화에 대해 진지한 성찰이 필요하다.

첫째, 컴퓨터나 인터넷을 통한 글쓰기의 특징으로 흔히 거론되고 있는 "비선형적 사고의 등장과 선형적 글쓰기의 종말"에 대해서 성찰해 보아야 한다. 비선형적 글쓰기로부터 비롯되어 과연 인간의 사유 체계가 선형적 사고로부터 비선형적 사고로 바뀔 것인지는 의문이다. 선형적이고 위계적인 구조와 논증으로 이루어진 글쓰기가 정통적인 글쓰기로 인정되고 있는데, 이것은 주로 학교에서 배우게 되는 글쓰기이다. 컴퓨터나 인터넷 글쓰기의 개념은 학교에서 배우는 글쓰기 혹은 사회에서 통용되는 글쓰기와 인터넷에서 통용되는 글쓰기의 차이에서 명확히 드러날 것이다. 그러나 실제로 인간의 지식과 정서를 정리하고 기록하는 수단으로서의 글쓰기의 근본적인 특징은 매체가 달라져도 변화가 없을 것이다. 그러나 그러한 글을 구성하는 방식과 글의 유형은 변화를 보일 것인데, 매체와 상황에 따른 적절한 글쓰기 방식에 대한 연구와 교육이 필요할 것이다.

둘째, 컴퓨터와 인터넷 작문의 또 하나의 큰 특징으로 거론되는 모자이크적 커뮤니케이션과 다매체적 글쓰기에 대해 고려해 보아야 한다. 인터넷 작문은 문자언어만으로 된 텍스트보다는 다매체적인 글쓰기를 지향하고 있다. 따라서 멀티미디어의 부분으로서의 기능을 고려한 글쓰기 교육, 즉 영상, 음악 등과 결합할 수 있는 글쓰기 훈련, 원고지나 종이가 아닌 화면에 글쓰기이므로 공간 감각에 대한 교육이 필요하다. 종이가 아닌 화면에 글을 쓰게 됨으로써, 종이 글쓰기에서 고려하지 않던 요소들의 고려(글자, 문단, 이미지의 배치 등)가 필요하다.

셋째, 글쓰기와 글엮기에 대해서 고려해 보아야 한다. 인터넷에서 각각의 독립된 글은 더 커다란 하나의 글을 위해 연결된다. 여러 사람의 지식의 산물을 서로 링크시킴으로써 특정 주제에 대한 책의 그물을 엮게 되는데, 이는 기존의 인쇄 매체 시대의 종이책 출판과는 차이점을 보인다. 글의 경계가 불분명하며, 계속적으로 생산되고 협력적으로 생산된다는 점에서 차이점이 있다. 이러한 글엮기 현상이 대표적으로 이루어지는 것은 토론게시판의 문제제기, 이어쓰기, 댓글쓰기가 대표적이며, 네이버 지식iN의 지식 형성 과정도 각각의 글쓰기가 글엮기로 연결되는 특징을 보인다. 지식이 계속적, 협력적으로 생산된다는 것이다. 블로그의 연결, 트랙백(엮인 글) 시스템, 링블로그, 팀블로그(공동의 목적을 가진 여러 사람이 하나의 블로그를 운영, 집단 문화인 카페)의 글쓰기도 마찬가지이다.

그러나 글을 쓰는 것이 아니라 연결시키는 것은 저작권의 문제, 표절, 정보 윤리, 창의성 부족 등의 여러 가지 문제를 야기시킬 가능성이 있다. 인터넷 저작물의 주요 생산 방식인 패러디의 방식도 여기에서 자유롭지 못하다. 진지하고 깊은 사고의 정리가 아니라 재미있는 놀이로서의 글쓰기가 우세하다. 느림, 지체로서의 글쓰기가 아니라 속도의 글쓰기(말하기로서의 글쓰기)를 요구하는 환경이 됨으로써 진지성과 숙고가 결여되고 내면 의식의 표출에 즉각성과 두드러짐을 더 많이 요구받고 있는 것은 부정적인 현실이라 하겠다.

매체에 따른 읽기 쓰기의 차이가 근본적인 개념에 변화를 가져오는지에 대한 성찰이 필요하다. 정보를 지식화하는 능력으로서의 글쓰기의 근본적인 개념은 변화가 없다고 본다. 수합한 정보를 잘 정리하고 평가하여 새로운 지식을 창출해 낼 수 있는 글쓰기의 능력이 요구되는 것은 별 차이가 없다고 본다. 그러나 매체의 변화에 따른 읽기나 쓰기에, 쓰기란 기본적으로 느린 작업인데, 매체(인터넷)의 댓글 쓰기, 게시판 글쓰기 등은 빠른 작업을 요구한다. 따라서 빠르면서 정확한 쓰기의 요구가 다시 등장할 것이로 본다.

사용자, 작독자, 제어된 탐색가라는 개념은 이전의 수동적 자세에서 적극적인 자세로 텍스트를 읽어 나가는 독자를 지시하는 표현들이다. 그러나 인터넷은 쌍방향적 소통의 가능성을 열어준 것이지 진실로 쌍방향적 소통이 일어나는지는 다시 한번 성찰해 보아야 할 문제이다. 종합하자면 인터넷 미디어의 기술적 특징으로 비롯된 집단적 정보 생산의 강점 내지는 기여를 인정할 수 있으나, 개인의 고유한 글쓰기 내지는 정보 생산의 가치 역시 중요하게 인정되고 교육되어야 한다.

## 참고문헌

김명석(2002), 「인터넷 시대 글쓰기 교육의 과제」, 『현대문학의 연구』, 19집, 한국문학연구학회.

김병욱(2004), 『디지털 시대의 글쓰기와 커뮤니케이션』, 부경대학교 인문사회과학연구소 단행본, 부경대 인문사회과학연구소.

김성렬(2006), 「디지털 시대, 독서의 의의와 교육 방법」, 『독서문화연구』, 6호.

김승종(2004), 「전통적 글쓰기와 디지털 시대의 글쓰기」, 『국어문학』, 39, 국어문학회.

김요한(2005), 「디지털 시대의 글쓰기」, 『독일언어문학』, 제27집, 독일언어문학회.

김용섭(2005), 『나에게 진실하고 싶다-디지털 공간과 개인적 글쓰기, 글쓰기의 힘』, 한국출판마케팅연구소.

김유식(2005), 『그들만의 말투, 그들만의 놀이 - <디시인사이드>와 글쓰기 문화, 글쓰기의 힘』, 한국출판마케팅연구소.

김은미·김현주(2004), 『인터넷상에서 사회적 의사소통 양식과 합의 형성』, 정보통신정책연구원.

김익현(2005), 『블로그 파워』, 커뮤니케이션북스.

김주환 외(2001), 『디지털시대와 인간존엄성』, 나남출판.

김중태(2006), 『웹 2.0시대의 기회 시맨틱 웹』, 디지털미디어리터러시.

남명희(2004), 「온라인 글쓰기의 분류와 형태, 지향점과 문제점: 게시판의 형태에 따른 온라인 글쓰기의 분류 및 온라인 게시판 서비스 제공 회사의 문제점과 사례를 중심으로」, 『디지털영상학술지』 1, 한국디지털영상학회.

박동숙·전경란(2005), 『디지털/미디어/문화』, 한나래.

박지현(2005), 『인터넷 게시판이 책으로 태어나다 -『전차남』을 통해 본 디지털 글쓰기, 글쓰기의 힘』, 한국출판마케팅연구소.

배식한(2000), 『인터넷, 하이퍼텍스트 그리고 책의 종말』, 책세상.

변정수(2005), 「인터넷 글쓰기에 대한 사적 진술」, 『인물과사상』 33, 개마고원.

윤준수(1998), 『인터넷과 커뮤니케이션 패러다임의 대전환』, 커뮤니케이션북스.

이구형(2004), 『디지털 제대로 이해하기』, 지성사.

이남호(2006), 「우리 시대의 독자는 누구인가 - 전자문화시대의 독자의 성격」, 『독서연구』, 16호, 한국독서학회.

이소영, 「인터넷 공간에서의 소통양식의 변화」, 『독어학』, 13집, 한국독어학회.

이정덕(2004), 『21세기 한국의 문화 혁명』, 살림.

장경렬(2006), 『컴퓨터로 글쓰기, 무엇이 문제인가, 디지털미디어와 예술의 확장』, 아카넷.

조현경(2005), 『'글쓰기'에서 '기록하기'로 - 언제 어디서나 찍고 기록하는 유비쿼터스 시대의 글쓰기, 글쓰기의 힘』, 한국출판마케팅연구소.

지승호(2005), 『인터넷은 정글이다 - 소통을 위한 인터넷 글쓰기, 글쓰기의 힘』, 한국출판마케팅연구소.

최병우(2006), 「전자매체시대의 독자」, 『독서연구』, 제16호, 한국독서학회.

피종호 엮음(2006), 『디지털 미디어와 예술의 확장』, 아카넷.

Gilster, P. (1997), 김정래 역, 『디지털 리터러시』, 해냄.

Ong, W.J. (1995), 이기우 · 임명진 역, 『구술문화와 문자문화』, 문예출판사.

Poster, M. (2005), 김승현 · 이종숙 역, 『미네르바의 올빼미가 날기 전의 인터넷을 생각한다』, 이제이북스.

제4장

# 뉴스와 광고의 비판적 수용과 생산

## I. 뉴스와 광고의 정보 전달과 설득

국어교육에서는 흔히 정보 전달, 설득, 친교 또는 사회적 상호작용, 정서 표현 등과 같은 언어 사용 목적에 따라 텍스트의 성격을 구분한다. 이러한 구분을 염두에 둘 때, 뉴스와 광고는 정보 전달과 설득이라는 언어 사용 목적에 잘 부합하는 대표적인 매체 텍스트로 여겨진다. 그런데 뉴스의 경우 주된 초점이 정보 전달에 있기는 하지만 설득적 성격이 전혀 없다고 볼 수 없고, 광고 역시 설득에 주된 목적이 있기는 하지만 그것을 평가하는 관점에 있어 정보 전달의 객관성을 배제하기 어렵다. 이런 측면에서 볼 때 뉴스와 광고는 정보 전달과 설득이라는 두 가지 언어 사용 목적이 긴밀하게 결합되어 있는 텍스트라 할 수 있다.

뉴스(news)란 시사적인 사건에 대해 보도되는 새로운 정보를 뜻하며, 텔레비전이나 라디오, 신문, 잡지, 인터넷 등의 매체를 통해 수용자에게 전달된다. 그런데 뉴스에 대한 이해에 있어 중요한 것은 뉴스가 새로운 정보라는 점뿐 아니라, 그것이 '보도된' 정보라는 점을 아는 것이다. 새로운 정보나 사건이 있다 해도 그것 자체가 뉴스가 되는 것이 아니라, 언론 매체를 통해 보도되었을 때에만 뉴스가 되기 때문이다(황치성, 2007:65). 더욱이 일반적으로 신문이나 방송 등의 언론 매체는 누구든 자신의 의견을 쉽게 전달할 수 있는 매체가 아니라, 해당 매체에 소속되거나 그 매체에 의해 전문성을 인정받은 소수의 전문가들의 의견을 걸러서 내보내는 매체이다. 인터넷의 경우는 일반인들도 자신의 의견을 개진할 수 있지만, 여전히 언론으로서는 신문이나 방송이 큰 영향력을 발휘하고 있다.

뉴스 보도는 해당 정보나 사건에 대해 객관적이고 공정하게 이루어져야 하는 것이 원칙이다. 따라서 어떤 쟁점에 대해 편견 없이 보도하기 위해서는 서로 다른 의견이나 관점을 지닌 사람들의 논평이나 분석을 비교하며 보도하는 등, 취재와 보도의 윤리를 따를 것이 요구된다. 그러나 뉴스가 보도되는 신문의 지면이나 방송 시간은 물리적으로 제한되어 있다. 이 때문에 뉴스는 어쩔 수 없이 특정한 정보나 관점을 선택적으로 보여줄 수밖에 없다. 보도하는 이의 주관이 개입할 여지를 최대한 없앤다 하더라도, 어쩔 수 없는 물리적 제약으로 인해 순수한 의미의 객관적이고 공정한 보도란 존재하기 어려운 것이다.

실제로 뉴스 제작 과정에는 수많은 사건 중에서 어떤 사건을 선택할 것인가, 그리고 선택한 사건들 중에서 어떤 부분을 기사화하고, 또 그것을 어떻게 해석할 것인지 등에 대한 결정이 포함된다. 이 때문에 뉴스는 언어 사용의 목적 측면에서 정보 전달의 성격을 기본적으로 지니지만, 사회 현실을 투명하고 중립적으로 반영하는 것이 아니라 여러 정보와 관점 가운데 선택된 것을 반영하여 이야기를 구성한다. 정보를 객관적으로 전달하는 데 그치는 것이 아니라 정보를 바라보는 관점을 설득하는 기능을 지닐 수밖에 없는 것이 뉴스인 셈이다. 따라서 국어교육에서 뉴스를 수용하는 관점은 이처럼 '구성된 것'으로서 뉴스의 성격을 이해하고, 뉴스에 반영된 정보와 관점이 과연 얼마나 객관적이고 공정한지를 비판적으로 따져 보는 비판적 읽기에 놓여있다고 할 수 있다.

정보 전달과 설득이라는 의사소통의 목적과 관련하여 볼 때, 뉴스는 상대적으로 정보 전달에 더 무게중심이 있는 텍스트인 반면, 광고는 설득에 좀 더 무게중심이 놓여 있는 텍스트라 할 수 있다. 광고는 길이가 짧고 내용이 흥미로운 경우가 많아, 매체 텍스트의 특성을 학습하는 데 있어 다양하게 활용될 수 있다. 그러나 광고의 본래적 목적에 비추어 볼 때 가장 중요한 점은 광고의 설득적 기제를 이해하는 것이라 할 수 있다.

광고의 설득적 성격에 비추어 볼 때, 국어교육에서 광고를 다루는 방식은 광고에 사용된 언어와 이미지, 음악 등이 상대방을 설득하는 방식을 대화나 글에 나타나는 창의적 언어 사용과 비교하여 살펴보는 것이 중심을 이룬다. 광고가 비교적 길이가 짧고 흥미로운 내용으로 수용자의 시선을 끄는 텍스트라는 점에서, 광고는 매체언어의 특성, 즉 이미지, 소리, 음악, 자막, 대사 등 다양한 기호가 어울려져 의미를 나타내는 복합 양식 소통(multimodal communication)의 특성을 이해하기 위한 목적을 위한 학습에 있어서도 중요한 자료가 된다.

그러나 일반적인 의사소통에서 이루어지는 설득과 달리, 광고의 설득은 대량 전달을 특징으로 하는 대중매체를 통해 전달되며, 상업적 특성을 지니는 경우가 많고, 사회적 고정관념에 기대어 의미를 구성하는 경우가 많다. 따라서 광고 텍스트는 설득적 목적에 따른 창의적 언어 사용의 측면뿐 아니라, 광고 텍스트의 의미를 광고의 공익적 의도 혹은 상업적 의도와 관련하여 해석하거나, 특정 집단의 사람들이나 직업 등에 대한 고정관념을 활용하는 방식 등에 대해 주의하여 해석하는 등 비판적 읽기를 필요로 한다. 광고가 일반인들의 사고방식이나 문화에 미치는 영향을 고려할 때, 광고 텍스트에 대한 비판적 읽기는 중요하게 다루어질 필요가 있다.

## II. 뉴스와 광고를 바라보는 관점

### 1. 대중매체의 힘과 영향력

뉴스와 광고는 정보 전달과 설득을 목적으로 하는 텍스트라는 점에서 국어교육에서 중요하게 다루어진다. 그러나 정보 전달과 설득이라는 언어 사용 목적에 대해 가르치기 위해 뉴스와 광고를 활용하는 것은 본격적인 의미의 매체언어 교육이라 할 수 없다. 뉴스와 광고의 의미는 그것이 전달되는 경로인 대중매체의 사회적 영향력과 파급력, 그리고 뉴스의 공공성이나 광고의 공익적 혹은 상업적 성격에 대한 이해와 밀접하게 관련되어 있다. 따라서 뉴스와 광고에 대한 학습은 정보 전달이나 설득이라는 언어 사용 목적에 대한 이해의 연장선상에서 이루어질 필요가 있지만, 그 의미가 유통되는 경로인 전달 매체의 특성과 사회적 영향력에 대한 이해 역시 중요하게 다루어져야 한다.

대중매체가 수용자에게 미치는 영향력에 대해서는 다양한 이론과 연구가 있지만, 특히 매체 텍스트의 언어적 의미 작용과 관련하여 중요하게 살펴보아야 할 것은 의제설정 이론(Agenda Setting Theory)과 틀짓기 이론(Framing Theory)이다. 의제설정 이론과 틀짓기 이론은 매일같이 쏟아지는 뉴스들이 과연 무엇이 사회적으로 중요한 사안이며, 우리가 그것을 어떻게 바라보아야 하고 어떻게 생각해야 할지에 대해 영향을 미치는 방식에 대해 설명해준다.[1)]

#### 1) 의제설정 이론

의제설정 이론은 미디어가 일반 대중들에게 무엇에 대해 생각하고, 그것

---

1) 의제설정 이론과 틀짓기 이론에 관한 설명은 오미영 · 정인숙(2005)의 제13장 의제설정 이론과 제17장 틀짓기 이론을 바탕으로 했다. 보다 자세한 논의와 한국에서 이루어진 관련 연구물에 대한 소개는 오미영 · 정인숙(2005)을 참고하기 바란다.

에 대해 어떻게 생각할 것인가에 대해 영향을 준다는 이론이다. 대중매체가 특정한 사안에 대해 반복적으로 보도를 하게 되면 수용자들은 그것을 중요한 의제라고 인식하게 된다는 것이 바로 의제설정 이론이다. 예를 들어 대중매체가 중요한 선거를 앞두고 계속해서 경제 문제를 보도하게 되면, 유권자들은 경제 문제를 가장 중요한 현안으로 받아들이게 된다. 특히 선거 운동 기간에 유권자들이 가장 큰 관심을 가지는 결정적인 의제가 부각될 경우에는 그 의제에 대한 대처 능력이 선거 결과를 좌우할 수 있다.

의제설정 이론은 도널드 쇼(Donald Show)와 맥스웰 맥콤(Maxwell McCobs)에 의해 발전되었다(McCombs & Shaw, 1972). 의제설정은 '미디어 의제'와 '공중 의제'라는 두 가지 변인의 상관관계에 대해 수용자 설문조사와 미디어 내용 분석을 통해 밝혀내는 방식을 취한다. 여기서 미디어 의제란 언론에서 다루는 뉴스 기사를 말한다. 대개 우리나라의 신문은 하루 200여 개의 기사를 취급하고 있고, 방송의 종합 뉴스는 대략 25-30개 정도의 뉴스를 다루고 있다. 그중에서도 신문의 제1면에 나오는 뉴스나 방송의 첫 10분 뉴스 등은 중요도를 갖는 미디어 의제로 분류된다(오미영 · 정인숙, 2005:224). 한편 공중 의제(public agenda)란 사람들이 머릿속에 중요하게 생각하고 있는 사안들이다.

일정한 시기에 미디어 의제와 공중 의제를 조사하고, 어느 정도 시간이 흐른 뒤에 다시 미디어 의제와 공중 의제를 조사해본 결과, 앞서 조사된 미디어 의제와 시간이 흐른 뒤에 조사된 공중 의제 사이에 상관관계가 나타났다면, 미디어 의제가 공중 의제에 영향을 준 것으로 볼 수 있다. 의제 설정에 영향을 미치는 요인으로는 크게 네 가지가 있다. 첫째는 지향 욕구(need for orientation)로, 해당 뉴스가 수용자 개인에게 유용하거나 적절한 경우 의제 설정 효과가 커진다. 둘째는 물가, 실업, 범죄 등 두드러진 이슈의 의제 설정 효과가 크다. 또한 미디어는 특정 사안에 대해서는 주목하고 다른 사안에 대해서는 주목하지 않음으로써 공중의 평가 기준을 바꾸어 놓는데, 이를 점화 효과라 한다. 또한 언론 매체들은 특정 사안에 대해 편견이 있는데, 이것이

의제 설정에 영향을 미칠 수 있다.

의제 설정은 언론이 뉴스를 보도하는 데 있어 온전히 객관적일 수 없고, 특정한 사안을 골라서 보여주는 선택적 특성을 갖기 때문에 생긴다. 어떤 특정한 시점에서 일반 대중들이 현실 상황을 인식하게 되는 것은 대체로 대중매체의 게이트키핑(gatekeeping)에 의한 결과이다. 의제설정 이론은 일반 대중들이 의제로 생각하는 것에 대해 대중매체가 강력한 영향력을 지니고 있음을 말하는 것이다. 그러나 매체가 공중의제에 강력한 영향을 주기는 하지만, 항상 그런 것은 아니다. 매체의 힘은 특정 시기에 특정 쟁점들에 대한 매체의 신뢰도, 개개인의 공중들에 의해 인식되는 갈등의 정도, 어떤 특정 시기에 개인들이 매체의 가치에 대해 공유하고 있는 정도, 공중들의 홍보에 대한 필요성 등과 같은 요인에 의해 좌우된다. 매체는 주로 매체 신뢰도가 높을 때, 그리고 상충하는 증거가 별로 없을 때, 개인들이 매체의 가치를 공유하고 있을 때, 그리고 수용자가 안내에 대한 강한 필요를 느끼고 있을 때 강력한 힘을 발휘한다.

2) 틀짓기 이론

의제설정 이론이 대중들이 무엇에 대해 생각해야 할지에 대해 대중매체가 강한 영향력을 지니고 있음을 설명하는 이론이라면, 틀짓기 이론은 의제로 설정된 사안에 대해 어떻게 바라보아야 할지에 대해서 대중매체가 영향을 주고 있음을 강조하는 이론이다. 그야말로 어떤 틀에서 사안을 바라보아야 할지를 매체가 결정해 준다는 것이다. 그리고 이러한 틀짓기에 있어서는 매체의 언어와 기호가 중요한 의미 작용을 하게 된다. 매체언어 교육에서 틀짓기 이론이 중요한 것은 이 때문이다.

틀짓기 이론은 사회학자 고프만(E. Goffman)에 의하여 주창되었다. 그의 이론에 의하면 틀짓기란 사물에 대한 이해 과정, 즉 경험의 조직화 과정이다. 틀짓기 이론은 우리가 어떤 맥락에 의하여 행동이나 의식이 영향을 받는다는 것을 일반적으로 가정하고 있다. 이와 같은 가정을 전제로 뉴스가 현실 구성을 어떻게 틀짓기함으로써 수용자의 의식이나 행동에 영향을 끼치고 있는지 살펴보아야 할 것이다.

뉴스는 사회 현상을 우리에게 보도해주고, 우리는 그 보도를 통하여 사회를 바라보는 눈을 갖게 된다. 그런데 뉴스는 현실을 보도할 때 특정 시각을 중심으로 재구성하여 내보낸다. 예를 들면 갈등 이슈의 경우에는 대부분 본질보다는 갈등을 부각시키는 경우가 많다. 이와 같은 것을 뉴스 프레임이라고 하는데, 이것은 특정 뉴스가 강조, 축소, 반복과 같은 방법으로 이야기를 구성하는 방식이다. 언론은 뉴스를 전달하는 과정에서 피할 수 없이 틀짓기를 하게 되고 이 과정에서 순수한 의미의 객관성으로부터 멀어지기도 하며 의도하지 않은 편향성을 지니게 된다.

뉴스 프레임은 기존 질서를 옹호하는 의미생산에서 핵심적인 역할을 하는 기제로서 뉴스의 구성에 있어 현실의 특정 측면은 강조하는 반면 다른 측면은 생략하거나 무시함으로써 현실에 대한 일정한 방향의 해석을 유도하는 의미 생산의 도구라 할 수 있다. 한 가지 예로, 뉴스에서는 종종 '진보'라는 표현을 쓴다. 그런데 '진보'라는 표현의 이면에는, 진보적이 아닌 집단은 자연히 퇴보 혹은 후퇴라는 의미를 담고 있다. 이렇게 뉴스는 논쟁의 가능성이 있는 용어나 비유를 사전에 설정함으로써 담론의 가능성을 미리 제한해 버리기도 한다.

그러나 뉴스의 이와 같은 성격을 현실 왜곡이라고 이해해서는 안 될 것이다. 왜곡이라는 것은 사실과 다르게 해석하거나 그릇되게 하는 것을 일컫는 말이다. 그런데 뉴스는 현실을 있는 그대로 재현하고 재구성하여 언어로 표현해 내는 것이지만, 표현하는 과정에서 그들의 의식구조나 가치관이 개입될 수밖에 없기 때문에 이와 같은 뉴스 프레임이라는 이론을 알아야 할 필요성이 제기되는 것이다. 뉴스 프레임은 수용자가 기존에 갖고 있던 의식을 자극하여 사회를 바라보는 시각을 바꾸어 놓을 수도 있는 것이므로 여기에 뉴스 프레임의 중요성이 있다고 하겠다. 즉, 뉴스 프레임에 의해 개인의 해석적 프레임이 달라지고, 이것이 여론의 형성에 영향을 미칠 수 있는 것이다.

## 2. 언어와 이미지에 의한 현실 구성

매체 텍스트의 의미는 말이나 글 등의 언어에 의해 이루어지기도 하지만 이미지와 같은 기호에 의해 표현되는 경우도 많다. 따라서 매체 텍스트의 의미가 언어와 이미지에 의해 어떻게 표현되며, 이를 통해 어떻게 현실이 구성되는지를 이해하는 것은 중요하다.

### 1) 이미지의 의미작용

프랑스의 기호학자 롤랑 바르트(Roland Barthes)는 고전적 수사학을 현대의 이미지 현상 이해에 적용하여, 이미지가 어떻게 설득의 방식으로 작용하는지를 설명했다. 바르트가 제시한 의미작용의 두 단계는 [그림 4-1]에 제시된 바와 같이, 언어로서 기표 1과 기표 2가 새로운 기호 3을 형성하고, 다시 기호 3이 기표 I이 되어, 기의 II와 결합해 기호 III이 되는 과정이다.

예를 들어, '돼지'라는 기호는 영상이든 문자이든 '게걸스러움', '풍요', '탐식' 등 다양한 기의를 지닐 수 있다. 언어로서의 돼지가 이러한 기의를 의미하는 단계가 바로 의미작용의 첫 번째 과정이다. 그런데 기호 돼지는 특정한 맥락 속에 어떻게 놓이는가에 따라 의미가 달라진다. 만일 노동문제나 노사문제를 다룬 포스터나 사진 이미지에 돼지가 등장한다면, 이 때 돼지라는 기호는 탐욕스러운 자본가나 사업주를 의미할 수 있다. 이것이 두 번째 의미작용인데, 이를 통해 특정 기호는 이데올로기나 신화로서 기능하게 된다(주창윤, 2003:52). 이와 같은 예를 통해 볼 수 있는 것처럼, 매체 텍스트의

<table>
<tr><td>기표 1</td><td>기의 2</td><td></td><td>} 언어</td></tr>
<tr><td colspan="2">기호 3<br>기표 I</td><td>기의 II</td><td>} 신화</td></tr>
<tr><td colspan="3">기호 III</td><td></td></tr>
</table>

[그림 4-1] 언어와 기호의 의미작용의 과정(주창윤, 2003)

의미 이해에 있어서는 '언어'의 단계뿐 아니라 '신화'의 단계까지 비판적으로 살펴보는 것이 중요하다.

### 2) 이중 깔때기 모형

[그림 4-2]는 대중매체를 통해 이루어지는 현실 구성을 이중 깔때기 모형으로 설명한 것이다(Weimann, 2000). 사람들이 현실을 경험하는 방식은 직접적인 것이 아니라 다른 사람들을 통해 간접적으로 경험되는 것이다. 이 때문에 밀즈(Mills)는 우리가 경험하는 현실(reality)이 마치 '중고품과 같은 세계(second-hand worlds)'라고 했다. 사람들은 스스로 직접 경험하는 것보다 더 많은 것을 알고 있으며, 자신이 아는 것이 확실한 사실이나 해석에 바탕을 둔 것이라고 생각하는 경향이 있다. 그러나 실제로 사람들이 알고 있는 정보는 대부분 스스로가 아니라 다른 사람들이 관찰하고 해석하고 소개한 것이다. 그리고 여기서 결정적으로 다른 사람들의 경험을 매개하는 역할을 하는 것은 다름 아닌 대중매체이다.

이중 깔때기 모형은 끝이 맞닿은 두 개의 깔때기 모양을 통해, 우리가 경험하는 현실이 실제로는 매체에 의해 구성된 것임을 보여준다. 이 모형은 이

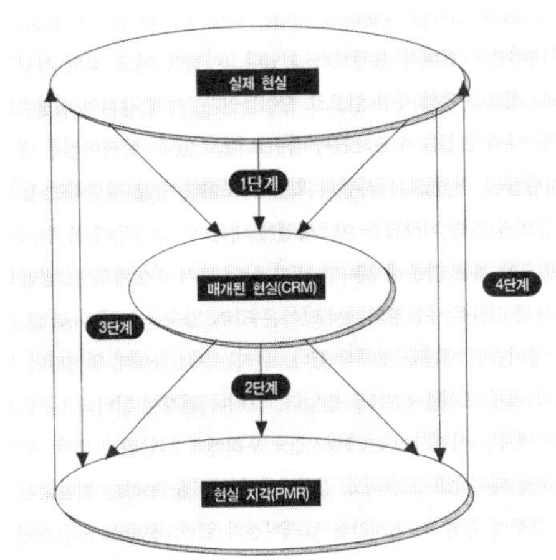


[그림 4-2] 이중 깔때기 모형(double come model)(Weimann, 2000/2003)

른바 '현실'이라는 것이 적어도 세 가지 다른 종류의 '현실'로 구분될 수 있음을 말해준다. 그것은 실제 현실(reality), 매개되어 구성된 현실(Constructed Mediated Reality; CRM), 매개되어 지각된 현실(Perceived Mediated Reality; PMR) 등이 있다. 왜 이런 구분이 필요한 것일까?

일반적으로 우리는 일상생활을 하면서 경험하는 현실이 사실상 다른 무엇인가에 의해 매개된 것, 즉 걸러진 것이라는 점을 잘 인식하지 못한다. 현실이 매개된다는 것은 우리가 직접 현실을 지각하는 것이 아니라, 대중매체에 의해 걸러진 현실을 지각한다는 뜻이다. 이 때문에 매개되어 지각된 현실을 '현실 지각'이라 표현한 것이다. 이 모형이 작동하는 1단계는 언론 등 매체의 송신자가 실제 현실의 사건과 경험의 특정 측면을 이용하여 매체 현실을 구성하는 것이다(김춘옥, 2005:55-57). 여기서 매체 현실은 뉴스 스토리, 허구적 드라마, 신문 기사, 사진 또는 음악 등이다. 매체 현실은 실제 현실보다 더 극적이고 화려하며 강력하고 능동적이며 빠르다. 수용자들이 매체 현실에 관심을 갖는 이유 중의 하나는 이와 같은 과장 때문이다. 이 현실에 매혹된 수용자들은 더욱 더 과장된 매체 현실을 기대하기도 하고, 매체 현실을 보기 위해 실제 현실 자체를 유보하기도 한다.

2단계는 매체 현실이 수용자에게 전달되는 고도의 선택 과정을 나타낸다. 이러한 선택 과정은 의식적일 수도 있고 무의식적일 수도 있는데, 이 때 수용자는 현실에 대한 정보를 얻을 채널을 선택하고, 메시지를 읽고 해석하는 방식을 선택하며, 무엇을 기억할지를 선택하게 된다. 이 과정을 통해 매체 현실의 특정한 측면만을 받아들이게 되는 것이다. 3단계는 현실 사건, 사실, 사고의 상당 부분이 대중매체의 매개 기능 없이 직접 수용자에게 전달되는 과정을 보여준다. 이러한 수용자의 직접 경험은 매체로부터 수용된 현실과 결합하여 전체적인 현실을 구성한다. 마지막으로 4단계는 현실 지각이 실제 현실에 영향을 주는 것을 뜻한다.

이중 깔때기 모형이 말해주는 것은 우리가 현실을 받아들이는 데 있어 매체가 큰 영향을 미치고 있다는 점, 그런데 매체 역시 현실을 투명하게 보여주는 것이 아니라 나름대로의 거름 장치를 갖고 있다는 점이다. 이는 왜 뉴스와 같은 대중매체 텍스트에 대한 비판적 읽기가 필요한 것인지를 다시 한 번 강조해 준다. 대중매체 텍스트에 대한 비판적 읽기는 일반적으로 읽기에서 강조하는 필자의 의도에 대한 추론 등을 포함하지만, 이와 같이 매체가 현실 구성에 어떻게 작용하는지에 대한 일종의 상위 언어적 이해를 필요로 한다.

### 3) 영상 이미지의 의미 작용

그런데 매체가 현실을 구성하는 데에는 언어만이 아니라 다양한 이미지, 소리 등의 기호가 함께 작용한다. 이 때문에 매체언어의 해독 능력이 필요하다. 특히 뉴스나 광고가 텔레비전과 같은 영상 매체를 통해 전달될 때에는, 신문이나 잡지와 같은 인쇄매체에 비해 이미지가 의미 구성에서 중요한 역할을 한다.

텔레비전 뉴스의 구성에서 앵커는 중요한 역할을 담당한다. 남성 혹은 여성 앵커가 단독으로 진행하는가, 아니면 남성과 여성이 함께 공동으로 진행하는가도 시청자들에게는 의미 있게 받아들여진다. 예전에는 남성 앵커 단독으로 진행하거나, 여성 앵커가 등장하더라도 남성 앵커의 보조적인 역할을 맡은 경우가 많았다. 그러나 최근에는 여성 앵커가 단독으로 진행하는 뉴스들이 많이 생겨났고, 특히 밤 9시에 진행되는 방송사의 주요 뉴스를 여성 앵커가 단독으로 진행하는 경우도 생겨났다.

KBS, MBC, SBS 등 주요 방송사의 뉴스에서 앵커가 보도하는 시간은 약 20% 정도인 것으로 나타났다(최민재, 2004:68). 이는 리포터의 평균 보도 시간(60-65%)에 비하면 그 비중이 적지만, 본격적인 보도에 앞서 개별 뉴스의 중요성과 사회적 의미를 규정지음으로써 시청자가 무엇을 받아들이고 어떻게 해석해야 할지에 대해 방향을 제시해 주는 앵커의 역할을 상기할 때, 이는 결코 적은 비중이 아니라 할 수 있다.

일반적으로 영상 이미지의 구성은 다양한 요소들을 프레임 안에 배치하여 통일성을 갖도록 이루어진다. 그리고 이러한 방식에는 우리에게 익숙한 문자언어가 배열되는 방식, 회화의 전통들, 종교적 가치, 문화적 관습 등이 직・간접적으로 영향을 미친다. 이미지가 어떻게 구성되어 있는지를 살펴보는 것은 마치 언어를 해석하는 것과 마찬가지로, 개별적 요소들이 어떻게 유기적으로 결합되어 새로운 의미를 생산하는지를 이해하는 데 도움이 된다.

이미지에 표현되어 있는 구성요소들(인물, 사물, 장소, 크기, 부피, 촬영방식 등)은 그것들을 바라보는 사람들(독자, 시청자, 관객 등)과 일련의 복잡한 관계를 맺으며, 이미지의 요소들은 개별적으로 존재하기보다 전체 이미지의 망 속에서 상호작용을 하면서 새롭게 의미를 만들어낸다. 예를 들어, 이미지는 어떻게 배열되어 있느냐가 중요하다. 이미지의 배열이란 각각의 요소들이 서로 연결되거나 이미지를 바라보는 독자와 연결되어 있는 방식을 뜻하는 것으로, 즉 왼쪽과 오른쪽, 위와 아래, 중앙과 주변 중 어디에 배열되어 있는가에 의미에 중요한 영향을 미친다. 또한 이미지는 그 구성 요소들을 바라보는 사람의 주의를 끌게 하는 정도를 말하는 현저성이 중요한데, 이는 전경과 배경의 위치, 상대적인 크기, 색의 대비, 명료성의 차이 등에 의해 구체화된다. 이미지 구성에서 이러한 요소들은 상호 관련된 체계를 통해서 의미를 생산한다(Kress & van Leeuwen, 1996:183).

지금까지 뉴스나 광고와 같은 매체 텍스트의 의미가 언어뿐 아니라 이미지 등의 기호에 의해 나타나며, 그것은 현실을 선택적으로 구성하는 것임을 알아보았다. 이제 이러한 이해를 바탕으로 하여 뉴스와 광고의 교육에 대해 본격적으로 알아보도록 하겠다.

# III. 뉴스의 수용과 생산

## 1. 뉴스의 개념, 기능, 종류[2)]

### 1) 뉴스의 개념과 기능

뉴스란 보도된 정보를 뜻한다고 하였다. 보도라는 것은 사회에서 일어난 사건이나 사안들 중에서 중요하고 의미 있다고 생각되는 것을 뽑아서 대중매체를 통해 제시하는 활동이며 뉴스는 그 결과물이다. 보도는 '행위'의 뜻이 강하고, 뉴스는 객관적인 행위체로서 '결과'의 뜻이 강한 개념이다. 정리하자면 뉴스라는 것은 "매체 종사자인 기자가 사회적으로 중요한 사안이나 사건을, 또는 인간적인 감성에 소구되는 사안이나 사건을 선택하여 독자들의 주목을 끌거나 흥미를 유발시키도록 구성하여 제시하는 것"이라고 할 수 있겠다. 즉, 뉴스란 사회적 사건이나 사안으로 선택되고 재구성되는 결과물이다.

예전에는 뉴스란 세상에 존재하는 것이나 발생한 사건을 단순히 보여주는 거울과 같은 것이라고 보는 시각이 우세했다. 그러나 시간이 흐르면서 대중매체가 현실을 단순히 재생하는 것이 아니라 그것 자체를 규정하는 기능을 갖고 있음에 주목하게 되었다. 오늘날 뉴스란 사건 자체를 그대로 보여주는 것이 아니라, 사건에 대한 해석과 규정을 함께 제시하는 것으로 이해되고 있다. 보도 과정에서 원래의 사건은 몇 가지 조직적인 기사 구성 형식에 따라 사건이 내포한 제반 요소들의 일부가 추출되거나 변형되거나 제거된 모습으로 나타나기 때문이다. 앞서 뉴스가 단순한 정보 전달이 아니라 설득의 기능을 함께 갖고 있음을 강조한 것은 이와 관련된다.

특정한 정보를 뉴스로 선택하거나 버리는 기준을 '뉴스 가치(news values)'

2) 뉴스의 개념과 종류 및 각각의 특성에 대한 설명은 황치성(2007)을 주로 참고하여 소개하였다.

라 한다. 일반적으로 뉴스 가치는 크게 중요성과 흥미성의 측면에서 바라볼 수 있다(황치성, 2007:65). 중요성이란 독자나 시청자들이 얼마나 중요하게 생각하느냐에 우선적 가치를 두는 것이며, 이는 다시 시의성, 근접성, 저명성, 영향성 등으로 구분된다. 시의성은 시간적으로 얼마나 빠르고 관련성이 높은가를 뜻하는 것이고, 근접성은 사회지리적 혹은 심리적으로 얼마나 가까운지를 의미하며, 저명성은 사회적 힘과 지명도 혹은 권위를 뜻하고, 영향성은 사회적 중요성을 뜻한다. 그리고 흥미성은 독자들이 어떤 뉴스에 얼마나 관심을 갖느냐를 뜻하는 것으로, 예외성, 폭력성, 서스펜스, 로맨스, 투쟁성 등이 중요한 요소가 된다.

2) 뉴스의 종류

흔히 뉴스라고 불리는 것에도 다양한 유형이 있다. 신문 기사의 경우, 가장 흔히 볼 수 있는 뉴스의 유형은 '스트레이트(straight)' 뉴스와 '피처(feature)' 뉴스이다. 스트레이트 뉴스는 새롭게 발생한 일이나 새로운 소식, 새로운 정보 등을 간략하게 알려주는 정통적 의미의 뉴스이다. 일반적으로 사건 기사라 불리기도 한다. 피처는 스트레이트 뉴스를 제외한 나머지 기사를 말하는데, 논설, 칼럼, 시사만화, 인터뷰, 비평 기사 등 시사성 있는 쟁점이나 사건을 다루는 기사, 그리고 시사성은 없으나 인간적 흥미를 유발하는 기사, 정보에 대한 소개, 그리고 인물 소개 등으로 구분된다. 피처는 사건 기사와 구분하여 의견 기사라 불리기도 한다. 이처럼 뉴스의 유형과 성격에 대해 이해하는 것도 텍스트의 성격을 이해한다는 측면에서 중요하다.

사설은 매일 일어나는 사건들 가운데 가장 쟁점이 되는 사안들에 대해 신문사의 입장의 밝히는 것이다. 인터뷰는 기사 내용과 관련 있는 사람을 인터뷰해서 쓰는 기사이다. 인터뷰 기사는 사회적으로 쟁점이 된 사안과 직접 관련된 사람이나, 그 사안에 대해 정확한 정보를 제공해 줄 수 있는 전문가의 의견을 소개함으로써 해당 사안에 대한 독자의 판단을 돕기 위해 쓰여지는 경우가 많다. 국어 수업에서 이루어지는 다양한 인터뷰(면담)는 뉴스의 교육과 여러 가지 측면에서 잘 연결될 수 있다. 해설은 사건이 일어난 배경이나 원인, 의미 혹은 뒷이야기를 쓰는 기사이고, 기획 기사는 사회적으로 중요한 사안에 대해 일정 기간 동안 집중 취재하여 보도하는 기사를 말한다.

방송 뉴스의 경우도 신문 기사와 비슷한 유형이 있지만, 보도 양식이 다르기 때문에 다른 이름을 붙인다. 사회에서 발생한 사건이나 쟁점에 대해 간략하게 압축해 보도하는 불리틴 뉴스(bulletin news), 해설 논평(editorials and commentaries), 심층취재물(in-depth programs) 등 다양한 형태가 있다. 뉴스를 진행하는 사람을 앵커(anchor)라고 하는데, 최근에는 앵커가 단순히 뉴스를 읽는 사람이 아니라 뉴스를 분석하거나 논평을 하고 인터뷰를 하는 등 보다 깊이 있는 진행을 하는 경우가 늘어가고 있다.

뉴스 관련 보도 프로그램은 방송 뉴스가 지닌 시간상의 한계를 극복하기 위해 생겨났다. 예를 들어 뉴스다큐멘터리는 현장에서 발생한 사실을 근거로 한 심층 취재 프로그램이다. '기록'을 의미하는 다큐멘터리의 속성에 따라, 사건이나 쟁점에 대해 객관적 정보를 기록해 전달하고, 해당 사건이나 쟁점에 대한 판단을 개입시켜 시청자의 판단에 영향을 주고자 하는 특성이 있다. 이것은 신문 기사의 기획 기사와 칼럼이 결합된 형태라고 볼 수 있을 것이다.

뉴스는 그 성격에 따라 경성 뉴스(hard news)와 연성 뉴스(soft news)로 나누기도 한다. 경성 뉴스는 사회적 비중이 큰 국제, 국내, 지역의 정치, 경제, 사회 문제 등을 다루는 뉴스를 말하며, 말 그대로 다소 딱딱한 성격의 뉴스이다. 이에 비해 연성 뉴스는 사회적 현안과는 직접 관련이 없는, 인간적 흥미와 관련된 기사인 경우가 많다. 최근의 뉴스는 연성 뉴스가 늘고 있는 추세이며, 이에 대해서는 뉴스가 시청자들에게 친근하게 다가서려 노력한다는 점에서 긍정적인 시각도 있지만, 뉴스의 본래적 성격에서 벗어나 흥미 위주로 흐를 것에 대해 염려하는 시각도 존재한다. 뉴스의 성격에 따른 분류에 대해서도 텍스트가 다루는 정보의 성격과 관련하여 국어 교육에서 중요하게 다룰 필요가 있을 것이다.

## 2. 뉴스의 구성 요소와 담론

### 1) 뉴스의 구성 요소

기자는 기사에서 세 번 말한다고 한다. 이는 뉴스가 크게 제목(headline), 전문(lead), 본문(body)의 세 부분으로 구성됨을 뜻한다. 제목은 기사의 내용을 압축하여 독자의 관심을 유도하고 기사 내용을 요약해 줄 뿐 아니라 독자의 관심과 주의를 끌게 하는 유인 기능, 뉴스의 크기와 중요도를 구분해 주는 등급화 기능 등을 지닌다. 제목에 사용하는 언어는 간결하고 명료한 것이 특징이며, 시제는 현재와 미래만 사용하는 것이 일반적이다.

전문은 기사의 핵심 내용을 포함하는 기사 첫머리의 도입 구절을 뜻한다. 시간에 쫓기는 독자들이 기사 전체를 읽지 않고도 핵심 내용을 파악할 수 있도록 돕는 구실을 하는 것이 전문의 기능이라 할 수 있다. 전문에는 누가(who), 언제(when), 어디서(where), 무엇을(what), 어떻게(how), 왜(why) 했느냐는 육하원칙(5W1H)의 요소가 포함된다. 여기서 '누가, 언제, 어디서, 무엇을'은 반드시 포함되어야 하는 객관적인 정보이지만, '어떻게, 왜'는 상황에 따라 반드시 언급되지 않을 수도 있다. 신문 기사는 전문을 어디에 배치하느냐에 따라 표준 역피라미드형 기사, 피라미드형 기사, 변형 역피라미드형 기사 등으로 구분된다(오택섭 외, 2005).

한편 방송 뉴스는 일반적으로 제목, 앵커의 멘트, 기자 리포트 등으로 구성된다(국립국어원 · MBC, 2006). 제목은 기사의 전체적 내용을 요약하거나 핵심 내용을 추출해서 자막으로 제시함으로써 시청자의 관심을 불러일으키는 부분이다. 앵커의 멘트는 바로 이어질 기자의 리포트 내용을 앵커가 요약적으로 제시하거나 핵심 내용을 언급하는 부분이다. 기자 리포트는 설정된 주제에 대해 기자가 사실과 의견 등을 제시하는 뉴스의 핵심 요소로서, 도입, 본문, 정리 등의 세 부분으로 구성된다. 그리고 방송 뉴스의 경우 그래픽이나 영상 등 시각적 요소가 의미 전달에 중요하게 작용하므로, 기사문을 작성할 때 이를 고려해야 한다. 한국의 방송 뉴스에서는 화면의 오른쪽 상단에 뉴스 내용과 관련된 그래픽이 많이 등장하는 특징이 있다.

2) 뉴스의 담론

뉴스의 여러 구성 요소들은 결국 뉴스에서 전달하고자 하는 정보와 의견을 위해 존재하는 것이다. 그런데 같은 사건이나 쟁점이라 하더라도 신문사나 방송사, 혹은 이를 보도하는 기자에 따라 사뭇 다른 방식으로 보도된다.

[그림 4-3]과 [그림 4-4]에 제시된 두 신문 기사는 미국의 대외 정책에 대해 당시 유엔 사무총장이었던 코피 아난이 비판적으로 발언한 내용에 대해 보도하고 있다. 그런데 같은 사안에 대해 같은 날 보도된 것임에도 불구하고

12 2006년 12월 13일 수요일 국 제 한겨레

코피 아난 유엔 사무총장의 '마지막 경고'

"미국, 다른 나라 위에 군림하지 마라"

'세속의 교황' 10년 마감

미 군사인 대외정책 비판

[그림 4-3] 한겨레신문 2006년 12월 13일자 기사

"인권·법치 무시한 美대외정책이 우방들 혼란스럽게 한다"

아난 '일침'

코피 아난 유엔 총장이 11일 한 연설에서 미국은 이라크전쟁에서 보인 것과 같은 일방주의적 군사·외교정책을 중단해야 한다고 말하고 있다. 미주리주 인디펜던스의 트루먼 대통령 기념관



[그림 4-4] 조선일보 2006년 12월 13일자 기사

**코피 아난 "미국, 다른 나라 위에 군림하지 마라"**
**"어떤 나라도 다른 나라 위에 군림함으로써 안전을 지킬 수는 없다."**

이달 말 유엔 사무총장직에서 물러나는 코피 아난 총장은 11일 미주리 주 인디펜던스의 해리 트루먼 기념도서관을 찾았다. 트루먼 전 대통령이 유엔 창설의 중추적 구실을 한 다자주의 외교의 신봉자라는 점에서, 그가 고별 연설 자리로 이곳을 택한 것은 상징적이라고 <BBC>는 전했다.

"트루먼 전통으로 돌아가야"

트루먼의 대척점에 있을 법한 조지 부시 대통령을 직접 거론하지는 않았지만, 그는 이 자리에서 미 행정부에 고언과 충언을 했다.
"힘, 특히 군사력이 사용될 때 세계는 그것이 올바른 목적을 위해 사용되고 있다고 확신할 경우에만 합법적이라고 생각할 것이다." 유엔의 승인 없이 미국이 벌인 이라크전을 불법이라고 규정했던 아난 총장은 이어 미국이 트루먼 시대 전통에 따라, "멀리 내다보는 미국의 지도력"을 발휘해줄 것을 호소했다. 그는 "미국이 테러와의 전쟁을 포함해 (인권 운동의) 원칙에 충실할 때에만 그 지도력은 유지될 수 있다"고 말했다.
97년 총장에 취임한 그는 재임 10년의 교훈으로 △집단책임 △지구적 유대 △법치 △상호책임 △다자주의를 "미래의 국제 관계에 필요한 5가지 원칙"으로 제시했다.

'도덕적 지도자'
아난 총장은 재임기간 빈곤국들의 부채 탕감을 위한 선진국 정상회의를 열고 에이즈 구호기금을 조성하는 등 저개발국 지원에 적극 나섰다는 평가를 받는다. 하지만 유엔 개혁을 과감하게 실행하지 못한 점이나, 수단 다르푸르 대학살을 막기 위한 국제적 공조를 끌어내지 못한 점 등에 대해선 비판도 따른다.
반기문 전 외교통상부 장관이 유엔 사무총장에 당선됐을 때, 제임스 트라우브 <뉴욕타임스 매거진> 기고자는 "반 후보자가 (코피 아난과는 달리) 도덕적 지도자, 혹은 세속의 교황을 지향하지 않을 것이라는 점 때문에 워싱턴과 베이징이 그를 선택한 듯하다"고 썼다.
아난의 재임 10년을 가장 강력히 규정한 수식어는 '도덕적 지도자'였다. 그는 빈자들과 인권을 위해 목청을 높였다. 특히 전쟁과 기근, 에이즈와 같은 질병으로 고통받고 있는 아프리카를 위한 헌신적 구호 활동으로 존경받았다. 2001년 아난과 유엔이 노벨평화상을 받았을 때 선정위원회는 수상 사유를 이렇게 적었다. "전지구적 평화와 상호 협력으로 가는 유일하면서 협상가능한 통로는 유엔이다. (아난 총장은) 이 조직에 새로운 생명을 불어넣는 데 뚜렷한 업적을 보였다."

"가장 강력한 적은 미국"
하지만 '최선의 의도'와 그 실행은 엄연히 다른 문제다. 아난 총장은 2003년 전쟁과 대량학살로부터 민간인을 보호할 필요가 있을 때 유엔은 주권국가를 넘어선 권리를 행사해야 한다고 선언했다. 하지만 수단 다르푸르 등에서 계속되고 있는 학살을 떠올릴 때 이 선의가 얼마나 효용가치가 있는지 의문은 여전하다. 그는 또 자신의 아들이 이라크 석유 불법거래에 개입된 것과 관련해 조사를 당하는 수모를 겪기도 했다.
재임기간 가장 큰 적은 최강대국 미국이었다. 9.11테러 이후 세계는 미국이 주도하는 테러와의 전쟁을 두고 여러 갈래로 나뉘어졌다. 급기야 유엔을 무시한 미국의 일방적인 이라크 침공으로 유엔 무용론까지 터져 나왔다.
<파이낸셜 타임스>는 집단 행동과 상호 협력적인 국제적 시스템과, 부자와 빈국들을 함께 묶는다는 코피 아난의 비전을 제대로 이해할지 여부가 반 차기 총장의 재임 중 결정적인 도전 요소가 될 것이라고 진단했다.

한겨레신문 2006년 12월 13일자 기사
강성만 기자

**"인권·법치 무시한 美대외정책이 우방들 혼란스럽게 한다" 아난 '일침'**

"미국이 테러와의 전쟁을 한다고, 인권과 법치(法治)와 같은 민주적 이상을 희생시켜서는 안 된다."

올해 말 퇴임하는 코피 아난(Annan) 유엔 사무총장이 11일 미국의 대외정책과 관련해 조지 W. 부시 미 대통령을 비난했다. 미국 미주리 주의 트루먼 대통령 기념도서관 연설에서였다.
아난 총장은 "트루먼 시대 이래 미국은 전 세계 인권운동의 전위대(前衛隊)였다"며 "그러한 미국의 선도적 역할은 미국이 원칙을 지킬 때만 유지될 수 있다"고 말했다. 그는 "국가 상호간에도 법의 지배가 필요하며, 특히 군사력의 사용은 올바른 목적을 위한 것이라고 세계가 믿을 때만 세계가 정당성을 인정한다"고 강조했다. 아난 총장은 "미국이 인권과 법치 등 자국의 이상과 목표들을 포기하는 것처럼 비쳐지면, 해외의 미국 우방들이 곤경에 처하고 혼란스럽게 된다"고 충고했다. 아난 총장은 이날 부시 대통령을 직접 거론하지는 않았다. 하지만, 유엔을 창설한 트루먼 대통령의 지도력을 거듭 강조하면서, 미국의 '지도력 회복'을 강조했다. 미국 주도의 '일방적인' 이라크 침공을 비난한 것이다.
그러자 콘돌리자 라이스(Rice) 미 국무장관은 AFP 통신 인터뷰에서 미·유엔 간 깊은 협조를 무시했다고 반박했다. 라이스 장관은 "(아난이) 에이즈(AIDS) 구호기금의 출범과 레바논 전쟁 휴전, 수단 다르푸르 내전 종식 등 미국과 유엔이 함께 해냈던 많은 긍정적인 것들을 언급하기를 기대했었다"며, "그의 연설 초점이 그런 일들에 맞춰지지 않은 것이 유감"이라고 말했다.

조선일보 2006년 12월 13일자 기사
유엔본부(뉴욕)=김기훈 특파원

기사가 다루고 있는 내용, 분량, 초점, 어조 등에는 다소 차이가 있다. 한겨레신문에서는 코피 아난의 발언을 미국이 다른 나라 위에 '군림'하려는 것으로 파악한 유엔 사무총장이 '마지막 경고'를 하고 있다고 표현함으로써, 코피 아난의 입장을 상당히 강경한 것으로 느껴지게 전달하고 있다. 기사 분량도 조선일보 기사에 비해 길고, 사진 역시 코피 아난의 자신감 있고 단호한 표정과 몸짓을 부각시키고 있다. 또한 사진 옆에는 코피 아난이 유엔 사무총장으로서 걸어온 행보에 대해서도 자세히 다루고 있다.

반면에 조선일보 기사는 코피 아난의 미국 대외 정책에 대한 비난이 '우방들을 혼란스럽게 한다'는 데 초점을 두고 있다고 보고, 한겨레신문의 '마지막 경고'보다는 비난의 의미가 덜한 '일침'으로 표현했다. 기사의 분량 역시 한겨레신문에 비해 길지 않고, 관련된 내용을 따로 표로 제시하지도 않아, 상대적으로 볼 때 간결한 사건 기사 보도의 형식을 취하고 있다. 코피 아난의 사진 역시 한겨레신문에 실린 단호한 표정과 몸짓 대신, 우려가 가득한 표정에 바른 자세를 취하고 있는 것이 실려 있어, 미국에 대한 코피 아난의 비난이 한겨레신문 보도에 비해서는 한결 덜 강경한 것으로 느껴지게 한다. 또한 코피 아난의 발언에 대해 미 국무부장관이 반박한 내용도 소개함으로써, 한겨레신문과 비교해 볼 때 미국 측의 입장도 균형 있게 보도하고자 노력한 흔적이 보인다.

이처럼 같은 사건을 다룬 두 가지 다른 신문 기사를 비교해 보는 활동은 같은 사건이라 하더라도 신문사에 따라 다른 시각과 비중으로 보도될 수 있다는 점을 상기시켜 준다. 어느 기사가 더 객관적이고 공정한가를 기사 내용만으로 가려내기는 어려우며, 이에 대한 판단은 보다 많은 정보와 지식을 필요로 한다. 또한 충분한 정보와 지식이 있다 하더라도, 사건을 바라보는 수용자 자신의 입장과 관점에 따라 뉴스의 객관성과 공정성에 대한 판단이 달라질 수도 있다. 그럼에도 불구하고 이처럼 같은 사건을 다룬 다른 기사를 비교해 보는 활동은 뉴스를 접하는 수용자 입장에서 뉴스의 이면적 의미를 비판적으로 읽는 훈련을 위해 매우 필요한 것이라 할 수 있다.

### 3) 뉴스 분석 틀

이러한 뉴스의 말하기 방식을 고려할 때, 앨런 벨의 뉴스 분석 틀(Bell & Garrett, 1998/2004)은 매우 유용한 뉴스 해독의 방법을 제공해 준다. 벨의 뉴스 분석 틀은 기사를 보는 거시적인 시야를 제공하며, 제목과 전문, 본문의 구조 등 뉴스의 구성 요소들을 유기적으로 연결지어 살펴볼 수 있도록 도와줌으로써, 뉴스의 이면적 의미를 꼼꼼히 해독할 수 있도록 안내해 준다. 벨이 제시한 뉴스 분석 틀은 [그림 4-5]를 통해 설명될 수 있다.

[그림 4-5]에 나타난 뉴스 텍스트의 분석 틀은 다음과 같은 요소로 나누어 살펴볼 수 있다. 첫째, 출처는 기사가 어디에서 나온 것인가를 명시해 놓은 것이다. 여기에는 통신사의 이름, 기자 이름이 들어가며, 장소나 시간이 명시되기도 한다. 둘째, 개요는 리드나 기사의 도입부로 구성된 것으로, 신문 기사의 경우 헤드라인도 포함된다. 셋째, 기사의 본문은 한 개 이상의 에피소

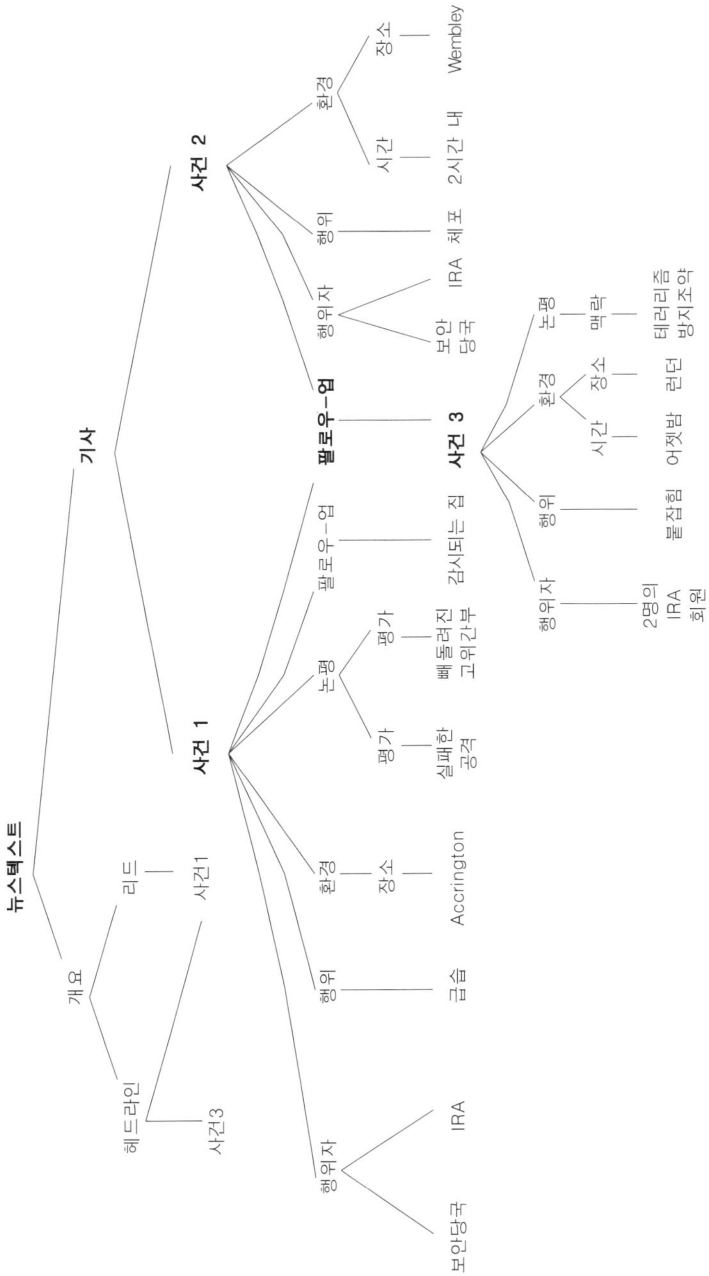


[그림 4-5] 뉴스 텍스트의 담론 구조 모델

드로 이루어져 있으며, 각각의 에피소드는 또 다시 한 개 이상의 사건들로 이루어져 있다. 에피소드들은 공통된 장소 혹은 일련의 뉴스행위자들을 공유하고 있는 여러 가지 사건의 집합체이다.

하나의 사건은 출처, 행위자, 행위, 환경, 팔로우업(follow up), 논평, 배경 등의 범주를 가지고 있는데, 이중 배경, 논평, 팔로우업은 뉴스 기사의 자료들을 구분하는 세 가지의 부가적인 범주들이다. 배경은 현재 행위에 앞서서 발생한 특정 사건을 이야기하는 것이다. 시간적으로는 앞서서 일어났지만, 현재의 관점에서 기사화되고 있는 사건들을 의미한다. 배경이 과거를 더 거슬러 올라가면 역사가 된다. 논평은 행위에 대한 기자의 혹은 뉴스 행위자의 현재시점에서의 관찰을 제공해 주며, 발생한 사건에 대한 평가와 설명에 해당한다. 사건에 대한 다른 상대방의 언어적 반응, 그 행위에 대한 평가적인 설명, 앞으로 전개될 상황에 대한 예측 등이 이에 해당하며, 발생한 사건에 대한 이해의 맥락을 제공해 준다. 마지막으로 팔로우업은 '제2기사', '후속기사'라고도 한다. 한 사건의 주요 행위에 잇따르는 어떤 행위를 보도하는 것으로서, 앞으로 있을 행위에 대한 기사를 보도한다. 여기에는 제3자의 언어적 반응 혹은 비언어적 결과들이 포함된다.

보다 긴 뉴스의 담론 구조를 분석할 때에는 기사를 크게, '무엇', '누구', '어디서', '언제', '사건과 담론구조'로 나눈 다음 그 세부 항목으로 위에서 언급한 출처, 헤드라인, 전문, 사건의 배경과 논평 등을 분석한다. 이는 기사가 실제로 발생한 사건에 대해서 우리에게 말하고 있는 것이 무엇인지, 발생한 사건은 무엇이며, 어디서 발생했으며, 언제, 그리고 누가 관련된 것인지, 즉 5W1H(What, Where, When, Who, Why, How) 중 '왜'와 '어떻게'를 제외한 4가지의 큰 틀에서 접근하는 것이다. '사건과 담론 구조'는 기사의 사건과 담론을 구조화시키고, 기사 내부의 문장이나 사건들 사이에 어떠한 연결고리가 있는지, 인과관계나 전개 등을 살피는 작업에 해당된다. 또한 사건과 담론들 사이에 모호한 점이나 혼란을 초래할 수 있는 점을 찾는 일도 포함된다. 신문의 레이아웃이나, 방송 뉴스의 자료영상은 기사에서 전달하고자 하는 숨겨진 언어에 해당한다.

뉴스는 위와 같은 틀에 의해 '사실적 신념'과 '의견' 즉 '평가적 신념'을 조직하여 수용자에게 제시하고 있다. 이러한 틀에 따라 뉴스의 의미를 읽어갈 때 뉴스의 구체적으로 주의를 기울여야 할 의견 전달 기제들에는 어휘(대상에 대한 의견을 함축하고 있는 형용사 수식어나 명명법), 구문(관용화된 형태로 흔히 사용되는, 특수한 어감을 전달하는 문장 구조), 전제(암묵적으로 제시되는 사건의 맥락과 배경들), 기술 방식(자기에게 긍정적인 것은 구체적으로, 부정적인 것은 추상화적으로 표현하는 기술의 전략들), 일치성(담론 내부 또는 담론 상호간에 응집성 있는 구조를 조직하는 원리로서 독립된 행위 또는 사건들을 하나로 묶는 관점들), 의미이동(반대 의견을 부각하기 위해 채택되는 강조의 기술들), 보도 여부와 분량 결정 및 보도 시각 등이 있다.

요컨대 뉴스를 분석하는 틀은 [그림 4-5]와 같은 항목들의 유기적 구조 안에서 위에 열거된 의견 전달의 장치들을 읽어감으로써 마련된다고 할 수 있다. 의견 전달의 장치들은 뉴스 텍스트의 표면구조를 특별한 방향으로 형성하며 이것이 다시 뉴스의 심층적인 의미 구조를 결정짓는다. 이러한 관점에서 뉴스 텍스트들을 분석해 보면 대다수의 보수적인 신문 뉴스 기사들의 경우 자아와 타자의 양극화, 다양한 담론들을 하나의 관점으로 모으는 통합화, 타자를 능동적이고 의도적인 동작주로 묘사하는 귀속화, 반론을 무마할 수 있도록 논점을 규정하는 논쟁과 논증으로 그 현실 재현 및 의제 설정상의 특징들을 요약할 수 있다.

텔레비전 뉴스의 경우에도 기본적으로는 그 내용을 비판적으로 분석하는 데 있어 신문 기사와 같은 틀을 적용할 수 있다. 그러나 텔레비전 뉴스는 화면에 나타나는 이미지와 그래픽, 소리, 자막 등 다양한 시각과 청각적 기호가 의미를 구성하는 영상 언어의 특성을 고려하여 만들어진다. 따라서 텔레비전 뉴스를 볼 때에는 언어뿐 아니라 다양한 기호의 의미를 종합적으로 고려할 필요가 있다. 이와 관련하여 한국의 텔레비전 뉴스의 의미 구성 방식에 대해 영국, 미국, 일본의 공영 방송 뉴스와 비교하여 내용과 영상 이미지를 분석한 연구를 참조할 수 있다(최민재, 2004). 이 연구에 따르면, 한국의 텔레비전 뉴스는 대체로 한 편의 뉴스 프로그램에서 다루어지는 뉴스 아이템이 과다하고 짧은 아이템을 여럿 보도하다 보니 심층 보도가 부족하고, 숏의 길이가 짧으며, 화면 구성이 급박하고, 보도 내용과 유사한 화면 구성을 지나치게 추구하며, 실제 인물의 인터뷰 등에 대한 사운드 바이트를 짧게 사용하고, 심지어 과거 사건을 재연하는 등의 특징을 보인 것으로 나타났다. 이러한 보도 방식은 시청자들이 뉴스를 통해 세상의 사건을 이성적으로 이해하기보다는 감성적으로 받아들이도록 조장할 우려가 있다. 이에 대해 다수의 시청자들은 이와 같은 감각적인 영상이 심층 보도를 위해서는 적합하지 않다는 부정적 평가를 내리고 있었다(최민재, 2004:128).

## 3. 뉴스 읽기와 쓰기 방법

뉴스 텍스트에 대한 비판적 읽기는 뉴스의 관점과 의도에 비추어 뉴스의 언어를 해독하고 그 의미를 비판적으로 이해할 수 있는 능력을 기르는 데 목표를 두어야 한다. 이를 위해 뉴스를 보기 전에는 뉴스의 제작과정과 뉴스의 현실 구성에 대해 알아보고, 뉴스를 볼 때에는 분석 틀을 적용해 뉴스를 분석하고, 뉴스에서 사실과 의견을 구분하거나 의견을 전달하는 여러 장치들의 의미 작용을 살펴보며, 뉴스를 본 뒤에는 뉴스의 의미를 종합적으로 해석하고 수용하며, 비판적인 시각으로 뉴스를 다시 보는 등의 전략을 적용할 수 있다.

먼저 뉴스를 보기 전에는 상황과 목적과 내용과 대상에 초점을 맞추는 국어교육의 기본 관점의 연장선상에서 뉴스가 제작되고 보도되는 상황·맥락을 충분히 알도록 하는 데 초점을 맞출 필요가 있다. 신문과 텔레비전 뉴스가 제작되는 과정과 배경을 이해하지 못한 채 뉴스를 비판적으로 읽는다는 것은 불가능한 일이기 때문이다. '사건'과는 별개로 진행되는 '보도'라는 행위 자체에 대한 이해가 우선 필요하다.

다음으로, 뉴스라는 매체가 가지고 있는 틀 즉 '헤드라인-전문-본문'의 유기적 구조에 초점을 맞춰 직접 뉴스를 읽어 나가는 경험을 갖는 것이 중요하다. 이때 다양한 뉴스 프레임의 유형과 그 효과에 대해서도 귀납적으로 이해해 나갈 수 있다면 더욱 효과적으로 수업을 진행할 수 있을 것이다. 아울러 어휘, 구문, 전제, 기술 방법 등 뉴스의 의견 전달 기제들에 대해서도 세부적인 접근을 해 나가면서 학습자들로 하여금 뉴스 발신 측의 의도와 발신 내용을 함께 파악해 나갈 수 있도록 도와야 할 것이다.

물론 여기서는 학습자의 배경지식이나 지적 수준이 문제가 될 수 있다. 초등학교나 중학교 저학년 학생들의 경우 위에서 언급한 뉴스 분석 틀에 따라 뉴스를 분석하는 데에는 무리가 있다. 뉴스에 대한 이해 역시 학습자의 관심과 흥미, 수준을 고려한 분석 틀을 제시할 필요가 있다. 뉴스는 대체로 성인들을 대상으로 그들의 관심사를 반영하여 만들어진다. 따라서 어린이나 청소년의 관심사를 반영한 뉴스를 선별하여 분석하도록 할 필요가 있다.

한편, 뉴스 분석이 어렵게 느껴지는 학습자의 경우에는 오히려 스스로 간단한 뉴스를 만들어 보는 제작 과정을 통해 뉴스가 제작되는 원리에 대해 이해하도록 하는 것이 더 바람직하다. 초등학생이나 중학교 저학년 학습자들이라도 주변에서 일어난 일을 소재로 기사를 쓰는 일은 그다지 어렵지 않게 할 수 있으므로, 이러한 방법이 뉴스에 대한 비판적 이해에 더 효과적일 수 있다. 직접 취재를 하고 기사를 작성하게 한 다음, 학습자들이 생산한 기사를 함께 기사를 읽으면서 언어와 의도를 연관지어 파악하는 과정에서, 자연스럽게 뉴스 분석의 과정을 밟게 되고 필요한 개념들을 지도할 수 있을 것이다. 또는 '내가 생각하는 좋은 뉴스', '내가 생각하는 나쁜 뉴스' 등을 선정하도록 하고, 이에 대한 발표와 토의에 있어 좋은 뉴스의 기준에 대해 생각해 보도록 하는 시간을 가짐으로써, 뉴스 분석의 방법과 관련된 지식은 물론, 뉴스 가치에 대해서도 자연스럽게 학습하도록 할 수도 있다.

이를 위해 하나의 사건을 다른 입장에서 기사화하거나, 하나의 사건을 매체를 달리해서 기사화해 보는 등의 활동을 할 수도 있다. 하나의 사건을 다른 입장에서 기사화하는 활동은 학습자들로 하여금 사회나 학교에서 일어난

크고 작은 사건들을 소재로 하여 뉴스를 만들어 보게 하는 활동이다. 학습자들은 비슷한 또는 상반되는 입장들을 선택한 뒤 뉴스를 기획하는 회의, 제작 방법에 대한 논의의 단계를 자세히 기록해가면서 활동을 진행하고 또 완성된 뉴스를 신문이나 방송의 형태로 함께 검토하면서 토론을 벌일 수 있다. 토론 과정에서 학습자들은 뉴스에서 의견을 표현하는 장치들을 정확하게 파악할 수 있게 될 것이며 뉴스를 보도하는 관점의 주관성과 복합성에 대해, 또 뉴스란 생산자의 의도대로만 수용되지는 않는 하나의 담론이라는 점에 대해서도 더 생생하게 이해할 수 있게 될 것이다.

하나의 사건을 매체를 달리해서 기사화하는 활동 역시 매체언어에 대한 정확하고도 비판적인 이해를 목적으로 이루어져야 한다. 매체에 따라 달라지는 현실 재현 양상을 파악하기 위해서는 매체를 달리하여 직접 뉴스를 만들어 보는 것이 가장 좋은 방법이 될 것이다. 특히 텔레비전 뉴스의 경우 영상의 효과가 현실 재현의 한 부분으로서 강조됨을 알고, 선택 가능한 뉴스의 다양한 가능성에 대해서도 더 잘 알게 될 것이란 점에서 뉴스 제작 활동은 반드시 필요하다.

제7차 국어과 교육과정에 따른 고등학교 국어(하) 교과서에는 '정보의 조직과 활용'이라는 단원에 신문 읽기 활동이 제시되어 있다. 그 내용은 김치에 대한 기사문을 읽고, 제시된 기사문이 어떤 점을 중심으로 김치를 다루고 있는지, 제목, 요약문, 본문 등은 어떤 역할을 하는지, 기사와 함께 제시된 그림은 기사 내용과 어떤 관계가 있는지, 기자의 주관적인 판단을 배제하고 제삼자의 말을 자주 인용하는 이유는 무엇인지 살펴보는 것, 그리고 이를 바탕으로 하여 기사에서 가치 있다고 판단되는 정보를 메모한 후 결과물을 서로 비교해 보는 활동으로 구성되어 있다.

그러나 신문 기사는 단지 객관적인 정보를 전달하는 설명문이 아니라, 중요한 사안에 대해 선택적 관점과 정보를 제공하는 보도물이다. 따라서 김치에 관한 정보를 다룬 기사보다는 사회적으로 중요한 사건이나 쟁점을 다룬 여러 신문 기사 혹은 방송 뉴스들을 제공된 정보와 관점 등의 측면에서 비교하여 읽도록 하는 등, 뉴스의 성격에 보다 충실한 방식의 접근이 필요하다. 예를 들어 같은 사건을 다룬 두 신문사의 사설을 비교 분석하는 수업(정현선, 2008)은 다음과 같은 목표와 방법으로 이루어질 수 있다.

**같은 사건을 다룬 두 신문사의 사설을 비교 분석하기**

[목표]

· 동일한 사건을 다른 시각에서 바라보고 있는 신문 사설 두 가지를 제시하고 사건을 바라보는 두 사설의 입장을 비교 분석하는 것.

[방법]

· 동일한 사건을 다른 시각에서 바라보고 있는 신문 사설을 두 가지 제시한다.
· 두 개의 다른 글에서 제시하고 있는 내용을 다음과 같이 분석하여 표로 제시하도록 한다.
 - 사건에 대한 정보
 - 주요 비판 대상
 - 사건에 대한 입장
 - 제시된 문제 해결 방안
· 위의 분석을 바탕으로 하여 해당 신문사가 사건을 바라보는 시각을 종합적으로 제시하도록 한다.
· 모둠 활동으로 하고 학급 전체에 발표하도록 한다.
· 인터넷을 이용해 머리기사나 주제가 같은 기사를 두 가지 이상 찾아서, 문제를 바라보는 공통점과 차이점을 분석해 보도록 한다.
· 신문에서 사설과 보도기사의 차이점을 인식하도록 한다.
· 사건을 바라보는 관점이 특정한 어휘와 문법적 구조를 통해 어떻게 드러나는지 비판적으로 분석하도록 하고, 자신의 생각을 뒷받침할 수 있는 근거를 제시하도록 한다.

## IV. 광고의 수용과 생산

### 1. 광고의 개념, 기능, 종류

#### 1) 광고의 개념과 기능

텍스트의 성격이 확연히 다르기는 하지만, 광고 역시 뉴스와 마찬가지로 정보와 설득의 기능을 모두 지니고 있다. 광고의 첫 번째 기능은 광고하고자 하는 상품이나 서비스에 대한 정보와 지식을 소비자에게 알려주는 것이다. 특정 제품이나 서비스가 지닌 편리함과 장점에 대한 정보를 소비자에게 제공함으로써 호기심과 판단력을 갖도록 하는 것이 광고의 첫 번째 기능인 것이다. 광고의 두 번째 기능은 소비자가 알지 못했던 것에 대해 알려줌으로써 궁극적으로는 해당 상품이나 서비스를 소비해 달라고 설득하는 것이다. 어떤 광고는 직접적으로 소비자를 설득하지만, 또 어떤 광고는 직접적으로 구매를 권유하기보다는 상품이나 서비스에 대해 호의를 갖도록 설득한다(임동욱, 2003:137-138). 광고가 뉴스와 다른 점은 제공되는 정보의 성격 자체의 차이뿐 아니라, 상업적인 목적에 의해 정보를 제공하고 설득한다는 점에 있다고 할 수 있고, 정보 전달보다는 설득에 더 큰 목적이 있다는 점이라 할 수 있을 것이다.

광고에 대해 한 마디로 정의하기는 쉽지 않다. 광고에 대해 수많은 정의가 존재하지만, 광고의 형식적 요소나 종류를 나열하거나 특정한 관점에 치우쳐 설명하는 경우가 많다. 윌리엄 아렌스(William F. Arens)에 따르면, 광고란 "확인 가능한 광고주가, 여러 다양한 미디어를 통해 제품이나 서비스 또는 아이디어에 관하여, 통상적으로 유료로, 사실상 대개는 설득적인 정보를 간접적으로 소통하는 것"이다. 이 정의에 따르면 광고가 되기 위해서는 대인 소통인 인적 판매와는 구별되는 비대인적 소통 방식, 무료 형식의 홍보와는 구별되는 유료 서비스, 신문 기사나 방송 뉴스 등의 정보와는 본질적으로 대비되는 설득적 성격, 설득의 주체가 드러나지 않는 선전이나 심리전과는 달리 확인 가능한 광고주의 실제, 대중매체가 아닌 다른 매체를 통한 판촉 활동과는 구별되는 매체를 통한 전달 등을 특징으로 한다고 볼 수 있다(리대용 외, 2005).

광고의 목적은 궁극적으로 상품이나 서비스의 판매에 도움을 주는 데 있다. 그러나 실제적인 구매 행동 이전의 소비자 반응을 자극하고자 하는 목적도 지니고 있다. 즉, 해당 브랜드의 이름을 알리거나, 광고된 제품이나 브랜드에 대한 지식을 증가시키거나, 광고된 브랜드에 대한 호감이나 선호를 느끼도록 하며, 긍정적인 연상이나 이미지를 형성하여, 한 번 구매해 봐야겠다는 구매 의도를 자극하려는 목적도 지니는 것이다. 일반적인 제품 광고 외에 기업 광고 이미지 등은 좋은 회사가 좋은 제품을 생산한다는 이론에 기초하여, 호의적인 기업 이미지를 만들어내기 위해 광고한다. 그리고 상품이나 서비스를 판매하기보다는, 공공 캠페인, 즉 암, 공해, 마약, 흡연 등을 막기 위한 공익광고나 정치집단의 정치광고도 존재한다. 이에 따라 광고의 기능은 고지적 기능, 설득적 기능, 상기적 기능, 고객과의 관계 구축 기능 등으로 요약할 수 있다.

그러나 광고가 무엇인지를 제대로 설명하기 위해서는 좀 더 거시적인 관점이 필요하다. 강명구(1993)에 의하면 광고를 바라보는 관점은 크게 세 가지로 나눌 수 있다. 첫째는 상품의 판매 촉진을 위한 마케팅 활동, 둘째는 광고주와 소비자 간의 커뮤니케이션 활동, 셋째는 한 사회의 구성권과 집단들이 공유하고 있는 의식, 가치, 이념을 반영하고 창출하는 문화적 기구가 그것이다. 광고를 바라보는 이 세 관점은 서로 배타적인 것이 아니라 상호보완적인 관계에 있는 것으로 이해할 필요가 있다. 광고는 마케팅 활동이면서 동시에 커뮤니케이션 활동이며, 또 동시에 그 사회의 문화를 드러내는 문화적 기구이기 때문이다. 따라서 광고란 소비자와의 의사소통을 통해, 유형·무형의 재산을 팔고자 하는 사회 문화적 커뮤니케이션 활동으로 정의할 수 있다(김대행 외, 2004:236).

### 2) 광고의 종류

광고의 종류는 매체, 광고주, 메시지 수용자, 광고 내용, 광고 목적, 광고의 노출 지역 등에 따라 나누어 볼 수 있다. 매체에 따라서는 텔레비전·라디오·케이블 텔레비전 등을 통한 방송 광고, 신문·잡지·전화번호부 등을 이용한 인쇄 광고, 광고 선전탑 등을 활용한 옥외 광고, 전단지 등을 활용한 광고지 광고, 잡지·신문·엽서·사보지 등을 이용한 직접우송광고, 버스·지하철·이동광고차량 등을 이용한 교통 광고, 배너·전자우편·컨텐츠 등을 통한 인터넷 광고, 이 밖에 휴대전화를 이용한 모바일 광고 등이 있다.

광고주에 따라서는 제품이나 서비스를 직접 생산하는 제조업자가 하는 제조업자 광고, 백화점 · 편의점 · 할인점 등에서 실시하는 소매업자 광고, 소매업자와 제조업자 혹은 소매업자들이 모여 함께 광고하는 협동 광고 등으로 나누어 볼 수 있다. 또한 메시지 수용자에 따라서는 일반 소비자를 대상으로 하는 소비자 대상 광고와 산업 광고, 거래 광고, 전문인 광고, 농업광고 등 사업자 대상 광고로 나누어 볼 수 있다. 광고의 내용에 따라서는 기업, 공익, 정치 광고 등이 있고, 광고의 목적에 따라서는 자기 상표를 인식시키기 위한 인식 광고, 다른 경쟁상표보다 자사 상표의 우월성을 알리기 위한 비교 광고, 소비자가 이미 알고 있는 상표에 대한 기억 강화를 위한 상기 광고 등이 있다.

한편 특수 목적 광고로는 영화나 텔레비전 프로그램에 제품을 위치시키고 자연스럽게 그 제품의 상표를 노출시키는 PPL(Product Placement) 광고, 광고 캠페인 중 주 광고에 대한 호기심을 유발하기 위해서 앞서 시행되는 티저(teaser) 광고, 소매점 내에 전시되어 고객의 구매 심리를 자극하는 POP 광고, 광고의 기만 또는 오도된 내용을 정정하는 정정광고 등이 있다. 이와 같은 광고의 개념, 기능, 종류에 대한 이해는 광고의 언어에 담긴 의미를 비판적으로 읽고, 그 설득의 전략에 대해 살펴보는 데 있어 우선적으로 전제되어야 할 것이라 하겠다.

## 2. 광고의 설득 전략과 표현 기법

### 1) 광고의 설득 전략

광고의 기본적인 전략은 광고물이 사람들의 눈길을 끌도록 하는 한편, 광고에서 전달하려는 메시지를 쉽고 재미있고 공감을 불러일으키도록 만드는 것이라 할 수 있다(리대용 외, 2005:118). 이러한 과정을 '광고 크리에이티브'라고도 하는데, 이 과정에는 어떤 수용자에게 어떤 메시지를 어떤 반응을 얻기 위해 어떤 매체를 통해 언제 전달할 것인지를 결정하는 전략, 정해진 전략을 전달할 수 있는 아이디어를 찾는 과정을 뜻하는 발상, 아이디어를 구체적으로 보거나 확인할 수 있도록 하는 표현, 구체화된 아이디어가 텔레비전, 라디오, 신문, 잡지 등에 실제로 게재될 수 있도록 만드는 과정을 뜻하는 실행 등이 포함된다.

광고 전략이란 누구에게, 어떤 메시지를 전달할 것인가, 그 메시지의 근거는 무엇인가, 중요한 경쟁 제품에는 어떤 것이 있는가, 광고의 분위기는 어떠해야 하는가, 광고를 함으로써 어떤 반응을 얻을 것인가 등에 관한 것이다. 그것은 다른 제품에는 없거나 다른 제품에서 아직 주장하지 않은 장점을 내세우는 전략, 경쟁 제품들과는 차별화되면서 특정 소비자들이 선호하는 어떤 이미지를 만들어내어 그것을 내세우는 브랜드 이미지 전략, 다른 제품들도 가지고 있지만 아직 주장하지 않은 어떤 속성을 먼저 주장하는 선점 전략, 소비자의 마음속에 간직된 정보나 경험을 파악하여 그것을 자극하는 동조 전략, 특정한 전략을 내세우지 않고 즐거움, 놀라움, 색다름 등을 소재로 접근하는 일반적 전략 등이 있다.

광고에서 무엇을 말할 것인가를 결정한 이후에는 어떻게 말할 것인가를 결정해야 한다. 앞서 말한 전략을 어떤 유형의 아이디어와 분위기로 전개하고 어떤 기법을 쓸 것인지에 관한 표현 방법에는 다음과 같은 것들이 있다. 예를 들어, 제품을 특별한 기교나 과장 없이 직접 상세하게 설명하는 해설형, 실제로 제품을 사용해 본 사람이 사용 경험을 이야기하는 증언형, 제품과 관련된 분야의 전문가가 등장하여 제품을 소개하는 전문가형, 생활에서 제품을 통해 누리는 즐거움이나 편익을 제시하는 일상생활형, 오감에 호소하는 감각형(이 경우 남성 혹은 여성 모델의 성적 매력을 강조하여 독자나 시청자의 눈길을 끌 수 있다), 연예인 등 유명인이 제품을 사용하거나 추천하는 탤런트형(혹은 빅모델 광고), 현실적으로 있을 수 없는 상황을 보여주는 허구형, 웃음과 재미를 통해 호감을 얻으려는 유머형, 특정 소비자층과 어울리는 이미지를 만들어내는 이미지형, 광고를 위해 만든 노래를 통해 메시지를 전달하는 노래형 등이 있다.

### 2) 광고의 표현 기법

인쇄광고의 경우 표현 요소는 크게 카피, 일러스트, 로고로 이루어진다(김태용, 2007:151). 카피는 광고에 담기는 모든 텍스트 요소들을 포함하는데, 세부적으로는 헤드라인(headline), 서브헤드(subhead), 키커(kicker-헤드라인에 앞서 이를 소개하는 말), 본문(body), 슬로건(slogan) 등으로 구분된다. 일러스트는 사진과 그림 요소들을 모두 포함하는 개념이다. 시각적 표현에 있어서도 섬세한 배치가 요구된다. 특히 광고의 레이아웃은 전체적인 조화를 추구하고 독자의 시선 움직임을 특정 순서로 유도하기 위해 다양한 조형 원리를 적용한다. 위치, 크기, 원근, 명암과 색상, 대조, 움직임, 근접성, 유사성, 연속성, 완결성, 형상과 배경 등이 모두 고려 대상이 된다.

시각적으로 인간은 시야의 중심에 놓인 자극에만 주의를 줄 수 있기 때문에, 잘 만들어진 광고 레이아웃은 독자의 시선이 논리적 순서에 따라 움직이도록 요소들을 전략적으로 배치한 것이라 할 수 있다. 또한 인간은 동일한 내용이라면 상대적으로 큰 것에 먼저 눈길을 준다. 따라서 광고에서 반드시 독자의 눈길을 끌어야 하는 요소가 있다면 그것을 상대적으로 크게 제시하는 것이 바람직하다. 동일한 조건이라면 가까이에 놓인 것에 먼저 눈길이 가기 때문에 원근법에 주의하는 것도 필요하다. 밝고 화려한 것에 먼저 반응하게 되는 인간의 시각적 특성상 흑백으로 표현된 것보다는 컬러로 표현된 것에 먼저 시선이 간다. 또한 주변과 다른 무엇에 대해서는 그 특이성으로 인해 시선이 가게 되므로, 시각적 특이성을 고려하는 것도 좋은 광고가 될 수 있다. 정지한 것들 사이에 움직임이 있으면 그것도 시선을 끌게 된다. 또 배경보다는 형상에 강조점이 놓여야 한다.

광고를 볼 때 이러한 전략들이 어떻게 작용하여 의미를 생성하는지 따져보는 것이 중요하다. 그리고 이러한 원리들을 잘 활용하면 광고에서 메시지를 보다 더 효과적으로 전달할 수 있다. 광고의 의미를 이해하고 직접 표현해 보는 것은 다양한 시각적 이미지와 글, 소리, 음악 등이 어우러진 매체 텍스트의 언어를 이해할 수 있는 능력을 기를 수 있을 뿐 아니라, 다양한 매체를 활용해 효과적으로 청중을 설득하는 능력을 기르는 데에도 참조할 수 있는 좋은 방법이 될 수 있다.

## 3. 광고 읽기와 쓰기 방법

광고 텍스트는 비교적 길이가 짧고 흥미로운 내용들이 많아, 영상 언어를 해석하는 방법에 대해 학습하기 위해 효과적으로 활용될 수 있다. 특히 광고에는 사진이나 그림 등이 글, 소리, 음악 등과 어우러져 의미를 표현하기 때문에, 이러한 특성에 대해 학습하기에 좋은 자료가 된다. 광고에 나타난 사진이나 그림을 통해 영상 언어를 해석하는 방법을 가르치기 위한 방법(정현선, 2008)은 다음과 같은 예를 통해 살펴볼 수 있다.

**사진이나 그림을 통한 영상 언어 해석하기 수업**

[목표]
- 다양한 매체에 등장하는 사진이나 그림 등의 영상 언어의 의미를 해석할 수 있는 기초 능력을 기르는 것.
- 객관적으로 눈에 띄는 것을 관찰하되, 이미지를 통해 객관적으로 파악할 수 있는 것과 이미지를 보면서 마음속에 주관적으로 떠오르는 생각들을 구별해 파악하는 것.

[방법]
- 학생들에게 광고에 나오는 사진이나 그림을 보여주고, 그림에 대한 첫인상을 떠오르는 대로 적게 한다. 이 때 학생들에게 할 수 있는 질문으로는 다음과 같은 것이 있다.
  - 무엇이 눈에 띄나요?
  - 이 사진을 보고 궁금한 것이 무엇인가요?
  - 이 사진을 보니 어떤 이야기가 떠오르나요?
- 학생들이 답한 내용을 보고 들으며, 그런 인상을 갖게 된 이유에 대해 생각하도록 한다.
- 학생들이 자신의 생각을 자유롭게 발표할 수 있는 분위기를 조성한다.
- 눈에 띈 것을 말하기가 비교적 쉽고 의미를 해독하기 어렵지 않은 사진이나 그림으로부터 시작하는 것이 좋다. 그래야 영상 언어 분석에 익숙하지 않은 학생들도 쉽고 재미있게 시작할 수 있다.
- 학생들이 사진이나 그림으로부터 떠오르는 이야기에 대해 말할 때에는, 자신의 진술을 뒷받침할 수 있는 근거가 이미지에 있는지 확인하고 말하도록 지도한다.

제7차 국어과 교육과정에 따른 고등학교 국어(하) 교과서에 실린 '정보의 조직과 활용' 단원에는 텔레비전 광고에 대한 학습 활동이 제시되어 있다. 첫 번째 활동으로는 텔레비전 광고를 통해 얻을 수 있는 정보를 중심으로 하고 있는데, 광고가 전달하고자 하는 내용은 무엇인지 말해 보기, 해당 광고가 어떤 시청자를 생각하며 만들어진 것인지 추측해 보기, 이 광고가 자신에게 의미가 있다면, 또는 의미가 없다면 어떤 점에서 그런지 말해보기가 제시되어 있다. 또한 텔레비전 광고의 표현을 중심으로 한 활동으로는, 해당 광고에서 사용된 '대비적인 표현'을 설명하고 그 표현 효과에 대해 토론하기, 광고가 전달하고자 하는 바를 표현할 수 있는 다른 방법 발표하기 등이 포함되어 있다.

광고의 매체언어가 지닌 소통 목적과 수용자에 대한 호소력을 이해하는 데 초점을 둔 수업(정현선, 2008)은 다음과 같이 이루어질 수 있다.

**매체언어의 소통 목적과 수용자에 대한 호소력을 이해하는 데 초점을 둔 수업**

[목표]
· 광고에 나타난 언어와 기호들이 어떤 소통 목적을 지니고 있으며, 어떤 수용자에게 호소력이 있을지 파악하는 것.

[방법]
· 다양한 수용자에게 호소하기 위해 고안된 칼라 인쇄 광고들을 교실에 가져온다.
· 학생들을 모둠으로 나누어 각각의 광고들에 대한 다음의 질문에 간략히 대답하도록 한다.
- 무엇이 광고되고 있는가?
- 광고에 사용된 주요 이미지는 무엇인가?
- 어떤 시각적 특질들이 사용되었는가? (폰트 유형, 글자 크기, 색채 등)
- 어떤 종류의 언어가 사용되었는가?
- 이 광고는 누구에게 호소력을 가질 것으로 생각되는가?
- 왜 그렇다고 보는가?
· 학생들로 하여금 무엇이 광고되는가보다는, 해당 제품이 어떻게 제시되는가에 보다 관심을 가지도록 지도한다. 예를 들어, 굵은 글씨, 큰 글씨, 색채의 사용 등이 해당 제품의 어떤 특질을 두드러지게 하는가에 대해 관심을 가지도록 한다.
· 학생들로 하여금 해당 광고에서 핵심어나 문구를 선택해 그것이 이끌어내려는 반응이 무엇인지 식별하도록 지도한다. 예를 들어, 어떤 인칭이 사용되는가, 이 표현

들이 수용자의 환심을 사려 하는가, 이 상품을 구입하면 무엇이 제공되는지에 대한 정보가 있는가 등을 살펴보도록 한다.
· 학생들에게 스스로 광고를 만들어봄으로써 지금까지 알아낸 바를 종합해 적용하도록 한다. 예를 들어, 그림과 문자를 사용해서 펜팔 광고를 만들도록 한다.
· 광고를 만들 때에는 거짓말을 해서는 안 된다는 것, 진실을 제시하되 다양하게 수용자를 유혹해야 한다는 것, 그림이나 폰트를 잘 사용해야 한다는 것, 이미지와 문자의 구조적 배치에 대해 고려해야 한다는 것, 어떤 점을 가장 부각시킬 것인지 결정하라는 것, 문구의 길이를 고려하라는 것, 광고의 제목을 붙여보라는 것, 어떤 종류의 펜팔이 수용자들에게 매력적으로 다가갈 것인가를 고려하라는 것 등을 강조한다.

광고 역시 기존의 대중매체에 나타난 광고의 의미를 비판적으로 이해하고 그 표현 방법을 살펴보는 방식의 '수용'을 중심으로 학습할 수도 있지만, 거꾸로 직접 학습자들이 뉴스나 광고를 생산자의 입장이 되어 만들어보는 '제작' 중심으로 학습할 수도 있다. 특히 기존의 뉴스나 광고가 초등학생은 물론 중학교나 고등학교 연령의 학습자들의 관심이나 지식을 고려하여 만들어진 것은 아닐 수 있고 교육적으로 적합한 내용의 광고를 고르기가 어려운 경우도 있기 때문에, 학습자들이 관심을 갖고 있는 현실이나 대상에 대해 광고를 제작해 보는 것은 오히려 비판적 수용을 위한 효율적인 학습 방법이 될 수 있다.

자신의 주변이나 학교에서 일어난 일, 혹은 학교생활이나 지역 사회에서 관심을 가져야 할 대상에 대해 광고를 만들어 다른 학생들을 대상으로 반응을 살펴보는 일은, 기존의 대중매체를 통해 제작된 텍스트들을 비판적으로 이해하는 것보다 매체 자체에 대한 비판적 이해를 보다 심화하는 방법이 될 수 있다는 것이다. 이는 학습자의 관심과 배경 지식을 중시하는 학습자 중심 교육 방법, 학습자 스스로 경험을 통해 배우는 경험 중심 학습 등에서 주장하는 교육의 방향과도 일치하는 것으로, 학습자들의 삶에 큰 영향을 미치는 대중매체 텍스트에 대해 보다 즐겁고 실제적으로 배울 수 있는 방법이 된다.

## 참고문헌

강명구(1993), 『소비 대중문화와 포스트모더니즘』, 민음사.
국립국어원 · MBC(2006), 『보도 가치를 높이는 TV 문장 쓰기』, 시대의 창.
김대행 외(2004), 『방송의 언어 문화와 미디어 교육』, 서울대출판부.
김춘옥(2005), 『언론학의 20가지 개념』, 커뮤니케이션북스.
김태용(2007), 「광고 읽기」, 김기태 외, 『미디어교육 종합자료집 2: 미디어의 활용』, 방송위원회.
리대용 외(2005), 『광고 길라잡이: 창의력을 키우는 광고 수업』, 한국광고단체연합회.
오미영 · 정인숙(2005), 『커뮤니케이션 핵심 이론』, 커뮤니케이션북스.
오택섭 · 강현두 · 최정호(2005), 『미디어와 정보 사회』, 나남.
임동욱(2003), 『설득 커뮤니케이션의 이해』, 커뮤니케이션북스.
정현선(2008), 「매체와 국어교육」, 최미숙 외, 『국어교육의 이해: 국어교육의 미래를 모색하는 열여섯 가지 이야기』, 사회평론사.
주창윤(2003), 『영상 이미지의 구조』, 나남출판.
최민재(2004), 『TV뉴스와 영상 이미지』, 한국언론재단.
황치성(2007), 「뉴스 읽기」, 김기태 외, 『미디어교육 종합자료집 2: 미디어의 활용』, 방송위원회.

Bell, A. & Garrett, P. (2004), 백선기 옮김, 『미디어 담론』, 커뮤니케이션북스.
Kress, G. & van Leeuwen, T. (1996), *Reading Images: The Grammar of Visual Design*, London: Routledge.
McCombs, M.E. & Shaw, D.L. (1972), "The Agenda-Setting Function of Mass Media," *POQ*, 36(2).
Weimann, G. (2003), 김용호 옮김, 『매체의 현실 구성론』, 커뮤니케이션북스.

제5장

# 디지털 시대, 문학·예술의 지향과 향유

## I. 디지털 매체와 문학·예술 텍스트

우리 인류의 역사는 구술 문화의 시대에서 문자의 발명을 통해 시작된 기록의 시대를 거치면서 발전하였다. 특히 15세기 개발된 구텐베르크 인쇄술은 인쇄 문화의 총화라고 할 수 있는 책의 시대를 열었으며, 이를 기반으로 근대의 학문과 문화를 비약적으로 발전시켰다. 그리고 1995년 월드 와이드 웹의 등장으로 대표되는 컴퓨터라는 과학 기술에 기반을 둔 소통 방식을 바탕으로 하는 인터넷 시대를 맞이하였다. 이에 따라 컴퓨터와 인터넷으로 대표되는 디지털 매체는 인쇄 매체에서 실현할 수 없는 무한한 가능성을 보이면서 새로운 영역을 개척하기에 이르렀다.

즉 기술 문명의 발달로 대표되는 현대 사회는 이전 사회와는 전혀 다른 소통 방식을 선택하게 되었으며, 이에 따라 문학, 예술의 생산과 수용 방식 역시 변화에 대응할 수밖에 없었다. 예를 들면, 말이 주도하던 시기에는 구비 전승 방식에 따라 구비문학과 예술이 향유되거나 계승되었으며, 글자라는 표기 방식은 근대적 과학 기술의 산물인 인쇄술의 발전에 힘입어 소설로 대표되는 문학의 시대를 열었다. 그리고 20세기 사진이라는 새로운 매체는 영상을 통해서 정보를 전달하는 수준을 넘어 영화라는 새로운 예술 장르를 탄생시켰다. 20세기 후반에는 컴퓨터와 대중매체(mass media)라는 매체 환경 속에서 컴퓨터 게임과 같은 새로운 형식과 내용의 문학과 예술이 생산·소비되는 시대를 열었다.

이와 같은 대중매체의 발달은 문학, 예술로 대표되는 고급문화를 향유하거나 교육의 대상으로 삼았던 인문적 문화관에도 변화를 가져왔다. 20세기 들어 민중 문화(popular culture)를 교육의 대상으로 포함하기 시작하였으며, 20세기 후반에는 대중문화(mass culture)로 확대되었다. 이런 점은 현대문화론의 변화나 비판적 문화 연구의 관점에서 설명이 가능하다(윤여탁, 2007: 74-77). 특히 컴퓨터의 발달에 힘입은 비선조성(non-linear)이라는 특성을 가진 인터넷 문학, 하이퍼텍스트(hypertext) 문학 등과 같은 디지털 서사(digital narrative)가 문학, 예술의 새로운 형식으로 생산되어 대중에게 향유되고 있다.

그러나 여러 이론가들이 지적하고 있는 것처럼, 새로운 매체의 발달에 따라 이전 사회를 주도하던 문학, 예술은 소멸되기보다는 문학, 예술의 소통방식이 달라지거나 그 형태와 위상이 달라질 뿐이다. 그럼에도 불구하고 문학의 언어적 속성과 본질을 중심으로 논의를 진행하였던 국어교육과 문학교육은 이같은 변화에 대응할 수밖에 없게 되었다. 이와 같은 맥락에서 이 글에서는 새로운 매체의 발달에 따라 필연적으로 나타나게 된 문학, 예술적 텍스트의 생산과 수용의 변화, 그리고 그 텍스트의 본질을 규명하는 작업에 초점을 맞추어 논의를 진행하고자 한다. 이를 통하여 새로운 디지털 매체 환경에서 생산되고 소비되는 문학, 예술 텍스트의 국어교육적 함의(含意)를 찾아보고자 한다.

# II. 디지털 시대, 문학 · 예술의 생산과 수용

## 1. 디지털 시대, 문학 · 예술 텍스트의 생산

### 1) PC 통신 문학을 넘어 하이퍼텍스트 문학의 등장

현대의 과학 기술의 발전은 생산자의 창조적인 활동의 산물인 문학, 예술에도 커다란 변화를 보여주었다. 예를 들면, 문학 작품을 인쇄물로 출판하는 대신에 컴퓨터라는 기계에 올려놓는 통신 문학 또는 인터넷 문학이 등장하면서 작가의 경계가 무너지게 되었다. 즉 추천이나 등단과 같은 절차를 거치면서 전문가에게 공인을 받은 후에 독자에게 다가갈 수 있었던 생산 방식이 아니라 누구나가 자유스럽게 사이버(cyber) 공간에 문학 작품을 올릴 수 있는 환경이 되었다.

이와 같은 문학, 예술의 생산 환경의 변화는 하이퍼텍스트 문학이라는 새로운 영역으로까지 발전하게 된다. 특히 하이퍼텍스트 문학은 1987년 마이클 조이스(M. Joyce)가 스토리스페이스(Ssp, storyspace)를 이용하여 「오후, 하나의 이야기(Afternoon, a story)」라는 하이퍼텍스트 소설을 발표하고, 1989년 국제회의에서 하이퍼텍스트 문학이 소개되면서 창작되기 시작하였다. 이 소설은 구술 문학의 전통을 반영한 것으로 비선조적인 이야기 방식을 보여주고 있다.

하이퍼텍스트라는 기술은 1945년 배니바르 부시(V. Bush)가 "연상에 의한 선택을 특징으로 하는 인간의 정신 활동 방식과 유사한 메멕스(memex)라는 장치"를 고안할 것을 제안하면서 착안되었다. 이어 1960년경에는 테오도르 넬슨(T.H. Nelson)이라는 사람이 "자료의 저장 또는 자료의 활용이 고정된 장소 개념을 넘어서는 비선조적 텍스트 개념"으로 하이퍼텍스트라는 용어를 사용하면서 본격적으로 발전하였다(류현주, 2000:55-60; 배식한, 2000:58-65).

### 2) 인간-기술(과학)-문학, 예술이라는 관계의 형성

과학 기술의 총화인 컴퓨터의 발전에 따라 전통적인 방식의 문학이나 예술의 위기가 찾아오면서 새로운 문학, 예술의 형식과 소통 방식을 추구하게 되었으며, 이런 현대 사회는 인간이 중심이 되어 이들 발전과 변화를 추구하는 형태로 전개되었다. 즉 컴퓨터 디지털 기술의 발전에 따라 사이버 공간에서 이루어지는 문학, 예술 형식을 개발하게 되었다. 앞에서 언급한 통신 문학, 인터넷 문학, 하이퍼텍스트 문학 등을 비롯하여, 컴퓨터 게임, 웹툰(webtoon) 등이 그 예이다(김정자 외, 2007:99-141).

이제 문학, 예술은 생산자로서의 작가나 예술가와 소비자로서의 독자라는 관계 구조를 해체하고 있다. 특히 컴퓨터라는 새로운 매체와 인터넷이라는 매체 활용 기술의 발전과 보급이 이를 더욱 가속화하고 있다. 문학, 예술의 생산과 수용이 컴퓨터라는 매체를 매개로 하여 이루어지고 있으며, 누구나 용이하게 접근 가능할 수 있는 인터넷 환경에서 실현되는 문학, 예술이 발전하게 되었다. 이에 따라 거대한 담론이나 진지한 인생 이야기보다는 일상의 신변잡기와 같은 이야기와 평범한 사람들의 소망이나 사랑의 이야기가 문학, 예술로 창작되어 인터넷을 통하여 널리 유통되게 되었다. 이런 상황에서 인터넷을 관리하는 배급자와 웹 마스터(webmaster)의 중요성이 제기되었다.

### 3) 수용자의 선택과 참여가 가능한 문학, 예술

인터넷 문학이나 하이퍼텍스트 문학은 시작만 있고 끝은 무한하게 열린 이야기라는 특성을 지닌다. 하나의 완성된 텍스트로 독자에게 다가가는 것이 아니라 미완성의 열린 텍스트로 독자에게 제공되면서, 독자들의 재구성이나 선택에 따라 다른 이야기가 전개되거나 다른 문학 작품이 생산되기 시작하였다. 구비문학 시대에 적극적인 수용자들이 새로운 각편(version)을 만들어내던 전승 방식이 인터넷에서 실현되고 있다.

이에 따라 수용자의 선택과 참여가 생산에도 적극적으로 개입하여 영향을 미치는 쌍방향적인 소통이 가능한 문학, 예술이 되었으며, 적극적인 수용자들은 새로운 텍스트의 생산에도 능동적으로 참여할 수 있게 되었다. 따라서 디지털 시대의 수용자는 생산자에 의해 선조적으로 제시된 텍스트를 단순히 수용하거나 비판적으로 읽기라는 전통적인 텍스트 읽기 방식을 택하는 것이 아니라 새로운 텍스트의 구성이나 생산에 참여하면서 텍스트를 읽게 된다.

예를 들면, 컴퓨터와 인터넷 기술을 활용한 텍스트 링크(link)하기, 가지치기 등을 통해서 수용자의 선택과 참여가 가능한 텍스트 상태로 제공되면서 수용자는 새로운 텍스트의 생산에 참여할 수 있게 되었다. 고정적인 텍스트가 아니라 끊임없이 재구성되는 텍스트가 생산되게 된 것이다. 즉 현대 사회 디지털 매체의 문학, 예술 수용자는 생산자가 제시한 최소한의 조건을 충족시키면서 자신만의 독창적인 이야기를 만들어가는 능동적인 생산자의 역할을 하고 있다. 이런 수용자 개념은 작독자(作讀者, Wreader), 생비자(生費者, prosumer)라는 용어로 설명되기도 한다.

이제 디지털 시대의 문학, 예술의 수용자는 텍스트 꿰매기, 빈칸 채우기, 각주 달기 등의 방식을 활용하여 새로운 텍스트를 생산하고 있다. 그리고 이와 같은 문학, 예술의 생산과 소비 방식은 네트워크(network), 웹(web)이란 컴퓨터와 인터넷 기술 용어로 설명되기도 한다.

## 2. 디지털 시대, 문학·예술 텍스트의 수용

### 1) 비선조적 또는 다선조적 읽기 방식

디지털 시대의 문학, 예술 수용자는 선조적 읽기 방식이 아니라 비선조적으로 읽는 방식을 택할 수 있게 되었다. 이와 같은 읽기 방식은 전통적인 인쇄 매체에서 백과사전 읽기, 사용설명서 읽기, 수필집 읽기 등과 같이 비선조적 읽기가 가능한 텍스트에서 찾아볼 수 있다. 하이퍼텍스트의 대표적인 특성인 이와 같은 읽기 방식은 상호 텍스트성의 실현이라는 관점에서도 설명이 가능하다.

또 디지털 시대의 문학, 예술의 향유에서는 독자의 능동적인 수용과 참여가 이루어지는 향유 방식을 보여주고 있다. 즉 쌍방향성이라는 디지털 기술의 특성에 따라 일방적인 수용이 아니라 독자의 능동적인 수용과 참여를 통하여 텍스트 읽기가 이루어지고, 쌍방향성의 적극적인 실현 여부가 생산 텍스트의 성공과 실패를 가늠하는 기준으로 평가되기도 한다. 달리 표현하면, 텍스트의 조회수가 성패를 판단하는 기준이 된다.

이와 같은 디지털 시대 문학이나 예술의 수용은 새로운 양상을 보여준다. 해석적(exploratory) 하이퍼텍스트 소설에서 구성적(constructive) 하이퍼텍스트 소설(마이클 조이스, 김종회, 이론편, 2005:356)로의 변모가 대표적인 예이다. 이 점은 읽기(독서)가 수동적인 해석만이 아니라 독자 스스로가 새로운 텍스트를 구성하는 것이라는 구성주의 이론과도 관련이 있다. 이에 따라 수동적으로 읽기만 하는 전통적인 독자와는 달리 독자가 실제로 텍스트를 쓰는 활동이 요구되면서 독자는 공동 저자가 된다.

### 2) 하이퍼미디어와 멀티미디어의 커뮤니케이션

컴퓨터와 같은 디지털 기술의 발전에 따라 하이퍼미디어나 멀티미디어 기술이 접합하여, 선조적인 평면성을 대표하는 인쇄 매체에서 실현할 수 없는 입체성과 다양한 기술의 산물이 텍스트에 개입하게 되었다. 예를 들면 전통적인 한국화의 하나인 '문인화'나 근대의 '시화전', '시 낭송회', '낭독회'에서 시와 사진, 그림이 만났던 방식을 넘어 최근에는 음악과 함께 시나 문학작품이 낭송되거나 영상이나 동영상과 같이 제공되기도 한다. 소설의 경우에도 디지털 기술의 힘을 빌려 그림, 영상, 음성과 같은 멀티미디어 소설 텍스트가 독자에게 제공되고 있다.

이처럼 복합 양식적 문학, 예술이 생산되어 소비되면서 종래 문학의 특성이었던 언어 기호 중심의 소통 방식에 변화가 일어나게 되었다. 즉 문학이라는 언어 기호에 그림이나 영상, 음성과 같은 예술적인 비언어 기호가 참여하면서 이 기호들이 통합적으로 수용자에게 받아들여지게 된 것이다. 이에 따라 언어 기호의 주류성과 비언어 기호의 비주류성이라는 문학 소통의 성격이 모호하게 되었다.

## III. 디지털 시대, 문학・예술 텍스트의 실제

### 1. 디지털 시대의 서정시

#### 1) 멀티미디어 시(multimedia poem)

인터넷이라는 매체를 통해서 문학과 예술의 소통이 이루어지면서, 시의 향유 방식에도 변화가 나타나고 있다. 세계적으로 유례를 찾아볼 수 없을 정도로 시집이 많이 팔리는 한국에서도 인쇄물이라는 방식으로 독자를 만나기보다는 인터넷을 비롯한 새로운 디지털 매체를 통해서 독자를 만나려는 시도가 적극적으로 모색되고 있다. 그 대표적인 예가 멀티미디어 시다. 이같은 시도는 앞에서도 언급한 바와 같이 문인화, 시화전, 시 낭송회 등에서 시와 다른 매체가 만났던 방식이었으며, 새로운 디지털 매체에서는 음악이나 음성, 영상, 동영상 등이 시와 함께 시・청자로서의 독자를 만나고 있다. 즉 디지털 매체를 통해서 다양한 언어와 기호가 어우러져서 의미를 생산하는 매체의 복합 양식적 특성을 실현하고 있다.

이러한 매체로는, 다른 매체와 함께 제공되는 멀티미디어 시를 다양한 동영상 이미지와 감상할 수 있는 '멀티포엠(http://www.multipoem.com)', 영상시를 모아놓은 온라인 자료실을 운영하는 '포엠토피아(http://www.poemtopia. co.kr/)', 추천시를 사진이나 이미지와 함께 제시하는 '시와 그리움이 있는 마을(http://www.feelpoem.com)' 등을 들 수 있다. 이밖에도 '문학의 즐거움', '시인의 마을', '김태우-사랑이 가득한 홈페이지', '레드존', '보름달과 함께 하고픈 시', '시가 흩날리는 풍경', '시가 있는 마을', '시가 있는

[그림 5-1] 포엠토피아 홈페이지

집', '시안', '시와 여행에의 초대', '시인 발바닥', '시조 아카데미', '양미라-yy home', '이미경-마음소리', '이우섭-한빛시인마을', '작은 시인의 마을', '한국의 명시', '해우소', 'Poema' 등을 인터넷 검색창을 통해서 쉽게 접할 수 있다.

이와 같은 멀티미디어 시는 시의 향유 방식에서도 새로운 시도를 보여주고 있다. 그 예가, 시인 김정란과 웹 아티스트인 이중재가 책임 기획하여 2000년에 진행한 '<生時 · 生詩> 프로젝트'이다. 이 기획에는 성기완, 허수경 등 젊은 시인 15인이 참여하여 독자와의 상호 교섭적인 소통을 시도한 바 있지만 현재는 초기 화면만 볼 수 있는 비활동 사이트 상태다. 또 도종환, 성석재, 안도현 시인이 한국문화예술위원회에서 주관하는 문학나눔사업추진위원회 사업의 일환으로 시인 도종환, 안도현, 소설가 성석재가 참여하고 있는 '문학 집배원(http://www.for-munhak.or.kr)'을 들 수 있다. 주로 기성 시인의 시를 그림이나 사진, 애니메이션 등 시각적 이미지로 제시하고, 시인의 육성이나 성우의 낭송을 통해 독자들이 보고 들을 수 있는 텍스트 파일을 배달 신청자들에게 제공하는 방식으로 운영하고 있다.

그리고 이런 인터넷 시의 소통 작업은 CD-ROM 낭송시집이나 플래시 동영상 낭송시집의 형태로 변환되고 있다. 이러한 변화는 『창작과 비평』 창간 40주년을 기념하여 제작된 고은, 신경림, 김정환, 나희덕 등 25명의 시 작품을 영상, 음악과 함께 감상할 수 있는 낭송시집 『언어의 촛불들이 피어날 때』(창작과비평사, 2006)에서도 확인할 수 있다. 이 작업은 '창비'의 홈페이지에 음성과 문자 텍스트 파일로 제공되고 있는 '낭송시집'의 발전적인 시도라고 할 수 있다. 또 정호승의 시선집 『너를 사랑해서 미안하다』(박항률 그림, 랜덤하우스, 2005)에서는 시와 그림이 만나고 있으며, 이 경우 그림은 배경으로만 존재하는 것이 아니라 하나의 기호로 존재하면서 문자와 결합하여 통합적인 의미를 형성하는 역할을 하고 있다.

이처럼 디지털 매체인 인터넷 공간을 통해서 시가 다양한 매체와 만나면서 인쇄물 중심의 시 창작과 수용에 변화의 가능성을 보여주고 있다. 특히 인터넷과 같은 새로운 매체에 익숙하고 친근한 청소년들이나 젊은 독자들에게 접근하려는 적극적인 시도라는 측면에서 이와 같은 시적 모색은 긍정적으로 평가되고 있다.

### 2) 하이퍼텍스트 시

로버트 켄달의 「강탈(Dispossession)」은 대표적인 하이퍼텍스트 시이다. 이 시의 첫 화면은 특정한 연관성이 없이 순서 없이 배열된 12개의 단어로 시작된다. 독자는 이 중 하나를 선택(클릭)하여 들어가면 하나의 텍스트인 로드를 접하게 된다. 그 텍스트 속에는 독자가 선택한 단어가 시 구절 속에 포함되어 있고, 다시 선택할 수 있는 몇 개의 단어들이 제시되어 있다. 이와 같은 방식으로 단어들은 다른 텍스트와 링크되어 있어서, 이 텍스트는 시작이 없었던 것처럼 끝없이 이어진다. 텍스트의 시작과 끝은 없고, 독자가 선택하여 결정하는 방식으로 이야기나 내용이 전개된다(김종회, 작품편, 2005:150-154).

이런 예로 '언어의 새벽'이라는 프로젝트는 하이퍼텍스트 시의 한국적 시도라고 할 수 있다. 이 작업은 시인들과 일반 네티즌(netizen)들이 공동으로 참여하여 하이퍼텍스트 시의 가능성을 실험하였다. 2000년 4월 문화관광부 문학분과위원회가 주관이 되어 김수영의 「풀」을 화두로 삼아 디지털 환경에서 기성 작가와 일반 독자들이 참여하여 하이퍼텍스트 시 창작을 실험하였다. 이 과정에서 작가와 독자의 경계를 허무는 창작 공간을 보여주었다.

1단계에서는 김수영의 「풀」에서 "풀이 눕는다"는 시구를 제시하였다. 2단계에서는 이 시구를 화두로 삼아 46명의 시인과 작가, 일반인들이 시구를 남겼다. 3단계에서는 46명이 시구를 화두삼아 123명이 시구를 남겨놓았다. 이때 각 참가자들의 시구는 5-400자 분량으로 주어진 화두의 일부를 포함해야 하며, 저속한 표현을 삼가야 한다는 운영 주체들이 제시한 조건에 충족해야 했다. 이런 식으로 모두 14단계에 걸쳐 많은 참가자들이 웹 사이트에 글을 남겼다. 그리고 이 글들은 모두 하이퍼텍스트 방식으로 연결되어 하나의 하이퍼텍스트 시로, 이전의 문학 작품 읽기와는 다르게 독자가 선택하는 '잇는 글'이나 '즉석 비평'을 따라가면서 독서가 이루어지는 소통 방식을 보여주었다.

### 3) 휴대전화 문자시

인터넷 전자 게시판에 시를 올리거나 영상시를 만들어서 올리던 시의 표현과 향유 방식은 새로운 미디어의 등장으로 새로운 전환을 보여주기도 한다. 그 대표적인 예가 휴대전화 문자시나 라디오나 텔레비전 생방송 프로그램에서 휴대전화나 인터넷을 활용하여 소개하는 시이다. 이 경우는 주로 아마추어 시인이나 시를 사랑하는 시청자들이 참여하는 시 창작과 향유 방식이다. 여기서는 휴대전화 문자시(상명대 사진학과 정종배 학생의 작품)의 한 예를 살펴보자.

[그림 5-2]의 시는 휴대전화에서 문자 메시지를 시적 텍스트로 시도한 작품이다. 이 텍스트는 휴대전화 창의 크기, 즉 6글자에서 8글자가 한 행을 이루어 6행이나 8행 정도만을 기록할 수 있다는 특성에 맞추어 제작된 것이다. 아울러 한 화면에 제시 가능한 정보를 최대한 보여주기 위하여 띄어쓰기를

[그림 5-2] 휴대전화 문자시 「2004.6.19. 22:00 인하대 술집 가시버시에서」
인용한 시는 상명대학교 사진학과 정종배 학생이 창작한 시이다.

하지 않는 문자 메시지 소통 방식을 보여주고 있으며, 휴대전화 창 하나가 하나의 연(聯) 역할을 하고 있다(최미숙, 2007:81-84).

이와 같은 휴대전화 문자시를 읽은 과정에는 문자 메시지의 형식을 빌린 시 텍스트의 이질성과 문자 메시지를 읽는 익숙함이 주는 긴장감이 생긴다. 특히 띄어쓰기를 하지 않음으로 해서 글자를 읽을 때마다 앞으로 나아가면서 다시 주춤거리게 하고, 빨리 읽지 못하게 하면서 다시 눈길을 주게 되는 읽기 과정을 거친다. 이를 통하여 독특한 운율 효과와 의미 형성 과정을 연출하고 있다. 또 제한된 글자만이 입력 가능한 시행과 제한된 시행만이 제시되는 휴대전화 창이라는 매체의 제약 때문에 시적 언어의 특성인 '행간 걸림(enjambment)'이라는 표현 방식이 활성화되고 있으며, 이처럼 입력 가능한 정보량의 제한이라는 특성은 시적 표현의 핵심이라고 할 수 있는 생략과 비약, 집약과 같은 서정 단시의 표현 효과를 보여주기도 한다.

일본의 경우 이처럼 휴대전화라는 제한된 공간을 활용한 소설이 유행하고 있다. 대략 21세기 들어 시작된 일본의 휴대전화 소설은 주로 10대의 아마추어 작가들이 일본어로 100자 이내의 간단한 이야기를 휴대전화에 전송하여 보급하는 방식으로 시작되었다. 이후 휴대전화 소설을 올리는 전용 사이트가 개설되어 운영되고 있으며, 이 중에 '마법의 도서관(http://maho.jp/)'에는 100만 편의 작품이 올려져 있으며, 600만 명의 회원(2008년 3월)이 등록되어 있다. 그리고 여기에 올려졌던 휴대전화 소설인 「사랑의 하늘(戀空, Love Sky)」은 책으로 출판되어 140만 부가 팔렸으며 2007년에 영화로 제작되었다. 이 밖에도 DVD, CD, 사진첩, 문고판 등 다양한 상품화도 시도하여 성공하고 있다. 대략의 줄거리는 자신이 암에 걸린 사실을 알고서 여자 친구가 상처받지 않게 하기 위해서 연인과의 이별을 선택한다는 소년의 사랑 이야기이다.

더구나 최근에는 의사소통 목적으로 개발된 휴대전화의 기능이 다양화되면서 소통 가능성을 무한하게 열어놓고 있다. 예를 들면, '컬러 메일(MMS, multimedia messaging system)'이라는 방식을 통해서 전달 가능한 문자 메시지의 양을 확대하고 있으며, 그림이나 동영상 메시지도 전달할 수 있다. 또 사진이나 동영상 촬영, 음성 녹음을 할 수 있는 제작 기능뿐만 아니라 DMB(Digital Multimedia Broadcasting) 기능으로 인해 움직이는 텔레비전의 역할을 하고 있다. 그리고 이와 같은 휴대전화와 같은 정보 통신 기술의 발전은 소통 방식의 전환을 고려해야 하는 시 형식의 발전과 모색에도 많은 영향을 끼칠 것으로 예측되고 있다.

## 2. 인터넷 문학, 팬픽, 컴퓨터 게임

### 1) 인터넷 문학

인터넷 문학이란 인터넷 통신을 통해서 등단을 거치지 않은 작가가 인터넷 공간에 발표한 문학 작품들 중에서 누리꾼들의 인기에 힘입어 활발하게 소통되었던 문학 일반을 칭한다. 일찍이 천리안이나 하이텔이라는 인터넷 통신이 시작된 이후 1989년 12월 천리안 게시판에 이성수가 올린 「아틀란티스 광시곡」이라는 SF가 최초의 작품이라고 할 수 있다. 인터넷 전문 작가로

1994년 「퇴마록」을 발표하여 인터넷 문학을 정착시킨 이우혁, 1990년대 중반부터 일본의 판타지(fantasy)나 애니메이션과 같은 대중문화의 상상력을 접목시킨 「드래곤 라자」의 이영도 등이 대표적인 작가이다.

이 중에서 1998년 하이텔에 연재되었던 판타지 소설인 「드래곤 라자」는 J.R.R. 톨킨의 「반지의 제왕」의 영향을 받은 작품이다. 공간적 배경은 물론 엘프와 드워프, 그래곤과 페어리, 오크 등 등장하는 종족 등이 「반지의 제왕」에 의존하고 있다. 그러나 종족들의 특성이나 사건의 전개에 많은 변화를 가미하고, 세상을 바라보는 새로운 시각을 제시하고 있다는 점에서 한국형 판타지 문학으로 평가되기도 한다. 이 작품은 인쇄물로 출간되었으며, 이후 게임으로 개발되었고, 이 작품을 대상으로 하는 팬픽 사이트도 운영되고 있다.

「드래곤 라자」는 인간, 드래곤, 오크, 페어리, 엘프, 호비트, 드워프의 일곱 종족이 살고 있는 나라인 '바이서스'라는 환타지의 세계를 무대로 하는 소설이다. 양초 제조공의 아들로 태어나 숲 속에 숨어 사는 지식인 카알 헬턴트의 영향을 받아 성장한 17세의 후치 네드발이 주인공이자 1인칭 서술자로 등장한다. 중요한 이야기의 줄거리는 포악한 드래곤으로부터 고향을 구하고, 전란에 휩싸인 조국을 구하고자 최강의 드래곤인 크림슨 드래곤 크라메서와 소통할 수 있는 드래곤 라자를 찾아 떠나는 후치와 카알, 후치의 친구인 경비대장 모센슨 퍼시발의 모험 이야기다. 이들은 여행을 하면서 엘프 이루릴, 드워프 엑셀핸드, 마법사 아프나이델, 제주꾼 호비트 등을 만나 도움을 받고, 실수로 건드린 오크 족을 따돌리면서 '인간은 무엇인가'라는 문제에 대한 답을 얻고자 한다.

1999년 김호식의 「엽기적인 그녀」, 2001년 김유리의 「옥탑방 고양이」, 유정아(필명 은반지)의 「테디 보이」, 이햇님의 「내 사랑 싸가지」, 스와니의 「동갑내기 과외하기」 등이 등장하면서 본격적으로 인터넷 소설은 그 존재를 인정받게 되며, 이들 작품은 대부분 영화나 드라마로 제작되어 대중적인 흥행에도 성공하였다.

1987년생인 유정아는 중학생 시절부터 인터넷에 글을 올리기 시작하여,

여고생으로 「테디 보이」, 「키스 중독증」, 「파파라치」, 「데자부」 등을 발표했다. 이 중 「테디 보이」는 고등학생들의 연애와 사랑을 그린 것으로 일본 순정 만화인 「꽃보다 남자」를 차용하고 있다. 그 내용은 다음과 같다.

한 지방 명문고등학교에 유소은과 신민지라는 여학생이 입학한다. 그런데 이 학교에는 항상 테디 베어를 끼고 다녀 '테디 보이'라고 불리는 민서진, 오렌지 보이, 토끼 보이, 블루 보이, 플레이 보이라는 5명의 보이가 있었다. 이 중에서 소위 킹카인 테디 보이가 외모도 별로고 남자들에게 거침없이 주먹을 휘두르는 유소은에게 애정을 느껴 사귀게 된다는 내용이다.

2003년 자신의 홈페이지에 인터넷 소설을 연재하여 세간의 주목을 받은 귀여니(이윤세)가 등장한다. 아마추어리즘에서 출발하여 이모티콘(emoticon)이나 인터넷 언어, 비속어 등을 스스럼없이 활용하는 새로운 글쓰기 방식으로 인터넷 문학의 새로운 지평을 열었다고 평가되기도 한다. 귀여니는 「늑대의 유혹」, 「그 놈은 멋있었다」, 「도레미파솔라시도」, 「아웃싸이더」 등에서 순정 만화나 대중 스타에 빠져있는 청소년들의 삶과 사랑을 잘 보여주고 있다. 2005년 「아프리카」라는 시집을 발간하여 인터넷 문학의 진정성에 대한 뜨거운 논란의 대상이 되기도 했다.

2006년에는 「신드롬」이라는 멀티미디어 소설을 인터넷에 연재하였다. 「신드롬」은 귀여니가 글을 쓰고, 작곡가인 방시혁이 음악을 만들고 박희정이 소설 장면을 시각화하여 삽화를 만들고, 황영철이 화보를 만든다는 환경 설정에서 출발하고 있다. 그리고 이 소설에 등장하는 캐릭터들은 후에 실제 인물이 되어 오프라인에 데뷔한다는 것을 전제로 글의 내용을 전개하였다. 이 인터넷 소설은 2007년에 책으로 출판되었으며, 인터넷에 만화로 연재되기도 했다. 이와 같은 인터넷 문학 열풍은 귀여니의 팬카페인 '귀사모(http://cafe.daum.net/rnldusls la)'에서도 확인된다. 이 카페는 2001년 개설된 이래로 96만 명의 회원(2008년 3월)이 활동하고 있으며, 귀여니의 소설은 물론 다양한 인터넷 소설이나 자료가 탑재되어 있다.

[그림 5-3] 귀사모 홈페이지

2) 팬픽(Fan fic)

팬픽은 'fan fiction'의 줄임말로 만화, 소설, 영화, 대중가요 등 대중적 인기를 끄는 작품이나 그룹을 대상으로 팬들이 독창적으로 원작이나 구성원의 관계를 비틀거나 재창작한 작품으로 원작과 비슷하거나 완전히 허구로 재구성한 내용이다. 특히 대중 스타들의 팬클럽(fan club) 사이트에 있는 소설방이나 팬픽방에 많이 올려져 있으며, 청소년들이 대중 스타의 이미지를 가공해서 새롭게 창작해내는 텍스트이다. 과거의 스타들은 물론 현재 활동하고 있는 스타들에 대한 팬픽을 독립적인 팬픽 사이트(예를 들면, HOT, 신화, 동방신기, SS501 등)에서 확인할 수 있으며, 팬픽 전용 카페인 '베스트 팬픽(http://cafe.daum.net/bestfanfic)'에서도 이런 텍스트들을 접할 수 있다.

이와 같은 팬픽은 연예인을 주인공으로 하여 소설을 써서 인터넷에 연재하고, 이를 독자들이 읽어 반응하는 조회수와 이에 대한 감상문에 의해서 그 인기도와 존재를 인정받는다. 그래서 그 내용을 이들 대중 스타들의 팬인 소녀 팬들의 재미와 흥미를 유발하기 위해서 동성애가 주로 다루어진다. 그 이유는 자신이 좋아하는 스타를 다른 여성에게 빼앗기고 싶지 않은 여성 독자들의 기대와 요구를 반영하기 때문이다. 따라서 팬픽의 생명력은 신선하고 독창적인 판타지의 형식과 내용에 의해 유지된다.

[그림 5-4] New 동방신기(東方神起) Fanfic No. 1 사이트

미국에서는 1974년 「스타트렉(Star Trek)」의 팬픽인 'A Fragment Out of Time'이 나오면서 이후 「스타트렉」의 팬픽이 등장했으며, 1978년에 「스타워즈」, 1994년 「X파일」, 1995년에는 「세일러 문(Sailor Moon)」의 영어판 출간에 자극되어 애니메이션 팬픽으로 발전하였다. 1999년 'Harry Porter and the Man of Unknown'이 '팬픽넷(http://www.fanfic.net/)'에 등장하면서 폭발적인 인기를 끌었으며, 1995년 개설되어 「X파일」의 팬픽을 소개하는 사이트인 '고사머 프로젝트(http://www.gossamer.org/)'에는 3만 5천 개가 넘는 글이 올려져 있다.

일본에서는 「슬레이어즈(Slayers)」 등과 같은 애니메이션 팬픽을 운영하고 있는 사이트가 여러 개 있다. 일본 팬픽은 장르가 다양하고, 팬픽을 전문적으로 쓰는 작가가 등장하기도 했다. 「은빛 환영(Silver Illusion)」을 쓴 QP/diana라는 필명을 쓰고 있는 전문 작가가 그 대표적인 예로, 이 작품은 원래 등장인물인 리나의 일인칭 시점에서 서술되어 리나가 제르가디스와 떨어져 가우리와 여행하던 중 겪게 되는 살인 사건을 처리하는 과정을 쓰고 있다. 게임에 관한 팬픽으로는 Smeege라는 필명을 쓰고 있는 작가가 쓴 「파이널 판타지(Final Fantasy)」의 팬픽인 「데이지 화환(Daisy Chain)」을 들 수 있는데, 티파와 에어리스가 클라우드를 놓고 벌이는 삼각관계를 내용으로 하고 있다.

한국의 경우에는 대중 스타들을 대상으로 하는 동성애물 팬픽이 대세를 이루고 있다. 이반(二般, 異般)이라고도 칭해지는 이 동성애물은 일본어로는 '야오이'로 불리기도 한다. '야오이'는 야마나시(극적 상황이 없고), 오치나이(반전이 없으며), 이미나이(의미가 없다)라는 일본어의 앞 글자를 모아 조어한 용어로, 주로 등장인물의 연애에 초점을 맞춘 팬픽을 지칭한다(최혜실, 2007:95-98).

이와 같은 팬픽은 1997년 그룹 H.O.T와 젝스키스, 2000년 신화, GOD에 이어 2005년 그룹 동방신기와 SS501를 대상으로 하는 열풍을 이루기 시작했다. 이 중에서 2005년에 개설된 'New 동방신기(東方神起) Fanfic No. 1'(http://cafe.daum.net/dongpic)이라는 사이트에는 5만 7천여 명의 회원(2008년 3월)이 가입하여 활동하고 있다. 이 사이트에는 '은안'이라는 작가에 의해서 「영혼의 도시(city of soul)」(2007.4.8-9.9), 「늑대소년」(2007.7.4-9.6) 등 많은 팬픽이 올려져 있으며, 최근에는 소속 작가, 신인 작가, 직원 등 차별화된 회원 관리 방식으로 운영되고 있다.

H.O.T의 팬픽인 「360도」는 초창기 팬픽의 대표적인 작품(http://blog.naver.com/riboangel)으로, 훼스라는 작가가 1998년부터 2001년까지 4년에 걸쳐 연재하였다. 이후 팬들의 요청에 의해 두 번이나 후일담이 올려졌으며, 책으로 제본되어 판매되기도 했다. 또 같은 이름의 상품도 여러 가지 생산·판매되었다. 「360도」의 내용은 대략 다음과 같다.

중고등학교 시절에 인기가 많았던 주인공 우혁은 대학생이 된 지 얼마 되지 않아 6년 동안이나 짝사랑했던 한 여학생의 자살로 주위 사람들의 비난을 받게 된다. 충격을 받은 우혁은 미국으로 갔다가 미국 말리부 해안에서 토니를 만난다. 토니는 우혁을 보고 한눈에 반하여 그를 따라 한국에 오게 된다. 한국으로 돌아온 우혁은 강타의 끈질긴 구애에 사랑을 느끼고, 토니는 자신의 감정을 드러내지 못하고 우혁을 돕는다. 여기에 강타를 사랑하는 희준이 끼어들면서 사각관계를 형성하게 된다. 결국 강타가 '페리 엘리스 360'

이라는 향수를 뿌린 편지를 보내는 정성과 노력으로 우혁의 사랑을 얻어낸다는 내용으로, 소녀 팬들이 자신들의 '오빠'를 남에게 빼앗기고 싶지 않은 마음과 대중 스타와의 이루어질 수 없는 사랑을 꿈꾸는 환상을 충족시키는 기능을 하고 있다.

팬픽의 독자로 출발하여 전문작가가 된 이지련은 일찍이 '스타 소설'이라고 불리기도 한 「협객기」(1999)와 「새디」(1999)를 출간했으며, 「하얀비」 등을 발표하였다. 「새디」는 H.O.T의 열렬한 팬이었던 작가가 쓴 작품으로, 그 내용은 다음과 같다.

정한영(78년생으로 눈이 크고 빨간머리인 문희준), 유승휘(생일이 5월 8일인 장우혁), 지윤호(생일이 6월 7일이며 유승휘와 동갑이고 혈액형이 O형인 토니 안), 신지상(80년생으로 180의 키에 후리후리하고 날렵한 몸매의 소유자인 이재원), 강현(강타)의 사랑과 죽음을 다룬 허구 소설이다. 그 대략의 줄거리는 다음과 같다.

미국의 한 고등학교에서 운명처럼 만난 유승휘와 지윤호는 서로 사랑을 하게 된다. 그리고 레지스탕스라는 조직의 보스인 정한영도 유승휘를 사랑하지만 승휘의 마음이 윤호에게 있는 것을 알고 괴로워한다. 강현은 한영을 사랑하고, 영신회의 보스인 지상은 누나인 해서를 사랑하고 있다. 이와 같은 사랑에, 레지스탕스와 영신회, 김학진의 혈단이라는 조직 간의 대립과 복수가 끼어든다. 윤호는 김학진을 죽이고, 한영을 노리는 승휘를 대신해 강현이 죽게 되자 한영은 승휘 앞에서 자살한다. 그리고 강현과 승휘는 한국을 떠난다.

### 3) 컴퓨터 게임

최초의 게임은 원자폭탄 개발 프로그램에 참여했던 윌리 비긴보섬이 1958년에 개발한 놀이로 테니스와 유사한 형태였다고 하며, 두 번째 게임은 MIT의 미디어 연구실에서 개발한 컴퓨터를 이용하여 1962년 스티브 러셀 등이 개발한 「스페이스 워(Space War)」라는 게임이다. 우주에서 벌어지는 전쟁을 모델로 한 것으로 두 로켓이 적의 함정을 파괴한다는 내용이었다. 이어 1980년대 '블록 깨기'로 널리 알려진 「브레이크 아웃」, 1991년 대전(對戰) 격투게임인 「스트리트 파이터(Street Fighter)2」를 거쳐 1990년대 후반 이후 게임의 기본이라고 할 수 있는 '1인칭 3D 액션'으로 발전하였다(최유찬, 2000:233-243).

컴퓨터 게임은 디지털 스토리텔링(storytelling)의 대표적인 장르로, 프로그래밍된 이야기의 데이터베이스가 있고, 게이머(gamer)는 컴퓨터를 켜서 게임을 시작한다. 이때 게이머의 선택과 취향에 따라 이야기가 다르게 진행된다. 이같은 게임의 디지털 서사는 이야기의 시작은 있지만 끝은 없다는 점에서 기존의 서사와 다르다. 종래 종이 놀이판(sheet)과 주사위를 도구로 자신에게 주어진 캐릭터의 임무를 수행하던 역할놀이인 TRPG(table take role playing game)가 스토리텔링 게임의 출발이었으며, 이후 컴퓨터가 보급되면서 게이머가 주인공이 되어 능동적으로 자신에게 부여된 역할을 수행하는 게임인 RPG(role playing game)으로 발전하여 본격적인 역할놀이의 스토리텔링이 시작되었다. 이어 다중접속역할수행게임(MMORPG, massively multiplayer on-line role playing game)으로 발전하게 된다.

이와 같은 게임은 놀이성에 기반을 두고 있다. 그것은 일정한 반복과 변조를 통하여 현실에서 이루지 못한 꿈을 실현하고, 억압된 욕망을 풀어나가고자 하는 특성을 지니고 있다(최혜실, 2007:165). 게이머는 놀이 공간에 능동적으로 참여하여 주어지는 상황에 대처하여야 하고, 자신에게 맡겨지는 역할과 과제를 수행해야 한다. 이 때 강렬한 영상과 사운드가 동원되고, 게이머는 시각과 청각, 촉각을 통해 받아들인 가상의 시공간에 몰입하여야 하며, 마우스나 키를 움직이는 손놀림을 활용하여 주어지는 상황에 대처해야 한다.

대부분 게임의 스토리 진행은 주인공의 공간 탐색 이야기가 중심을 이룬다. 3D(three dimension) 액션 어드벤처 게임인 「던전 시즈(Dengeon Siege)」는 평화롭게 밭을 갈던 농부에게 노릭이라는 노인이 달려와 스톤 브리지에 있는 기욘을 찾은 뒤 약탈자 크릭의 습격으로부터 에브 왕국을 수호하라는 말을 남기고 숨을 거두자, 주인공인 농부가 이후 같이 모험을 할 동지를 찾아 악마와 용, 세크 족을 물리쳐서 국왕을 구하고, 별의 내실과 연결된 던전으로 가서 대마왕을 물리치는 게임이다. 일본에서 개발한 게임인 「삼국지」 시리즈나 다중접속역할수행게임인 「리니지(Lineage)」도 이와 같은 원리와 구조를 기본으로 하고 있다.

1990년대 중반 다중접속역할수행게임(MMORPG)인 「바람의 나라」가 세계 최초로 한국에서 개발되면서 온라인 게임은 짧은 기간에 비약적인 성장을 이룩하였으며, 현재 전세계 게임 시장의 주류를 형성하고 있는 것으로 알려져 있다. 「스타크래프트(Star Craft)」, 「워크래프트(War Craft)」, 「리니지」 등이 그 대표적인 작품들이다. 이 게임은 성을 차지하는 싸움인 공성전을 중요한 모티브로 하고 있으며, 주어진 임무를 수행해내는 결과보다는 게이머가 주어진 조건에 맞추어 다른 게이머들과 협조 또는 경쟁하여 자신의 전투력[level]을 높여가는 과정을 중시한다.

「리니지」의 경우, 게임의 공간은 아덴 대륙과 엘모어 대륙이며, 이 지리정보가 스토리 라인의 근간을 형성한다. 이 중에서 아덴 대륙에는 휴먼과 엘프, 다크 엘프라는 종족 마을이 있고 글루디오, 기란성, 오렌성 등이 있다.

[그림 5-5] 리니지 2

엘모어 대륙에는 오크와 드워프라는 종족의 마을이 있다. 게임은 게이머가 이 종족의 혈맹 단위로 다른 종족과의 전투에 참가하여 싸움 끝에 성을 차지하여 성의 주인임을 인정받는 것으로 한 단계를 마치게 된다. 즉 게이머가 원하는 한 중간 승리만 있고 게임은 끝나지 않고 계속되게 된다.

## 3. 하이퍼텍스트 서사 문학

### 1) 하이퍼텍스트 문학의 특성

#### (1) 개방적 텍스트

디지털 시대의 문학, 예술 텍스트는 열린 텍스트, 텍스트 속의 텍스트라는 하이퍼텍스트성을 지니게 된다. 소설의 끝에 새로운 글쓰기 방식을 제안하는 방식이라고 요약할 수 있다. 즉 작가는 주인공의 이름, 나이 등 여러 조건을 제시하고 다시 소설을 쓸 것을 제안하여, 게임은 끝났고 이제 다른 사용자가 다시 이 게임에 재도전하게 된다(최혜실, 1999:256).

이와 같은 하이퍼텍스트 문학은 완제품이 아닌 텍스트, 여러 개의 입구(열쇠 구멍)가 있는 텍스트이다. 즉 323개의 텍스트가 462개의 링크로 구성되어 있다. 조각 이불과 같은 텍스트인 조각(patch)을 모아서(work) 탄생된 텍스트(girl)라는 의미로 제작된 「패치워크 소녀(Patchwork Girl)」(류현주, 2000:129)가 대표적인 예이다.

#### (2) 환상성 혹은 몰입

① 허구와 현실의 경계 무너뜨리기 방식으로 미래의 시공을 배경으로 하거나 ② 일본의 디지털 문학, 예술의 영향으로 헤이안 시대, 전국 시대, 유신 직전 등과 같은 일본 고대를 배경으로 하고, ③ 일본을 배경으로 하는 디지털 문학, 예술에 대한 반발로 환국 시대(한국의 고대 국가: 필자 주) 또는 고구려 시대를 배경으로 하는 경우, ④ 현실성과 상관성은 있으나 초현실의 세계와의 교류를 다루는 경우(최혜실, 1999:249-253)가 하이퍼텍스트 문학의

내용적 특성이라고 할 수 있다.

2) 하이퍼텍스트 소설: non-narrative가 아닌 anti-narrative

하이퍼텍스트 문학은 디지털 서사의 대표적인 장르로, 우리 문학계에서는 「디지털 구보 2001」이라는 작품을 예로 들 수 있다. 이 작품은 1930년대 박태원과 1960-70년대 최인훈이 썼던 「소설가 구보씨의 1일」과 상호 텍스트성이 있는 소설로, 2001년 최혜실 등이 전자책 전문서점인 북토피아와 지상파 방송국인 MBC의 지원을 받아 방송국의 홈페이지인 imbc에 연재했던 하이퍼텍스트 소설이다. 2002년 이후에는 웹상에서는 볼 수 없고, 북토피아 홈페이지(http://hyper.booktopia.com/contents/hypertext/site.asp)에서 소개 화면만 볼 수 있다.

「디지털 구보 2001」은 이상, 구보, 구보의 어머니를 화자로 하여 각각의 하루를 시간대별로 구성한 세 개의 이야기이다. 세 명의 화자 중 한 사람의 이야기를 따라갈 수도 있고, 텍스트에 설정되어 있는 연결 고리를 따라 또 다른 화자의 이야기로 옮겨갈 수도 있다.

이상은 시나리오뱅크라는 벤처 회사를 운영하는 사업가이자 시인. 회사를 지키기 위해 H 전자상거래 회사를 해킹하여 파산시키는 등 사이버 공간을 적극적으로 활용하는 디지털 시대의 인물이다.

구보는 30대 이혼녀로 장애아 딸을 기르는 여인. 어린 시절 아버지의 폭행으로부터 시작된 정신적 상처로 결벽증을 가지게 되었고, 어머니의 불행을 닮지 않기 위해 발버둥치지만 이미 또 다른 불행한 어머니가 된 여인으로 복잡한 가정사와 자신의 내면 심리를 드러내고 있다.

구보의 어머니는 폭력적인 남편에 시달리다가 딸의 행복을 통해 자신의 불행을 보상받고 싶어 했지만, 결국 똑같은 불행을 반복하는 딸을 지켜보아야 하는 여인이다.

### 3) 하이퍼텍스트성을 구현한 인쇄 문학

김영하의 「아랑은 왜」(문학과지성사, 2001)라는 소설은 하이퍼텍스트성이 구현된 작품으로, 경상도 밀양을 배경으로 하는 아랑의 전설을 재구성한 이야기와 현대의 '박' 이야기, 이런 이야기를 꾸려나가는 메타 이야기 등 세 이야기를 축으로 하고 있다. 소설 속 작가는 어사를 수행하는 의금부 낭관 김억균을 근대의 탐정으로 만들어 민간에 떠도는 소문을 재조사하여 다음과 같은 아랑의 전설을 재구성한다.

아랑은 전임부사 윤관의 첩으로 관노인 안국과 정분이 나자, 질투심을 이기지 못한 부사가 아랑을 살해한 후 밀양 땅을 떠났고, 이후 지방의 호족들이 자신들의 권력을 유지하기 위하여 신임 사또들을 연달아 독살하게 된다. 어사가 주관하는 재판의 자리에서 김억균은 이런 사실을 폭로하지만, 오히려 민심을 어지럽혔다는 죄를 뒤집어쓰게 된다. 족징을 면하고자 이실직고한 호장 덕분에 사건의 진실은 밝혀지지만 또 다른 이야기의 '틈'을 남긴 채 재판은 끝난다.

소설가인 현대의 '박'은 지금은 「사냥개를 기르는 법」이라는 책을 번역하고 있다. 미용실에서 일하던 영주와 우연히 만나서 동거를 시작하였지만 질투심 때문에 그녀를 살해하게 되며, 후에 선운사를 여행하면서 아랑의 유령을 만난다.

## IV. 디지털 시대, 문학·예술 텍스트의 소통

### 1) 원 소스 멀티유스(one source multi-use)

현대 사회가 다원화되고 온라인과 디지털 산업이 문화 산업으로 발전하면서 문화 상품 간의 장벽이 허물어지고, 매체 간의 변환이 활발해져서 하나의 소재로 다양한 상품을 개발, 보급하는 현상이 나타나고 있다. 즉 대중문화 산업의 경우 하나의 문화 상품을 기획하면서 영화, 게임, 애니메이션, 만화, 캐릭터 산업 등 여러 분야가 기획하는 단계부터 콘텐츠 개발에 공동으로 참여하여 효과를 극대화시키고 있다.

2) 배급자로서의 미디어 공동체(집단)

디지털 시대를 맞아 문화 산물이 상품으로 인지되게 된다. 이에 따라 문화 상품은 다른 재화와 같이 기업이나 개인의 이익 추구라는 요구에 부응해야 한다. 그래서 문화 산물의 효과적인 생산과 보급을 위해서 배급자와 웹 마스터가 생산과 소비에 적극적으로 개입하게 된다. 즉 문화 상품의 생산과 보급에 그 작품성이나 완성도보다는 상품성이 중요하게 작용한다. 이에 따라 상품성이 없는 문화 상품은 투자와 생산이 이루어지지 않게 되며, 이 과정에서 자본이 중요한 역할을 하게 된다.

3) 신속성/ 대량성/ 개방성

인터넷으로 대표되는 멀티미디어의 발전에 따라 디지털 시대의 문학, 예술은 대량성, 신속성을 생명으로 하며, 개방성을 전제로 하고 있다. 새로운 상품에 대해서 끊임없는 복제와 개조 작업이 다양한 방식으로 전개되기 때문에 그 독창성을 오랫동안 주장할 수 없게 된다. 이에 따라 수용이나 소비 역시 다양한 방식으로 이루어진다. 특히 생산자와 소비자가 상호 작용하는 쌍방향적 소통 방식은 문화 상품의 신속성, 대량성, 개방성을 부추기는 역할을 하기도 한다.

## 참고문헌

김대행(1998), 「매체언어교육론 서설」, 『국어교육』, 제97호, 한국국어교육연구학회.
김대행 외(2006), 『하이퍼텍스트의 언어문화 이해교육』, 서울대출판부.
김동환 외(2000), 「매체언어의 소통원리와 교육적 대상화의 방법」, 서울대학교 국어교육연구소.
김정자(2002), 「국어교육에서 미디어 교육의 수용: 미디어 교육 사례를 중심으로」, 『국어교육학연구』, 제15집, 국어교육학회.
김정자 외(2007), 『인터넷 환경의 언어 문화 교육 내용 개발 연구』, 2006년도 교과교육 공동연구지원사업 보고서.
김종회 편(2005), 『사이버 문화, 하이퍼텍스트 문학』(이론편, 작품편), 국학자료원.
류현주(2000), 『하이퍼텍스트 문학』, 김영사.
배식한(2000), 『인터넷, 하이퍼텍스트 그리고 책의 종말』, 책세상.
오미영 · 정인숙(2005), 『커뮤니케이션 핵심 이론』, 커뮤니케이션북스.
우한용 외(2006), 『인터넷 시대의 글쓰기와 표현교육』, 서울대출판부.
윤여탁(2007), 「비판적 문화 연구와 현대시 연구 방법」, 『한국시학연구』, 18호, 한국시학회.
윤여탁 외(2007), 「매체언어 교육의 본질에 대한 연구」, 『국어교육연구』, 19집, 서울대학교 국어교육연구소.
장창영(2003), 「방사형 수사와 디지털 텍스트 읽기 - '아행행'과 '언어의 새벽'의 소통 구조를 중심으로」, 『한국언어문학』, 51집, 한국언어문학회.
정현선(2004), 『다매체 시대의 국어교육과 문화교육』, 역락.
정현선(2005), 「'언어, 텍스트, 매체, 문화' 범주와 '복합 문식성' 개념을 통한 미디어 교육의 국어교육적 수용에 관한 연구」, 『한국초등국어교육』, 제28집, 한국초등국어교육학회.
정현선(2006), 「미디어 소통의 관점에서 본 인터넷 공론장의 언어문화」, 『국어교육』, 제119호, 한국어교육학회.
정현선(2007), 『미디어교육과 비판적 리터러시』, 커뮤니케이션북스.
최미숙(2007), 「디지털 시대, 시 향유 방식과 시 교육의 방향」, 『국어교육연구』, 19집, 서울대학교 국어교육연구소.
최유찬(2000), 「게임의 장르와 역사」, 『문학교육학』, 5호, 한국문학교육학회.
최유찬(2002), 『컴퓨터 게임의 이해」, 문화과학사.
최혜실(2001), 『디지털 시대의 문화 읽기』, 소명출판.
최혜실(2006), 『문화 콘텐츠, 스토리텔링을 만나다』, 삼성경제연구소.
최혜실(2007), 『문자문학에서 전자문화로』, 한길사.

최혜실 엮음(1999), 『디지털 시대의 문화 예술』, 문학과지성사.

Agger, B. (1996), *Cultural studies as critical theory*, 김해식 옮김, 『비판이론으로서의 문화연구』, 옥토.

Andrews, R.(ed.) (2004), *The Impact of ICT on Literacy Education*, London and New York: Routledge Falmer.

Baudrillard, J. (1993), *Simulacres et simulation*, 하태환 옮김, 『시뮬라시옹』, 민음사.

Bolter, J.D & Grusin R. (2006), *Remediation: Understanding New Media*, 이재현 옮김, 『재매개 - 뉴미디어의 계보학』, 커뮤니케이션북스.

Buckingham, D. (2004), *Media Education - literacy, learning and contemporary culture*, 기선정, 김아미 옮김, 『미디어 교육 - 학습, 리터러시, 그리고 현대문화』, jNBook.

Buckingham, D. (2004), *After the death of childhood: growing up in the age of electronic media*, 정현선 옮김, 『전자매체 시대의 아이들』, 우리교육.

Thompson, J.B. (1995), *The Media and Modernity: A Social Theory of the Media*, Stanford, California: Stanford University Press.

Turner, G. (1995), *British Cultural Studies: An Introduction*, 김연종 옮김, 『문화 연구 입문』, 한나래.

제6장

# 시 텍스트의 변화와 교육

## I. 미디어 시대, 시 텍스트의 변화 양상

### 1. 디지털 기술의 발달과 시 텍스트의 변화

전자 기술과 미디어의 발달은 여러 국면에서 우리의 삶을 변화시키고 있으며, 특히 문학을 읽고 창작하고 향유하는 방식 또한 변화시키고 있다. 소설이 영화화되던 단계에서 나아가 영화가 소설화되는 현상도 등장하고 있다. 영화 「외출」의 시나리오를 바탕으로 소설 「외출」이 등장했으며,[1] 최근의 소설은 인물 설정이나 상황 설정, 그리고 등장인물의 대화 방식이 영화 혹은 드라마의 그것과 유사한 경우가 많다. 소설에 비해 상대적으로 비중이 작긴 하지만 시의 경우에도 영화와 관련을 맺고 있는 경우가 있다. 영화 「편지」는 황동규의 시 「편지」를 모티프로 한 것이며, 영화 「301 · 302」의 모티프가 된 것이 장정일의 시 「요리사와 단식가」라는 것은 익히 알려진 사실이다. 미디

---

1) 영화 「외출」은 2005년 9월 7일에 개봉되었으며, 소설 「외출」은 2005년 8월 23일에 출간되었다. 약 2주의 시차가 있기는 하지만 소설 「외출」은 영화 「외출」을 바탕으로 하여 쓰여진 작품이다. 영화가 소설화된 예는 「동감(허인아, 출판시대)」의 예에서 보듯 이미 존재하던 현상이다. 하지만 「외출」의 경우, 문단의 중견 작가(김형경)가 작품을 썼다는 점, 또 우리나라 유명 출판사(문학과지성사)에서 출판했다는 점 때문에 많은 이의 주목을 받은 바 있다.

어가 우리 삶에 많은 영향을 미치면서 우리들의 일상적 삶에서 문학이 존재하는 방식이 다양해지고 있다.

또한 우리 생활에서 시를 읽고 즐기는 방식의 변화가 여기저기서 이루어지고 있는데, 우선 그 한 예로 시 낭송 카드를 들 수 있다. 우정사업본부(www.epost.go.kr)에서는 2006년 말 연하장 중 하나로, 황금찬 시인의 시 「새 아침에」를 성우 배한성 씨의 음성으로 녹음한 시 낭송 카드를 국내 최초로 제작하여 판매했다. 시 낭송 카드를 펼치는 순간 시 낭송이 울려 퍼지도록 고안되었으며, 시 원문은 카드 속지에 실려 있다. 카드를 펼쳐 시 낭송을 들으면서 시 원문과 동시에 카드에 적힌 새해 인사를 읽을 수 있도록 한 셈이다. 이 외에도 시를 읽고 즐기는 방식의 변화는 여러 방식으로 나타나고 있다. 그것은 그림을 동반한 시화집의 출판으로, 멀티미디어를 활용한 시 낭송의 활성화 등으로 나타나고 있다.

특히 디지털 기술의 발달은 시의 생산과 유통에 많은 영향을 미치고 있다. 시집 속에서 문자로만 존재하던 시가 그림, 음성, 소리, 이미지, 동영상 등과 결합하면서 그 존재 방식을 다양한 형태로 변화시키고 있는 것이다. 우리는 예전과는 다른 새로운 형태의 문학 텍스트를 생산하고 향유할 수 있게 되었으며, 현대 사회는 그러한 텍스트를 읽고 쓰고 즐길 수 있는 문학 능력을 우리에게 요구하고 있다.

특히 디지털 기술이 문자, 음성, 소리, 이미지, 동영상 등을 결합하여 하나의 텍스트로 생산하는 것을 가능하게 했으며, 이는 새로운 시 텍스트를 생산하고 수용하며 향유하는 데 중요한 역할을 하고 있다는 점에 주목할 필요가 있다. 이러한 변화는 디지털 기술의 발달로 가능해진, 매체언어를 통한 표현 방식의 변화와 밀접한 관련이 있다. 매체언어는 다양한 매체 텍스트에 실현된 언어의 특성에 주목한 용어로, 기존의 언어가 주로 음성 언어와 문자 언어로 이루어진 것이었다면, 매체언어는 텍스트의 종류에 따라 음성, 문자, 소리, 이미지, 동영상 등이 복합적으로 통합되면서 의미를 형성한다는 특성을 지닌다.

[그림 6-1] 2006년 말에 우정사업본부에서 제작한 시 낭송 카드

새로운 매체에서 음성언어와 문자언어는 다른 기호와 유기적으로 결합하면서 새로운 의미를 만들어내며, 이러한 매체언어로 표현된 매체 텍스트는 의미를 생성하는 문법적인 구조를 가지고 있는 음성 언어나 문자 언어처럼 상세한 분석이 가능해지는 것이다(최미숙, 2007). 매체언어의 등장은 현대시의 모습을 다양화하고 있는데, 문자 언어를 통해서 시를 쓰고 읽던 단계에서 나아가 최근에는 매체언어의 특성을 고려하여 시를 생산하고 읽고 유통시키면서 즐기는 방식이 등장하고 있다.

그렇다고 해서 이러한 변화가 시집을 통해 시를 읽으면서 즐겼던 문화 자체를 대체하고 있다고 보기는 어렵다. 다만 새로운 방식의 출현으로 예전에 비해 시를 접하는 방식이 좀 더 다양해졌고, 이는 시 교육이 주목해야 할 중요한 변화 중 하나라고 보는 것이며, 나아가 시교육적 관점에서 성찰이 필요하다는 점을 강조하고자 한다. 디지털 시대에 시의 생활화를 위한 새로운 관점의 시 교육이 필요해진 것이다.

## 2. 시집 출판 경향의 변화

최근 서점에 가 보면 시집 출판 경향이 변화하고 있다는 것을 한눈에 알 수 있다. 우선 여러 시인의 시를 골라 편집한 시 선집이 다양한 형태로 출판되고 있으며, 시와 그림(혹은 사진)을 접목시킨 시집의 등장이 눈에 띄고, 또 CD-ROM 형식의 전자 시집이 등장하면서 다양한 낭송시집과 영상시집이 속속 선을 보이고 있다.

시 텍스트의 이런 변화는 미디어 시대 디지털 기술의 발달 및 미디어 문화와 밀접한 관련이 있다. 이제 미디어 시대를 맞이하여 이루어지는 시 텍스트 변화의 양상과 그러한 변화에 대해 시 교육의 관점에서 어떻게 접근해야 할 것인가를 고찰할 필요가 있다. 이를 위해 우선 미디어 시대 독자의 미적 지각 방식의 변화와 관련하여, 시 텍스트가 어떤 변화를 보이고 있는지 살펴볼 필요가 있다. 이는 미디어 시대에 시 텍스트가 독자와 어떤 방식으로 만나고 있는가를 살펴보기 위한 것으로, 독자의 미적 지각 방식의 변화가 시 텍스트 형식의 변화와 밀접한 관련이 있다고 보기 때문이다.

미디어 시대 시 텍스트 변화에 대하여 구체적으로 알아보기 위해 여기에서는 최근 시집 출판 경향을 중심으로 하여 살펴볼 것이다. 시집 출판의 방식이나 경향이 독자의 시 읽기 방식이나 시 향유 방식과 밀접한 관련을 갖기 때문이며, 인터넷을 통한 다양한 시 향유 방식을 시집 출판에 적극 반영하고 있기 때문이다. 이는 새롭게 창작되는 시가 아니라 기존에 발표된 시를 새로운 형식으로 변화시켜 출판하는 경향에 주목하는 것이기도 하다. 기존 시 텍스트와의 비교를 통해 최근 시 텍스트의 변화를 논의함으로써 변화의 특성을 좀 더 효율적으로 분석할 수 있기 때문이다.

한편 여기에서는 시 텍스트와 관련 있는 다양한 대중 문화 현상에 대해서는 제한적으로 다루었다. 예를 들면, 가수 마야는 김소월의 「진달래꽃」이라는 원본이 지니고 있는 정서나 분위기 등을 재해석하여 새로운 대중가요 텍스트로 변환하였으며, 이에 대해 많은 대중들이 긍정적인 반응을 보인 바 있다. 시 텍스트의 변화라는 측면에서 볼 때, 이런 현상에 대해서도 관심을 갖고 살펴볼 필요가 있을 것이다. 다만 여기에서는 차후의 관제로 남기고, 시집 출판을 통해 드러나는 시 텍스트 변화의 측면을 중심으로 하여 살펴보고자 한다.

## II. 시화(詩畵) 텍스트

### 1. 시화 텍스트의 특성: '텍스트의 전용'

미디어 시대 시 텍스트의 변화 중 중요한 측면으로 시 텍스트의 '변환'에 주목하고자 한다. '변환'이란 문자 그대로 원 텍스트의 상태와 다르게 변하여 바뀌는 것을 의미한다. 미디어 문화의 활성화와 디지털 기술의 발달로 시 텍스트의 매체 변환이 이루어지고 있는바, 시 텍스트의 매체 변환에 대해서는 슈넬(R. Schnell)이 구분한 '전용(Transposition)'과 '변형(Transformation)' 개념을 원용하여 살펴볼 것이다. 슈넬은 주로 소설을 예로 들어 텍스트의 변환을 설명하였지만, 그 미학적 특성은 시 텍스트의 매체 변환에도 적용 가능하다. 슈넬에 의하면, 소설이 영화화되면서 '소재, 갈등 상황 또는 플롯의 전이'가 드러날 때 그것을 '전용'이라 하며, '변형'이란 '어떤 미디어가 다른 미디어의 형식 언어를 구조적으로 변화시킨 것'을 의미하는데, 여기서 '변형 과정'은 미학적으로 매우 중요한 결정인자가 된다(R. Schnell, 2000:252).

이렇게 보면 '텍스트의 전용'이란 원 텍스트의 특성과 구조, 모티프 등은 보존하면서 다른 텍스트 상황으로 위치를 변경하는 것으로 볼 수 있으며, '전용'이 이루어진 텍스트의 경우 여전히 문학적 관점에서 분석할 필요가 있다. 시 텍스트를 예로 들 경우, 원래의 시 텍스트에 표현된 시의 화자, 시의 상황이나 형식 등은 보존하면서 다른 텍스트의 상황에 놓이는 경우를 전용이라 할 수 있을 것이다. 이 때 원래의 시 텍스트는 다른 텍스트 상황에서 새로운 의미 확장이 이루어진다는 점에 유의해야 하며, 그럼에도 여전히 문학적 관점에서의 분석이 중요하다는 점 또한 고려해야 한다.

## 2. 시화 텍스트의 읽기 방식

최근 출판되는 시집을 보면, 시와 그림(혹은 사진)을 결합하여 시집을 출판하는 경우를 종종 볼 수 있다.[2] 물론 예전과 동일하게 그림이 시의 단순한 배경으로 존재하는 경우도 있다. 하지만 그림이 시를 보조하기 위한 삽화(揷畵) 혹은 시의 배경이 아니라 문자언어와 동등한 하나의 기호로 존재하면서 문자와 결합하여 통합적인 새로운 의미 형성에 기여하는 경우가 많다는 점에 주목할 필요가 있다. 이 경우 그림은 시의 의미를 보충하거나 이해를 돕기 위해 넣는 삽화가 아니라 독자적인 의미를 담은 하나의 기호로서의 역할을 하게 된다. 문자 언어와 그림 언어의 결합을 통하여 시 텍스트의 의미를 확장하는 역할을 하는 것이다. 시집에 시인 이름과 그림을 그린 화가의 이름을 같이 명시하는 것도 그런 이유로 볼 수 있다.

시화 텍스트의 경우, 그림이 시와 결합하는 과정에서 문자 언어로 표현된 원 텍스트의 특성이나 구조를 변형시키지는 않는다는 점이 중요하다. 원 텍스트의 특성을 유지하면서 그림이라는 새로운 기호와 결합하는 것이다. [그

---

2) 그중 몇 권의 예를 들면 다음과 같다.
정호승 시 · 박항률 그림(2005), 『너를 사랑해서 미안하다』, 랜덤하우스.
김춘수 시 · 최용대 그림(2005), 『김춘수 자선 시화집: 꽃인 듯 눈물인 듯』, 예담.
김남조 시 · 윤정선 그림(2006), 『사랑하리, 사랑하라』, 랜덤하우스.
신경림 엮음(2006), 『처음처럼: 신경림의 소리내어 읽고 싶은 우리 시』, 다산책방.
안도현 엮음 · 김기찬 사진(2006), 『안도현의 노트에 베끼고 싶은 시: 그 풍경을 나는 이제 사랑하려 하네』, 이가서.
안도현 엮음 · 박남철 그림(2006), 『잠들지 않은 것은 나와 기차뿐』, 랜덤하우스 중앙.
김용택 엮음 · 선종훈 그림(2006), 『언제나 나를 찾게 해 주는 당신』, 랜덤하우스 중앙.
양성우 시 · 강연균 그림(2007), 『길에서 시를 줍다』, 랜덤하우스.

[그림 6-2] 김종삼의 「묵화」(신경림 엮음, 2006)

림 6-2]에 예로 드는 김종삼 「묵화」의 시화 텍스트가 이런 특성을 잘 보여주고 있다.

이 텍스트에는 양쪽 면에 걸쳐 그림이 펼쳐져 있으며, 왼쪽 면 위쪽에 시가, 오른쪽 면 위쪽에 시 감상을 위한 간략한 도움말이 실려 있다. 그런데 여기서 그림이 단순히 시의 배경 화면에 그치지 않는다는 것을 쉽게 알 수 있다. 시의 의미를 또 다른 방식으로 구조화하고 있기 때문이다. 우선 그림에는 시에 표현된, 물 먹는 소 목덜미에 손을 얹은 할머니의 모습이 보이지 않는다. 서로 다른 페이지에, 일을 마치고 홀로 돌아오는 소와 할머니의 모습이 각각 그려져 있다. 문자로 표현된 시가 일을 마친 후 물을 마시는 소와 소 목덜미에 손을 얹은 할머니의 모습을 표현한 것이라면, 그림은 거친 노동을 마치고 집으로 돌아가는 소와 할머니의 모습을 각각 분리시켜 표현함으로써 문자로만 표현된 시와는 다른 관점에서 접근하도록 유도하고 있다.

시와 그림의 이러한 구성 방식은 시에 표현된 소와 할머니의 상봉을 그리는 것을 독자의 몫으로 남겨두는 것으로 볼 수 있다. 즉 그 장면을 독자의 상상력을 통해 채울 것을 요구하는 것이다. 따라서 그림은 할머니가 물먹는 소의 목덜미에 거친 손을 얹는 이미지를 독자 스스로 생성하지 않을 수 없도록 한 장치이며, 거친 노동 후에 서로 위로하는 장면을 숨김으로써 오히려 그 의미를 강화하기 위한 기호로 볼 수 있다. 또한 그림은 소와 할머니가 만나는 방식을 다른 방식으로 전경화하기 위한 중요한 요소로서의 역할을 하고 있다. 이 시화 텍스트에 표현된 그림은 문자 언어만으로 표현된 시와는 다른 방식으로 시 텍스트의 의미를 드러내고 있는 것이다.

### 3. 시화 텍스트의 의미

이런 시화 텍스트의 등장은 전통적으로 활자의 형태로만 출판되던 시집이 미디어 시대를 맞이하여 이루어낸, 일종의 매체언어를 활용한 자기 변신의 일환으로 볼 수 있다. 또 이런 현상은 분명 디지털 기술의 발달로 인하여 독자들의 미적 지각 방식이 변화한 데서 기인한 것으로 볼 수 있다. 디지털 기술의 발달로 인한 독자의 미적 지각 방식의 변화가 시집 출판에 영향을 주고 있는 것이다. 디지털 카메라, 핸드폰 카메라, TV, 영화 등을 통해 다양한 이미지와 접하고 컴퓨터 화면을 통해 일상적으로 영상 이미지와 접하면서 독자들의 지각 구조가 문자언어로만 표현된 시보다는 다양한 그림이나 사진 등의 시각 이미지와 함께 결합되어 표현된 시를 선호하는 방식으로 변화하고 있는 것이다. 다시 말하면, 시화 텍스트는 문자언어와 그림이 결합하여 텍스트를 이룬 것이며, 문자와 영상이 결합된 텍스트를 선호하는 독자의 미적 감각을 고려한 텍스트로 볼 수 있다.

## III. 영상시 텍스트

### 1. 영상시 텍스트의 특성: '텍스트의 변형'

'텍스트의 변형'은 원 텍스트가 지니는 모티프는 공유하면서 다른 새로운 텍스트로 변환되는 것이다. 텍스트 변형의 과정을 통해 원 텍스트와는 다른 특성과 구조를 지닌 새로운 텍스트로 거듭나며, 따라서 이 경우에는 원 텍스트가 지닌 문학적 관점에서의 분석보다는 새로운 텍스트의 특성에 맞는 분석이 필요하다. 한 미디어가 다른 새로운 미디어를 통해서 확장되거나 보완된다고 할 때, 예를 들면 문자언어로 표현된 시 텍스트가 디지털 미디어를 통해서 영상 이미지와 소리, 음향 등과 결합된 텍스트로 표현될 때 그것은 문자로 표현된 시와는 다른 새로운 텍스트가 된다는 점을 고려하여 분석해야 하는 것이다.

이러한 텍스트 변환의 관점은 미디어 시대 변화된 시 텍스트를 해석하고 표현하는 데 의미 있는 시각을 제공할 수 있을 것이다.

## 2. 영상시 텍스트의 읽기 방식

영상시란 이미지, 동영상 플래시, 소리, 음향, 목소리, 문자 등이 결합하여 하나의 텍스트로 표현된 시를 의미한다. 여기에서는 처음부터 영상시로 제작된 시 텍스트보다 기존의 시 텍스트를 영상시로 변환한 경우로 제한하여 살펴보고자 한다. 이 텍스트에는 다양한 기호들이 결합되어 있지만 특히 영상과의 결합이 주도적으로 작용하기 때문에 영상시라는 용어를 사용하는 것이 적절한 듯하다. 이런 영상시 또한 기존의 문자 언어로만 이루어진 시에 비해 매체언어로 구현된 시라 할 수 있다.

최근 독자들은 이러한 형태의 영상시를 다양한 방식으로 즐기고 있다. 문학나눔사업추진위원회에서는 시 낭송에 영상과 음악을 곁들인 영상시를 독자들에게 전자우편으로 배달하고 있다. 주로 기성 시인들의 시를 그림이나 사진, 애니메이션 등을 활용해 움직이는 이미지 플래시로 제작한 것인데, 시인의 육성이나 성우 등의 낭송을 곁들여 독자들이 보고, 들을 수 있도록 제작했다. 도종환 시인이 문학집배원을 자칭하면서 영상시를 전자우편으로 배달한 바 있으며, 2007년 5월부터는 안도현 시인이, 2008년에는 나희덕 시인

이 시를 배달하고 있다.[3)]

한편 시를 배경음악과 함께 낭송한 낭송시집이 CD-ROM으로 제작되기도 했으며(도종환, 2006), 도종환 시인은 시 배달을 하면서 작성한 플래시 동영상을 모아 『꽃잎의 말로 편지를 쓴다: 도종환의 시 배달(도종환 엮음, 2007)』이라는 영상시집을 멀티미디어북(CD-ROM) 형태로 발간하기도 했다.[4)] 또 창비에서는 창간 40주년을 맞아 낭송시집 「언어의 촛불들이 피어날 때」를 제작했는데, 고은, 신경림, 김정환, 나희덕 등 25명의 대표작을 육성으로 담은 낭송시집 CD(강은교 외, 2006)는 컴퓨터에서 영상이 담긴 플래시로 감상할 수 있고, 오디오에서도 음악과 어우러진 낭송을 간편하게 들을 수 있도록 되어 있다.

이러한 형태의 시는 시 텍스트의 매체 변환 중에서도 '변형'에 해당한다. 디지털 미디어가 인쇄 미디어의 문자 언어를 구조적으로 변화시키면서 새로운 텍스트로의 변형이 이루어지는 현상을 보이고 있기 때문이다. 변형 과정에서, 문자 언어로 시 텍스트를 읽을 경우 독자의 상상으로 이루어지던 시의 상당 부분이 음향이나 (동영상) 이미지로 채워지며 때로는 탈락되는 부분도 발생한다. 또 화면 구성을 위해 시행이나 연을 변화시킴으로써 텍스트의 특성이나 구조를 변화시키기도 한다. 이러한 특성은 영상시를 감상하고 표현하는 데 관여하는 매우 중요한 특성이다. 다음은 그 예인데, 위에 있는 텍스트는

3) 2007년부터 시배달뿐만 아니라 문장배달도 이루어지고 있다. 주로 산문이나 소설 작품 중 일부를 시배달과 같은 형식으로 제작하여 전달하고 있다. 한편, 소설의 내용을 CD에 담아 읽어 주는 오디오북도 인기다. 소설가 은희경의 아홉 번째 작품『아름다움이 나를 멸시한다』에 수록된 단편「날씨와 생활」을 오디오 북으로 다시 제작했다. 은희경의『날씨와 생활(CD-ROM』((주)창비)의 경우, 작가가 작품에 대한 간단한 소개를 한 후 성우가 작품을 읽어준다. 독자는 CD를 구동시키면서 성우가 읽어주는 작품을 들으면서 감상할 수 있다.

4) 2007년에 들면서 교보문고 시 분야 베스트셀러 10위권 안에 신경림의『처음처럼: 신경림의 소리내어 읽고 싶은 우리 시』와 도종환의『꽃잎의 말로 편지를 쓴다: 문학집배원 도종환의 시배달』이 진입하고 있다.

인쇄된 시집에 문자 언어로 표현된 시 텍스트이며, 아래에 있는 텍스트는 '도종환의 시배달'에서 배달한 영상시[5]로 '텍스트의 변형'이 이루어진 경우다.

정우영의 「밭」은 문자 언어로만 표현된 텍스트로, 시 전체가 30개의 문장으로 이루어진 하나의 연으로 구성되어 있다. 시적 화자인 어머니가 아들

밭

정우영

암시랑토 않다. 니얼 내리갈란다. 내 몸은 나가 더 잘 안디, 이거는 병이 아녀. 내리오라는 신호제. 암먼, 신호여. 왜 나가 요새 어깨가 욱씬욱씬 쑤신다고 잘허제? 고거는 말이여, 마늘눈이 깨어나는 거여. 고놈이 뿌릴 내리고 잖으면 꼭 고로코롬 못된 짓거리를 헌단다. 온 삭신이 저리고 아픈 것은 참깨, 들깨 짓이여. 고놈들이 온몸을 두들김서 돌아댕기는 것이제. 가심이 뭣이 얹힌 것맹키로 답답헌 것은 무시나 배추가 눌르기 땜시 그려. 윗배가 더부룩허고 속이 쓰린 것은 틀림없이 고추여. 고추라는 놈은 성깔이 쪼깨 사납잖여. 가끔씩 까끌허니 셋 바닥이 돋는디 나락이여, 나락이 숨통을 틔우고 잖은게 냅다 문대는 것이제. 등허리가 똑 뿐질러진 것맨치 콕콕 쏘아대는 것은 이놈들이 한테 모여 거름 달라고 보채는 거여. 밍그적거리면 부아를 내고 난리를 피우제. 그려, 내 몸이 곧 밭이랑게. 근디 말여, 나가 여그 있다가 집에 내리가잖냐. 흙냄새만 맡아도 통증이 싹 사라져뿐진다. 신통허제? 약이 따로 필요 없당게. 하이고, 먼 지랄로 여태까장 그 복잡헌 디서 뀌대고 있었다냐 후회막심허지. 인자 내 말 알아들었제? 긍게로 나를 짠하게 생각허덜 말그라. 너그 어매는 땅심으로 사는 사람이여. 나가 땅을 버리면 아매도 내 몸뚱이가 피를 토할 거이다. 그러니 내 말 꼭 명심히야 써. 어매 편히 모시겠다는 말은 당최 꺼내지도 마라. 너그 어매 죽으라는 소린게로. 알겄제?

(도종환 엮음, 2007)

5) 문학나눔, 「문학집배원」, 2008.7.31. http://www.for-munhak.or.kr

에게 말하는 형식으로 표현되어 있는데, 자식 집에 머물러 있던 어머니가 어느덧 한몸이 되어버린 자연과 더불어 농사지으며 살기 위해 고향에 내려가겠다고 말하고 있다. 시적 화자가 구사하는 전라도 방언이 시적 표현을 통해 구수하게 표현되어 있으며, 마치 자식을 앞에 두고 대화를 나누는 듯한 문체로 표현되어 있다. 가끔씩 의문형 문장이 등장하기는 하지만 그것은 직접 대화의 형식이기보다는 자식을 향해 읊조리는 독백 형식의 표현이다. 이런 표현 방식을 통해 자식을 향해 잔잔한 목소리로 고향으로 내려가야 한다고 천천히 이야기하는 어머니의 이미지를 잘 살려내고 있다.

그런데 이러한 시 텍스트가 영상시로 표현되는 과정에서 몇 가지 형태상 변화를 보이고 있다. 우선 원 텍스트에 하나의 연으로 구성된 30개의 문장을 영상시에서는 31개의 시행으로 재구성해 표현하고 있다. 또한 그것을 5개 화면으로 나누어 표현하여 마치 5연으로 이루어진 시라는 느낌을 준다. 인쇄된 시집에 표현된 방식과 영상시의 화면에 표현된 방식이 달라진 것이다. 아마도 영상시에서 31개의 시행으로 구성한 것은 시 낭송의 속도를 고려하면서 동시에 컴퓨터 화면에서 시를 보기 편하도록 표현하기 위한 것인 듯하다.

또 영상시의 경우, 문자언어로만 표현된 전라도 방언이 음성언어를 통해 생생하게 구현되고 있다. 잔잔하게 흐르는 음악, 플래시 동영상으로 표현된 늙은 어머니의 움직이는 모습은 이 시가 드러내고자 하는 고향 어머니의 이미지를 잘 드러내는 역할을 한다. 이런 텍스트 변형을 거쳐, 인쇄된 시집에 표현된 정우영의 「밭」과 영상시로 표현된 정우영의 「밭」은 다른 텍스트가 되었다. 이제 이 텍스트는 '도종환의 시배달에 실린 정우영의 「밭」'이라는 제목으로 불러야 하며, 이렇게 보면 시 텍스트의 '변형' 과정에서 다양한 이본이 가능해질 것이다.

이러한 특성은 대부분의 영상시에서 쉽게 발견할 수 있다. 또 다른 예를 들면, 박시교의 「이별 노래」는 12개의 시행이 12개의 연으로 구성되어 있다. 시행과 시행 사이를 넓힘으로써 한 행이 한 연으로 구성된 형식을 취하고 있는 것이다. 그런데 도종환의 시배달에서 제작한 영상시[6]에서는 완전히

이별 노래

박시교

봄에 하는 이별은 보다 현란할 일이다
그대 뒷모습 닮은 지는 꽃잎의 실루엣
사랑은 순간일지라도 그 상처는 깊다
가슴에 피어나는 그리움의 아지랑이
또 얼마의 세월 흘러야 까마득 지워질 것인가
눈물에 번져 보이는 수묵빛 네 그림자
가거라, 그래 가거라 너 떠나보내는 슬픔
어디 봄산인들 다 알고 푸르겠느냐
저렇게 울어쌌는 뻐꾸긴들 다 알고 울겠느냐
봄에 하는 이별은 보다 현란할 일이다
하르르 하르르 무너져 내리는 꽃잎처럼
그 무게 견딜 수 없는 고통 참 아름다워라

다른 형태로 시행을 배치하고 있다. 4개의 화면에 각각 1-3행, 4-5행, 6-9행, 10-13행으로 구성하여 4연으로 이루어진 시가 된 것이다.

## 3. 영상시 텍스트의 의미

문자언어로 표현된 시와는 달리 영상시에서는 시를 표현하는 방식이 달라진다. 시를 전경화하는 요소가 달라지는 것이다. 서정시는 다른 장르와는 달리 "언어의 비의미론적인 성질 - 소리, 리듬, 글자의 반복 등 -을 전경화"(J. Culler, 1999:126)함으로써 장르적 특성을 드러낸다. 서정시에서 시행과 연의 구조는 매우 중요하다. 그런데 영상시에서는 시의 낭송 속도와 화면 구성을 위해 시행과 연의 요소가 지니는 비중은 약화되고, 음향, 낭송하는 목소리, 이미지(혹은 동영상) 등이 중요한 전경화 요소로 새롭게 자리매김한다. 이제 시에 대한 느낌이나 감상이 낭송하는 목소리, 이미지, 동영상 등에 의해 좌우되는 현상이 발생하며, 영상시에서의 텍스트 변형은 주로 이런 점과 관련하여 이루어진다.

---

6) 문학나눔, 「문학집배원」, 2008.7.31. http://www.for-munhak.or.kr

소설을 영화화한 경우, “영화가 원전에 미치지 못하여, 그러한 자신들의 환상이 더 매혹적이라고 생각하는 독자들이 나르시시즘적인 아픔을 경험”(R. Schnell, 2000:243)하는 경우가 있는데, 영상시의 독자 또한 그러한 경험을 겪을 수도 있다. 영상시로 매체 변환하는 과정에서 시의 세계를 상상을 통해 그려낼 수 있는 독자만의 선택권이 자칫 특정 영상으로 고정되면서 생기는 현상인 것이다. 독자가 상상했던 시적 화자의 목소리가 구체적인 목소리를 가진 실체로 나타나고, 시를 둘러싼 분위기와 여백이 구체적인 이미지와 동영상으로 드러나며, 시에 등장하는 인물이 각기 구체적인 얼굴과 목소리를 가진 인물로 등장한다는 점에서 영상시 역시 독자들이 ‘나르시시즘적인 아픔’을 경험할 수 있는 것이다.

하지만 영상시 또한 시를 읽은 후에 발전시킨 영상들로서, 독자가 읽은 시 텍스트를 다른 기호를 결합하여 새롭게 텍스트화한 것이다. 독자가 상상한 시적 화자의 목소리를, 독자가 읽은 시 텍스트의 공간에 존재하지 않던 여러 부재 요소들을 찾아내어 하나의 텍스트로 완성하는 것이다. 그 과정에서 중심 요소가 부차적인 것으로 물러앉을 수 있으며, 새로운 의미가 첨가될 수 있다. 따라서 이러한 영상시는 원 텍스트와 밀접한 관련은 있지만 새로운 텍스트의 생산으로 보아야 한다. 마치 “영화화된 문학은 텍스트와의 비교보다는 오히려 영화로서의 분석을 필요”(R. Schnell, 2000:245)로 하는 것처럼, 영상시의 경우도 문자로만 표현된 시를 읽는 방식보다는 영상시의 문법으로 읽는 작업이 필요하다.

## IV. 시와 ‘덧글’의 통합 텍스트

### 1. ‘시와 덧글 통합 텍스트’의 특성

시와 ‘그 시에 대해 쓴 글’을 같이 실은 시집이 독자들로부터 꾸준한 인기를 끌고 있으며, 최근에는 일간지에서도 시와 그 시에 대한 글을 함께 소개하는 경우가 많다. 그 출발이라고 볼 수 있는 신경림의 『시인을 찾아서』가 1998년에 출판되었고, 현재 25쇄를 기록하고 있는 안도현의 『그 작고 하찮은 것들에 대한 애착』은 1999년에 출판되었다. 김용택이 엮은 『시가 내게로 왔다: 김용택이 사랑하는 시(2001)』는 45쇄를 기록하고 있다. 이런 시집이 인기를 끌면서 2000년 이후에는 이와 유사한 시집들이 꾸준히 출판될 뿐 아니라 지속적으로 독자들의 뜨거운 호응을 얻고 있다.

『시인을 찾아서』만 해도 해설집의 성격이 강했으나, 안도현의 『그 작고 하찮은 것들에 대한 애착』 이후에 보이는, 시 텍스트와 같이 실리는 글들은 사뭇 다른 특성을 보여주고 있다. 몇 가지 예를 들면 다음과 같다.

> <가> 강은교의 「우리가 물이 되어」: 아직까지 이 절창에 취해 보지 않은 사람이 있다면, 그건 국어 교과서를 잘못 만들었거나 우리나라 국어 교육이 잘못 되었다는 뜻일 것이다. (안도현, 1999:16).

> <나> 한하운의 「파랑새」: 단순한 내용이요 소박한 기법의 시다. 그럼에도 이 시가 주는 울림은 크다. 때로는 덧칠이 없을 때 더 감동을 줄 수 있음을 이 시는 보여 준다. 물론 이 시의 울림에는 작자가 문둥이 시인이었다는 문학 외적 요소가 있다. 서정주의 "해와 하늘빛이/ 문둥이는 서러워/ 보리밭에 달뜨면/ 애가 하나 먹고/ 피처럼 붉은 울음을 밤새 울었다"와 함께 읽는다면 이 시의 맛은 더 신선할 터이다. (신경림 엮음, 2006:114).

> <다> 김정환의 「유채꽃밭」: 80년 초 그의 시 「황색예수」가 『실천문학』에 발표되었을 때, 나는 숙직실에서 그의 시를 밤새워 읽었다. 지금 생각해도 이상한 것은 그날 밤 정말 하얗게 잠이 오지 않았다는 것이다. 그 무렵 그의 사진은 신문마다 미소년이었다. 그를 본 지도 오래되었다. 지금은 배가 좀 들어갔을까. 머리는 왜 그렇게 배토벤처럼 하고 다니는지. 언젠가 그의 집에 갔을 때 영어로 된 책이 하도 많아서 "야, 영어책 진짜 많다인—" 그랬더니 형은 몰라도 돼. 이런 된장(?) 내가 몰라도 되다니 되긴 뭐가 돼. (김용택, 2006:23)

> <라> 정우영의 「밭」: 오셨던 어머니가 내려가겠다고 하십니다. 불편해서가 아니라고 하십니다. 온몸이 쑤시고 아픈 게 마늘, 참깨, 들깨 때문이라고 하십니다.

> 몸이 밭이고 밭이 몸이신 어머니. 땅심으로 사시는 어머니. 왜 땅을 버리면 안 되는지를 몸으로 말씀하시는 어머니. 그 어머니의 땅에서 우리도 나고 자랐습니다. 보통 이월엔 설이 있지요. 어머니를 가시게 하고, 어머니를 편히 모시지 못하고 우리는 돌아옵니다. 어머니는 그렇게 생각지 말라고 하시지만, 어머니를 생각하면 마음이 짠해집니다. 홀로 땅을 지키시는 우리 어머니 (도종환 엮음, 2007:39).

이런 유형의 시집을 '유명 시인의 해설 시집'이라고 볼 수도 있다(김정우, 2006). 물론 상당 부분 해설의 성격이 강한 것이 사실이다. 그런데 시에 곁들여 실린 글들이 너무 다양해서 일원화하여 말하기 어려운 부분이 있으며, 또 우리가 통상적으로 '시 해설'이라고 하는 내용과 상당히 거리가 먼 경우가 많다. 아주 간략한 해설, 짧은 감상의 글, 시를 이해하기 위한 안내 글, 때로는 시와는 아무 상관없이 시와 관련된 떠오르는 생각을 적고 있는 경우도 있다. 해설의 경우에도 시를 분석하여 알려주는 것이 아니라 시의 세계로 안내하고자 하는 또 하나의 텍스트인 경우가 많다.

인용문에 실린 글을 간략하게 살펴보면, 우선 <가>는 시에 대한 엮은이의 가치 평가가 드러나 있는 글이다. 만인이 읽으면서 공부하는 국어 교과서에 당연하게 실어야 할 정도로 중요한 작품이라는 의미다. 뛰어난 시이며 의미 있는 시라는 평가를 하고 있는 셈인데, 이 글을 읽은 독자라면 당장 이 시에 취해야만 한다는 생각을 할 수밖에 없을 것이다. <나>는 시에 대해 이야기하되 시를 직접적으로 해설하지는 않고 있다. 단순한 내용과 소박한 기법의 시이기는 하지만 울림은 크다는 말로 시를 소개하고 있다. 특히 한하운의 「파랑새」와 관련 있는 다른 시를 소개하여 독자들이 상호텍스트적 관점에서 읽도록 배려하고 있는 점이 눈에 띈다. <다>에는 시 「유채꽃밭」과 직접적으로 관련된 언급이 없다. 시보다는 시인에 대해 쓴 글이다. 개인적인 관계에서 있었던 일화를 소개하고 있는데, 사실 이 일화는 시를 읽는데 안내 역할을 하고 있다. 독자는 김용택 시인을 통해 김정환이라는 시인을 친근하게 느낄 수 있으며, 김정환의 다른 시 「황색예수」를 읽고 싶어질 것이다. <라>는 시의 의미를 쉽게 이해할 수 있도록 친절하게 안내하는 글이다.

## 2. '시와 덧글 통합 텍스트'의 읽기 방식

시에 곁들여 쓴 다양한 글을 보면 글의 특성이나 성격이 각기 서로 다르다는 것을 알 수 있으며, 시 해설로 보기 어려운 경우가 더 많다. 하지만 공통적인 특성을 발견할 수 있는데, 일차적으로 원 시 텍스트에 '대하여' 쓴 글로서 원 텍스트의 존재 없이는 의미가 없는 글이라는 점을 들 수 있다. 또한 시에 대해 쓴 글이 대부분 이해하기 쉽고 편하게 읽을 수 있도록 배려하고 있으며 그 길이 또한 매우 짧다는 점을 들 수 있다. 이는 독자들이 부담 없이 읽을 수 있도록 배려한 것으로 볼 수 있다. 시와 관련하여 떠오른 다른 생각을 곁들이는 경우도 많은데, 중요한 것은 글의 내용이 틀에 얽매이지 않고 매우 자유롭다는 것이다. 시에 대해 해설을 한 경우에도 시 자체에 대한 분석이나 해석 내용을 서술하기보다는 글쓴이의 개인적인 감상 형식으로 쓰고 있다. 이런 특성들은 모두 독자들이 쉽고 편하고 재미있게 읽을 수 있도록 하기 위한 것이다.

이런 점을 고려할 때, 이런 글의 형식은 '시 해설'보다는 원래 글에 덧붙여진 글, 특히 시와 함께 덧붙여 읽는 글이라는 의미에서 '덧글'의 성격을 지닌다고 볼 수 있다. '덧글'이라는 용어를 쓰는 이유는 이것은 원 텍스트에 곁들여진 이차적 텍스트의 성격을 지닌 것이라는 점, 인터넷 게시판 글쓰기의 하나인 '덧글', '댓글'과 그 성격이 상당히 유사하다는 점을 고려한 것이다. 인터넷 게시판에 올려진 중심 텍스트에 대해 마치 개인적인 생각이나 느낌 혹은 감상 등을 짧게 쓰는 '덧글'의 형식과 매우 유사한 성격을 지니고 있는 글이다. 또한 시집에 실린 글은 대부분 시인이 자신의 시에 대해 쓴 글이 아니라 가려 뽑은 다른 사람이 쓴 글이라는 점 역시 주목해야 한다. 이렇게 보면 이 텍스트는 독자들이 인터넷 게시판의 덧글을 읽는 방식과 유사한 방식으로 읽을 수 있도록 새롭게 구조화된 것으로 볼 수 있다. 원래 이런 의도는 아닐 수 있지만, 이런 텍스트 형식에 독자들이 지속적인 관심을 갖는 배경에는 인터넷 '덧글' 쓰기와 읽기에 익숙한 독자의 소통 방식과 관련이 있는 것으로 볼 수 있다.

### 3. '시와 덧글 통합 텍스트'의 의미

덧글은 인터넷을 통해 이루어지는 상호 소통적인 성격을 지니는 대화적 글쓰기 형식이며, 인터넷 시대에 들면서 가능해진 우리들에게 아주 익숙한 텍스트 형식이다. 독자는 중심 텍스트로서 시를 읽은 후 유명 시인들이 써놓은 글을, 인터넷 게시판에 올려진 덧글을 읽듯 읽을 수 있다. 인터넷 게시판의 덧글과 차이라면 시집에 실린 글은 대가급 시인이 쓴 글이라는 점에서 그 내용에 대한 무한한 신뢰와, 그 때문에 별다른 비판이나 거부 없이 읽어도 된다는 심리적 안정감을 들 수 있을 것이다.

이제 독자는 이런 형식의 시집을 읽으면서 시와 덧글을 따로 분리시키며 읽는 것이 아니라 통합된 형태로 읽는다. 다시 말하면 '시와 덧글의 통합 텍스트'로 읽는 것이다. 덧글은 독자의 시 읽기에 많은 영향을 미치며, 독자는 시와 덧글의 통합을 통해 시만 읽을 때와는 다른 새로운 의미를 발견하게 된다. 그리고 시와 이상적 독자의 상호 소통 방식을 직접 바라보면서 시적 공감의 방식을 배우는 기회를 마련할 수도 있다.

## V. 미디어 시대 시교육의 방향

### 1. 시에 대한 성찰적 관점의 강화

최근 우리가 접하는 모든 시 텍스트가 이제까지 서술했던 특성을 모두 지니고 있는 것은 아니다. 하지만 새로운 경향으로 시 텍스트의 매체 변환 혹은 시와 덧글을 결합한 텍스트의 등장을 들 수 있는 것은 사실이며, 이러한 변화가 무시해도 좋을 정도의 단순한 변화는 아니라는 점에 주목할 필요가 있다. 이제 이러한 시 텍스트의 변화에 대하여 시 교육이 어떤 태도를 취할 것인가 하는 문제가 중요해졌다.

1) 미디어 시대 시 텍스트의 변화가 시 교육에 갖는 의미

우선 미디어 시대 시 텍스트의 변화는 시 텍스트의 개념을 확장시키면서 미디어 시대의 독자와 적극적으로 만나기 위한 노력의 결과물이기도 하다는 점을 고려할 필요가 있다. 시 텍스트가 매체 변환이나 다른 텍스트와의 결합을 시도하면서 독자와 만나는 방식을 다변화하고 있으며, 이는 궁극적으로 독자들이 시를 즐기고 생활화하는 데 도움을 줄 수 있다. 영상 세대의 미적 감각을 고려하여 시를 즐겨 읽을 수 있도록 하고, 또 시를 '스스로 혹은 제대로' 읽지 않는 현대인의 시 읽기를 활성화하는 데에도 도움을 줄 수 있다.

이렇듯 미디어 시대에 이루어지는 시 텍스트의 다양한 변화, 나아가 독자들의 시 경험을 시 교육에 적극 반영할 필요가 있다. 예를 들면 CD-ROM이나 인터넷을 활용하여 다양한 시 텍스트를 제시하고 교수・학습하는 것도 필요하다. 전자 시집을 통한 감상과 표현 활동 또한 가능하다. 시화 텍스트, 영상시 텍스트, 시와 덧글의 통합 텍스트 모두 시 교육을 활성화시킬 수 있는 텍스트 유형이 될 수 있을 것이다. 또한 텍스트의 '전용'과 '변형'에 따라 해당 시 텍스트를 읽고 감상하는 방법에 대한 교육도 필요하다. 시 텍스트의 유형을 고려하여 해당 시의 특성에 맞는 읽기 방식으로 읽어야 하는 것이다.

2) '소비'로서의 시 읽기에 대한 경계

그런데 단순히 그러한 시 텍스트를 읽고 감상하는 것만으로 끝나서는 안 되며, 시 교육에서 경계해야 할 부분을 명확하게 해야 한다. 미디어 시대에 접하는 다양한 시 텍스트들을 별다른 시적 자의식 없이 읽을 경우 시를 단지 소비하게 될 가능성이 농후하다는 점을 고려해야 하는 것이다. 넓은 맥락에서 보면 이런 현상은 시를 '소비'하는 향유 방식과 관련이 있다는 점에 주의하여 시 교육을 기획할 필요가 있다. 「'가벼운 詩'의 시대」라는 제목으로 독

자들이 '예쁜 시 모음집'이나 '말랑말랑한 시'를 선호하고 있는 현상을 서술한 다음 기사는 이런 맥락에서 시사하는 바가 있다.

> 이젠 시집도 내용과 담는 방식이 바뀌어야 팔리는 시대가 되었다. 단적인 예가 시인 김용택 씨의 경우. 김씨는 '섬진강' 등의 시집으로 많은 독자를 가진 이른바 '인기 있는 정통시인'이다. 그는 지난 해 후반기에서 올해 중반기까지 시집 세 권을 냈다. 한권은 '창작과비평사'(이하 '창비')에서 펴낸 시집 『나무』, 나머지 두 권은 '마음산택'에서 펴낸 『연애시집』과 『시가 내게로 왔다』. 창비에서 펴낸 시집은 이른바 전통적인 형태의 시집으로 '창비시선' 214번째다. 『시가 내게로 왔다』는 김씨가 감명깊게 읽은 시를 골라 뽑은 시모음집이다. 『연애시집』은 말 그대로 김씨의 연애시만 모은 시집. 같은 시인이 펴낸 시집인데도 창비에서 펴낸 전통 형태의 시집 『나무』는 아직 초판을 다 소화하지 못했다. 반면 '말랑말랑과'인 『시가 내게로 왔다』는 무려 5만 부가 나갔으며, 『연애시집』은 나온 지 3개월 만에 약 3만 부가 팔렸다. (배문성, 2002)

같은 시인이 비슷한 시기에 낸 시집인데도 시집의 특성에 따라 이렇게 대중의 반응이 확연하게 다른 데서도 우리는 독자의 시 향유 방식의 변화를 확인할 수 있으며, 시의 세계에 쉽게 빠질 수 있고 부담 없이 읽을 수 있는 시를 선호하는 현상은 앞으로도 가속화될 것이다. 그리고 앞에서 서술했던 시화 텍스트나 영상시 텍스트, 시와 덧글의 통합 텍스트에 대한 독자들의 선호 역시 말랑말랑한 시, 예쁜 시모음집이 인기를 모으는 것과 관련이 있으며, 이는 궁극적으로 영상 문화가 주도적인 미디어 시대의 문화 소비 경향과 관련이 있다. 물론 이러한 현상이 미디어 시대에만 존재하는 것은 아니다. 이전에도 이런 현상이 드러나곤 했지만 시집 판매의 주도적인 현상 그리고 시집 출판의 주도적인 경향으로 드러난 것은 미디어 사회의 미적 수용 방식과 밀접한 관련이 있다.

나아가 이러한 현상은 '키치화' 현상을 가속화시킬 수 있다. 예쁜 시모음집을 선호하는 것, 쉽게 읽을 수 있는 '말랑말랑한 시'를 선호하는 것, 깊은 사고 과정 없이 시를 편하고 쉽게만 읽으려고 하는 것 등은 '키치화' 과정의 중요한 표지다. 앞으로 키치 시[7]의 위치와 역할은 더욱 중요해질 것이며, 키치 시의 생산뿐 아니라 시의 키치화 현상 역시 가속화할 것이다. 물론 이것이 갖는 미덕은 있다. 숨쉴 틈 없이 바쁘게 돌아가는 현대 사회, 한 시도 놓을 수 없는 강도 높은 긴장의 연속에서 긴장의 이완은 필요한 것이며, 긴장의 이완을 위해 소비의 즐거움을 향유하고자 하는 것은 당연한 욕망이다. 벤야민이 얘기했던 '유토피아에 대한 욕망'이란 우리 삶에서 인정하지 않을 수 없는 부분인 것이다.

하지만 시를 통한 자기 실현과 자신의 삶에 대한 반성적 성찰에 이르지 못하고, 지속적인 소비로서의 시 읽기만 할 경우, 우리는 결국 키치 시만 읽거나 시에 대한 정서적 편식에 이를 가능성이 매우 높아진다는 점 또한 고려해야 한다.

## 2. 미디어 문화와의 공유, 사회적 소통을 위한 시교육

이 시점에서 독자의 시 향유의 방식에 대한 문제 의식을 바탕으로 하여 시가 소비되는 현상에 대한 시교육적 대책과 기획이 필요하다. 시 교육에서는 이미 오래전부터 시 텍스트와 다른 문화 텍스트와의 결합을 통한 확장을 논의했다. "대중 문화의 관점 또는 확대된 문화론의 관점에서 문학 읽기를 실천해야 한다"(윤여탁, 2006:82)라는 주장은 시 교육에서도 여전히 유효하다. 시 텍스트에 대한 교육 역시 다른 미디어 텍스트와의 관계, 나아가 문화적 능력의 신장이라는 관점에서 기획할 필요가 있다. 시 텍스트 읽기는 한 편의 시를 읽는 데서 그치는 것이 아니라, 자신이 위치하고 있는 문화와 세계에 대한 읽기 행위이며, 나아가 해석 행위이고 사회적 소통 행위로서 자리매김해야 하기 때문이다.

독자의 미적 지각 방식의 변화를 고려하되, 미디어 문화와의 공유, 사회적

7) 키치 시의 개념과 특성에 대해서는 최미숙(1995)을 참조할 것.

소통을 위한 시 교육을 위해 기호학적 시 읽기를 실천할 필요가 있다. 기호학자 로트만은 일상적인 언어의 의미를 바탕으로 하고 있는 일차 언어(자연언어)와, 일차 언어를 바탕으로 하여 예술이라는 문맥 속에서 새롭게 형성되는 이차 언어를 구분하면서 이차 언어의 체계에 근거하여 시를 읽을 필요가 있음을 강조한 바 있다(J. Lotman, 1991).

사실 키치 시는 일차 언어에 대한 이해만으로도 읽는 것이 가능하며, 특별한 훈련이나 교육 없이도 읽을 수 있다. 지적인 훈련이나 사고 과정 없이도 쉽게 접근 가능하다는 점이 키치 시의 매우 중요한 특징이자 매력 중 하나다. 그런데 문제는 최근의 독자의 시 향유 방식은 키치 시가 아닌 시도 키치화하여 읽을 가능성을 넓히고 있다는 점이다. 그림과 다양한 이미지 등을 통해 새로운 시적 사유의 공간을 열지 못하고, 자칫 화려한 그림과 영상 자체에 몰입되어 버리거나 그리하여 일차 언어만으로 시 텍스트를 이해하고 넘어갈 경우가 얼마든지 가능하기 때문이다. 시화(詩畵) 텍스트로 김종삼의 「묵화」를 읽을 경우, 시와 그림의 의미를 결합하면서 시와 그림이 하나의 텍스트가 되어 전달하고자 하는 의미를 제대로 파악하지 못하고, 시에 부가적으로 존재하는 예쁜 그림만으로 접하고 넘어갈 경우, 그것은 이차 언어에 의한 읽기로 넘어가지 못한 것이다. 영상시 텍스트 또한 마찬가지다.

시 텍스트에 결합되어 있는 그림이나 영상의 의미를 파악하는 능력, 영상이 주는 느낌을 일회적인 즐거움으로 끝내지 않고 우리 삶을 돌아보고 문화적으로 공유하며 사회적으로 소통하는 능력을 위해서는 이차 언어를 통해 시를 읽는 방식을 강조할 필요가 있다. 이차 언어의 체계로 시를 읽는 과정에는 주체와 대상 간에 사유의 거리가 발생하며, 이 심리적 거리를 유지하면서 시를 읽고 시를 통한 사유의 공간을 넓히기 위한 시 교육이 필요하다. 일차 언어는 자동화된 인식구조를 통해서도 접근할 수 있지만 이차 언어는 주체의 역동적인 개입이 없이는 가능하지 않으며, 주체의 사고 작용에 의해 정보량은 증가하고 시의 의미는 풍부해진다. 여기서 관건은 이차 언어를 통해 자신만의 '새로운 정보'를 생산해내는 능력이다. 주체적인 시 읽기는 일차 언어를 바탕으로 하되, 일차 언어를 넘어섰을 때 가능해지며, 이차 언어를 통해 시의 의미를 완성시키는 것은 독자의 몫이다.

시를 이차 언어로 읽는 능력은 현대사회, 다양한 미디어를 읽는 능력의 신장과 밀접한 관련이 있다. 숨겨진 의미를 찾아내고, 새로운 의미를 만들어가는 과정이 중요해지는 것이다. 이런 관점에서 시 텍스트와 다양한 문화 관련 텍스트가 밀접한 관련을 맺을 수 있으며, 이러한 능력의 신장을 위해서는 시 교육을 확장하여 다양한 미디어 텍스트의 수용과 생산으로 나아갈 필요가 있다.

일상적인 기호와는 달리 예술작품에 채용되는 기호는 사회적으로 받아들여지는 의미만을 통해서 해독될 수는 없다. 왜냐하면 '예술적'이란 말은 기존의 문화 안에서 관습화된 기호와 그 기호가 가진 의미를 깨뜨리려는 시도이기 때문이다. 그러나 '예술적'이라는 것의 속성이 기존의 관습과 상식을 파괴하려는 노력임에도 불구하고, 본질적으로 어떠한 예술작품도 관습화된 언어의 체계를 넘어설 수 없음도 분명하다(강명구, 2002:20-21). 따라서 일차 언어와 이차 언어가 지니는 긴장 관계를 토대로 하여 이차 언어의 체계를 지향할 때 비로소 내가 위치하고 있는 자리를 메타적으로 바라보면서 시와 문화, 사회를 읽고 소통하는 것이 가능해진다.

## 3. 미디어 시대, 다양한 시 텍스트의 수용과 생산교육

미디어 시대 새로운 모습으로 우리에게 다가오는 시 텍스트의 변화는 시 교육 현장에서 시 교육을 어떻게 변화시켜 나갈 것인지에 대해 시사점을 제공하고 있다. 제7차 국어과 교육과정 이후 시를 읽고 감상하는 교육뿐만 아니라 시를 표현하고 창작하는 교육 또한 강조하고 있다. 시를 읽으면서 즐길 뿐만 아니라 시로 표현하면서 자신의 정서를 표현할 수 있는 능력을 기를 것을 강조하고 있는 것이다. 이제 시로 표현하는 교육에서 앞에서 서술한 다양한 시 텍스트의 변화를 활용하는 것도 하나의 대안이 될 수 있을 것이다.

시화 텍스트의 수용에서는 그림이 단지 배경으로만 존재하는 것이 아니라 시의 의미를 강화하고 새롭게 변형시키는 독자적인 의미를 지니고 있음을 강조할 필요가 있다. 그림의 색, 형태, 형상화 방식이 각각 시의 의미를 어떻게 강화하고 변화시키는가를 파악할 수 있는 방법에 대한 교육이 필요하다는 의미다. 그 그림이 문자 언어와 결합하여 전체적으로 시화 텍스트의 의미를 형성하는 방식에 대한 교육도 필요하다. 문자 언어와 그림 언어를 통합하면서 수용하는 방법에 대한 교육이 필요하다는 의미다.

영상시의 경우에도 마찬가지다. 매체를 통해 기존의 시 텍스트를 '변형'하는 과정에 대한 교육은 '제작'에 초점이 있는 것이 아니라 시를 어떻게 읽고 감상했는가 하는 교육과 밀접한 관련을 지닌다. 문자 언어로 표현된 시 텍스트를 음향, 이미지, 동영상 등을 통해 구조적으로 변화시키면서 자신이 이해한 새로운 텍스트로 변형시킬 수 있는 것이다. 동일한 시를 대상으로 학생들이 각자 변형시켜 제작한 영상시를 상호 비교하는 교육 방법도 시 텍스트의 수용과 생산을 위한 하나의 방법으로 의미 있을 것이다.

시와 같이 제공되는 덧글 역시 시를 읽는 즐거움을 배가시킨다. 즐거운 마음으로 자주 시를 접하고 읽다보면 학생들 스스로 시를 즐겨 읽을 수 있으리라는 기대를 할 수도 있다. 무엇보다도 시에 대한 덧글이 지니는 시교육적 의미는 시를 덧글과 함께 읽는 과정이 신뢰할 수 있는 누군가의 도움을 받으면서 시를 읽을 수 있도록 한다는 점이다. '덧글'은 독자가 시의 세계로 진입하거나 시를 자기화하는 중요한 안내 역할을 할 수 있으며, 스스로 시를 읽을 때 시의 세계로 진입하는 데 중요한 보기를 제공할 수 있다. 시를 읽고 학생들 스스로 느낌이나 생각을 간단하게 쓰는 활동으로 전이시켜 활용할 수도 있다.

하지만 자칫 덧글의 세계에 안주하거나 갇혀버릴 수 있다는 가능성도 고려해야 한다. 문제는 시 읽기 과정을 안내받은 이후 어떻게 스스로 읽느냐 하는 것이다. 덧글의 내용에서 독자가 스스로 더 나아갈 수 있어야 하며, 여기서 시교육의 과제는 비교적 명확해진다. 학생들이 초기에 덧글의 도움을 받을 수는 있지만 나중에는 덧글 없이 읽을 수 있도록 해야 하며, 나아가 자신이 읽은 시에 대해 덧글을 생산할 수 있도록 해야 한다. 덧글이 시에 대한 입문 역할을 한다는 점을 전제로 좀 더 넓은 시적 맥락으로 나아갈 수 있도록 해야 하며, 그래야 궁극적으로 문화적이고 사회적인 소통이 가능해진다. 이를 위해 전자게시판에 여러 편의 시를 올려놓고 학생들이 '덧글' 형식으로 감상평을 달거나 시와 관련된 다양한 글을 쓰도록 하는 활동을 하는 것도 의미 있을 것이다.

## 참고문헌

강명구(2002),「영상이미지의 사회적 소통과 수용」,『영상 커뮤니케이션과 사회』, 나남출판.

강은교 외(2006),『언어의 촛불들이 피어날 때』('창작과비평' 창간 40주년 기념 낭송시집), CD-ROM, 창비.

귀여니(2005),『아프리카』, 반디.

김남희(2001),「매체와 현대시의 통합적 교육 가능성」,『함께여는 국어교육』, 통권 49호, 전국국어교사모임.

김대행(2007),「매체 환경의 변화와 국어교육의 방향」,『국어교육학연구』, 제26집, 국어교육학회.

김대행(1998),「매체언어교육론 서설」,『국어교육』, 제97호, 한국국어교육연구학회.

김용택(2001),『시가 내게로 왔다』, 마음산책.

김용택(2006),『시가 내게로 왔다 2: 김용택이 사랑하는 시』, 마음산책.

김정우(2006),「교육의 관점에서 본 시의 대중성」,『한국시학연구』, 제18호, 한국시학회.

도정일(1998),「영상시대 문학의 힘과 가능성」,『현대문학』, 1998년 1월호, 현대문학사.

도종환 엮음(2007),『꽃잎의 말로 편지를 쓴다: 도종환의 시 배달』, 창비.

도종환(2006),『흔들리며 피는 꽃』, 도종환 낭송시집, CD-ROM, AN'T SOUND CONTENTS.

도종환,「도종환의 시」, 2006.11.16. http://poem.cbart.org.

류철균(2006),「디지털 시대의 한국 현대문학」,『국어국문학』, 143호, 국어국문학회.

문학나눔,「문학집배원」, 2008.7.31. http://www.for-munhak.or.kr

박윤우(2006),「대중가요의 활용을 통한 시의 화자 이해」,『한국어교육학회 발표대회 자료집』, 한국어교육학회.

박인기(2002),「문화적 문식성의 국어교육적 재개념화」,『국어교육학연구』, 제15집, 국어교육학회.

배문성(2002),「'가벼운 시'의 시대」, 문화일보, 2002.11.18.

신경림 엮음(2006),『처음처럼: 신경림의 소리내어 읽고 싶은 우리 시』, 다산책방.

신범순(2000),「사이버 시대 시의 유령적 초상과 창조적 고민의 소멸」,『한국현대문학연구』, 제8집, 한국현대문학회.

안도현(1999),『그 작고 하찮은 것들에 대한 애착: 안도현의 내가 사랑하는 시』, 나무생각.

안도현(2007),『안도현의 노트에 베끼고 싶은 시: 그 풍경을 나는 이제 사랑하려 하네』, 이가서.

안정임 · 전경란(1999),『미디어 교육의 이해』, 한나래.

오미영 · 정인숙(2005), 『커뮤니케이션 핵심 이론』, 커뮤니케이션북스.
우한용 외(2004), 『신문의 언어문화와 미디어 교육』, 서울대출판부.
윤여탁(2000), 「다매체 언어를 활용한 현대시 교육 연구: 한국 현대문학교육의 현황과 과제」, 『문학교육학』, 제6호, 한국문학교육학회.
윤여탁(2006), 「비판적 문화 연구와 현대시 연구 방법」, 『한국시학연구』, 제18호, 한국시학회.
윤여탁 · 최미숙 · 김정자 · 정현선 · 송여주 · 손예희(2007), 「매체언어 교육의 본질에 대한 연구」, 『국어교육연구』, 제19집, 서울대학교 국어교육연구소.
이영미(2003), 「문학교육과 시가문학으로서의 대중가요」, 『국어교육학연구』, 제17집, 국어교육학회.
이용욱(2004), 『문학, 그 이상의 문학: 사이버문학론에 대한 연대기적 보고서』, 역락.
최경은(2005), 「핸드폰 문자 메시지(SMS) 언어의 특성과 전망」, 『독일언어문학』, 제27집, 독일언어문학회.
최동호 · 이성우(2003), 「디지털 시대의 새로운 문학 환경과 글쓰기 방법론 연구」, 『한국시학연구』, 제9호, 한국시학회.
최미숙(1995). 「키치와 문학교육」, 『선청어문』, 23집, 서울대학교 국어교육과.
최미숙(2007a), 「디지털 시대, 시 향유 방식과 시 교육의 방향」, 『국어교육연구』, 제19집, 서울대학교 국어교육연구소.
최미숙(2007b), 「미디어 시대의 시 텍스트 변화 양상과 시 교육」, 『문학교육학』, 24호, 한국문학교육학회.
최병우 · 이채연 · 최지현(2000), 『매체언어와 국어교육: 매체언어의 교수-학습에 관한 연구』, 서울대학교 국어교육연구소 연구보고서.
최지현(2007), 「매체언어 교육을 위한 교수학습방법 탐구」, 『국어교육학연구』, 제28집, 국어교육학회.
한국 현대시 100년 기업 사업회(2007), 『시가 다시, 희망이다: 현대시 100주년 기념 시화집』, 고요아침.
한귀은(2006), 「시와 영상의 통합적 표현 교육」, 『국어국문학』, 143호, 국어국문학회.

스가야 아키코(2001), 안해룡 · 안미라 옮김, 『미디어 리터러시』, 커뮤니케이션북스.
Berger, J. (2002), 강명구 옮김, 『영상커뮤니케이션과 사회』, 나남출판.
Buckingham, D. (2004), *Media Education-literacy, learning and contemporary culture*, 기선정 · 김아미 옮김, 『미디어 교육-학습, 리터러시, 그리고 현대문화』, jNBook.
Buck-Morss, S. (2004), 김정아 옮김, 『발터 벤야민과 아케이드 프로젝트』, 문학동네.
Burn, A., & Leach, J. (2004), "ICT and moving image literacy in English," *The Impact of*

*ICT on Literacy Education,* R. Andrews (ed.), London and New York: Routledge Falmer.
Calinescu, M. (1993), 이영욱 외 옮김, 『모더니티의 다섯 얼굴』, 시각과 언어.
Culler, J. (1999), 이은경 · 임옥희 옮김, 『문학이론』, 동문선.
Darley, A. (2003), 김주환 옮김, 『디지털 시대의 영상 문화』, 현실문화연구.
Edgar, A., & Sedgwick. P. (2003), 박명진 외 옮김, 『문화 이론 사전』, 한나래.
Kanzog, K. (1996), 백종유 옮김, 「매체와 문학」, 『현대 문학의 근본 개념 사전』, 솔.
Lotman, J. (1991), 유재천 옮김, 『예술 텍스트의 구조』, 고려원.
Moles, A. (1995), 엄광현 옮김, 『키치란 무엇인가』, 시각과 언어.
Ong, W.J. (1995), 이기우 · 임명진 옮김, 『구술문화와 문자문화』, 문예출판사.
Poster, M. (1998), 이미옥 · 김준기 옮김, 『제2 미디어 시대』, 민음사.
Schnell, R. (2000), 강진 · 이상훈 · 주경식 · 육현승 옮김, 『미디어 미학: 시청각 지각형식들의 역사와 이론에 대하여』, 이론과실천.

제7장

# 서사 텍스트의 매체 변화와 교육

## I. 같은 이야기를 가진 다른 텍스트들

인간이 이야기를 만들기 시작한 이래로 서사 텍스트들은 다양한 모습으로 나타났다. 입에서 입으로 구전되어 온 설화는 가장 긴 역사를 가진 서사이다. 근대의 대표적인 서사 장르라고 할 수 있는 소설은 문자언어로 이루어진 서사가 책의 형태로 소통된다. 이에 비하여 현대의 서사는 음성과 문자뿐만 아니라 영상, 소리, 문자 등이 결합된 영상언어를 매개로 만들어지기도 한다. 영화, 드라마, 애니메이션, 다큐멘터리와 같은 영상물들이 현대의 서사 텍스트의 대표적인 예이다.

다양한 매체로 생산되어 소통되는 서사 텍스트들은 같은 이야기를 가지고 있는 경우들이 많다. 그 한 예로 영상 미디어의 대표적인 서사장르라고 볼 수 있는 영화는 초기부터 소설을 원작으로 하는 경우가 많았다. 영화와 소설이 서사라는 공통성을 지니고 있었고 소설은 영화에 많은 이야기를 제공해 주는 이야기 공급처의 역할을 하였다. 최근에는 소설에서 영화나 드라마로 변환된 것뿐만 아니라, 「궁」이나 「식객」처럼 만화에서 영화나 드라마로 변환된 경우도 있고, 「서동요」나 「주몽」처럼 설화를 모티브로 하여 영화나 드라마가 만들어지는 경우도 있다.

더구나 문화 산업의 전략 차원에서 하나의 원천 이야기를 중심으로 상관되는 주변 장르로 확장하거나 파생 상품을 동시에 기획하는 원 소스 멀티 유스(one source multi use) 전략이 보편화됨에 따라 영화나 드라마의 흥행에 맞추어 소설과 만화가 나오며, 만화가 드라마로 만들어지면서 소설도 같이 출판되기도 한다. 또한 요즈음 소설가들은 영상화를 염두에 두고 소설을 쓰는 경우도 있으며, 김형경의 소설 『외출』과 허진호의 영화 <외출>처럼 하나의 시나리오를 원작으로 하여 소설화 작업과 영상화 작업이 동시에 진행되기도 했다.

그러나 원래 서사 텍스트에서 변환된 서사 텍스트들이 원작에 대한 정확한 재현이 될 수는 없다. 아무리 충실히 원작 텍스트를 재현하고자 해도 매체의 소통적 특성이 다르기 때문에 원래의 서사 텍스트가 가지고 있던 특성은 유지되기 힘들다. 그래서 새로운 매체의 특성에 부합하는 서사 텍스트로 변모할 수밖에 없다. 문자언어의 특성과 영상언어의 특성은 각각을 언어양식(mode)으로 하는 서사 텍스트들의 특성에 영향을 미치며, 같은 영상언어로 제작될지라도 영화와 TV드라마는 소통되는 매체 환경이 다르므로 다른 특성을 보인다.

또한 원작 텍스트에 대한 해석을 바탕으로 '변환 텍스트'[1])가 만들어지는데, 원작 텍스트에 대한 특정한 개인적, 집단적 해석의 결과물로 완전히 다른 새로운 텍스트라고 할 수 있을 것이다. 원작 텍스트에 대한 상이한 해석 태도는 텍스트 변화의 방향을 결정짓는다. 공감에 기반을 둔 해석 태도를 가진다면 원작에 충실한 방향을 택하게 될 것이며, 텍스트의 의미에 대해 비판적인 거리와 관점을 가진다면 새로운 의미를 부여하는 방향을 택하게 될 것이다. 텍스트의 특정 모티프(motif)만을 원작 텍스트로부터 가져와 현재의 경험과 결합하여 서사 텍스트의 맥락을 새롭게 재구성하는 방향을 택하기도 한다(정진석, 2006).

1) 변환에 대한 개념 정의는 6장에서 참고할 수 있다.

## II. 서사 텍스트의 매체 변환을 촉진시키는 요소들

### 1. 제작의 측면

전통적으로 서사 텍스트의 매체 변환에 영향을 미치는 가장 중요한 요소는 '검증된' 이야기(서사)라는 점이다. 영화나 드라마와 같이 제작비가 많이 드는 장르들은 더욱더 그러하다. 원작에서 확보된 대중성으로 인해 따로 홍보를 하기 위해 노력을 기울이지 않아도 변환(개작)된 작품의 대중성을 쉽게 확보할 수 있다. 또한 완성도 있는 이야기를 전용(轉用)할 수 있다는 점 또한 변환을 시도함으로써 얻는 장점이 될 수 있다.

다른 매체로 확장되는 것을 통해 수용자층의 확장이라는 효과도 볼 수 있다. 만화 <궁>의 주 향유층이 10-20대인 데 반해, 드라마 <궁>의 주 향유층은 30-40대였다. 드라마가 방영될 때 실시되었던 시청률 조사에 의하면 여성시청자가 71%, 전체 시청자 중 30대 여성이 21%, 40대 여성이 14%, 20대와 10대 여성이 각 12, 4-9세 여아가 4%를 기록했다. 10대들의 이야기인 <궁>을 드라마로 변환시킴으로써, 드라마에 친근하고 접근하기 쉬운 30-40대 여성들까지 향유할 수 있게 된 것이다. 특정 수용자층에게 친근한 매체나 이들이 접근하기 쉬운 매체로 변용함으로써 수용자층을 확대시키는 효과를 볼 수 있었던 것이다.

단순히 수용자층의 확장을 위해 다른 매체로 만들어지는 경우도 많다. 예를 들어 12세 이상 관람가 영화 <괴물>이 만화 <괴물>로 변환함으로써 초등학생 어린이까지 볼 수 있게 되었다. 그런데 만화로의 변환 과정은 영화 <괴물>을 장면들을 만화로 변환시키는 것 이상의 다른 해석들은 찾아보기 힘들다. [그림 7-1], [그림 7-2]에 제시된 포스터와 책 표지에도 드러나듯이, 만화의 책표지는 영화의 포스터와 똑같은 사진 위에 만화라는 것을 표현하기 위해 괴물의 꼬리에 주인공으로 보이는 사람이 감겨 있는 모습을 만화체로 그린 그림을 넣고 있다. 책표지의 이미지와 디자인은 명확히 영화와 동일

[그림 7-1] 괴물 영화 포스터

[그림 7-2] 괴물 만화책 표지

한 텍스트임을 강조하기 위한 것으로 영화의 인기에 편승한 상업적 목적을 의도하고 있다.

장르적 측면에서 보면 다른 장르로 매체 변환이 잘 이루어지는 것들이 있는데, 인터넷 로맨스 소설들이 그 예이다. 황민선(2005)은 인터넷 소설이 주로 영상화되기 쉬운 요인들로 내용 전개상 이성적이고 논리적인 전개보다는 생활 속에서 이루어지는 에피소드의 나열 중심이라는 특성, 텍스트의 시각화라 할 수 있는 이모티콘(emoticon)의 사용, 대중의 기호와 당대의 유행을 실시간에 빨리 읽어내는 대중성을 들고 있다. 이 외에도 서술이나 묘사보다는 등장인물들 사이의 대화 중심으로 소설의 내용이 이루어져 있다는 점은 영상물이 가지는 특성을 인터넷 소설이 공유하고 있는 것으로 영상화되기 쉬운 요인이다. 또 성공적으로 다른 매체로의 전환이 이루어질 수 있는 서사 텍스트들은 보편적 정서와 원형적 요소를 내재하고 있으며 지역적 특성이 반영될 수 있는 문화정체성을 함유하고 있는 것(박기수, 2007)이라는 견해도 있다.

이처럼 다양한 매체로 확장 가능한 것들은 문화 산업에 중요한 역할을 담당하게 된다. 그리고 이러한 텍스트의 다양한 변화들은 디지털 시대, 컴퓨터와 인터넷이 가져온 환경의 변화에서 비롯된 것이기도 하다. 제작기술의 발전은 전혀 상상할 수 없었던 것까지 매체의 변환을 가능하게 만들고 있다.

특히 디지털 기술의 발달로 어떠한 이미지도 표현해 낼 수 있음에 따라 기존에는 다른 매체- 주로 문자 매체에서 영상 매체로 표현해 내기 힘들었던 이야기들도 쉽게 제작할 수 있게 되었다.

매체 관련 기술이 발달하면서 어떤 상상의 세계라도 화면에서 표현 가능해짐에 따라 공상과학영화나 판타지 영화들이 대거 등장하였다. 예컨대, 우주 공간, 우주선, 외계인의 모습, 각종 최첨단 무기, 혹성의 모습, 마법의 세계, 판타지의 세계 등 고도의 테크놀로지나 컴퓨터의 도움 없이는 불가능한 영화들이 만들어지고 있다. 컴퓨터 그래픽 기술이 없었으면 만들어지지 못했을 영화들도 많이 있다. 눈부신 제작 기술의 변화 속에 현대의 영화는 이야기 전달을 위해 영화의 제작 과정이나 테크놀로지를 숨기는 고전적인 내러티브 중심의 장르 영화와는 달리 테크놀로지 자체를 드러낸다. 관객 역시 현재 보고 있는 영화의 테크놀로지가 이전 영화에 비해 얼마나 새로운 효과를 내고 있는가를 비교하며 즐거움을 얻는다. 영화의 스펙터클은 서사의 흐름을 막거나 서사적 흐름에서 벗어나 관객들에게 감각적 충격과 아찔한 경험을 이끄는 효과(문재철, 2006:279-290)를 내고 있다.

## 2. 수용의 측면

제작의 측면은 수용의 측면과 맞닿아 있다. 이야기의 내용뿐만 아니라 이야기가 표현되는 방식 - 담론, 이야기하기 방식이 수용의 중요한 요소가 되고 있다. 『해리포터』나 『반지의 제왕』이 문자 판타지를 영상 판타지로 이야기가 표현되는 방식을 달리함으로써 독자이자 관객들은 어떻게 문자 텍스트가 영상으로 구현되었는지를 확인하면서 문자 텍스트와는 다른 즐거움을 얻게 된다.

그런데 이보다 더 주목해야 할 부분은 수용자들이 창작자로 변화하는 것을 매개하는 전략으로서 매체 변환이다. 그것 역시 인터넷이라는 디지털 기술에 의해 가능한 것인데, 쉽게 문자나 영상 매체물을 생산할 수 있으면서 단시간에 유통시키기 편한 인터넷이 수용자들의 표현 활동을 촉진시키고 있다. '폐인'이라는 조어를 만들어냈던 드라마의 수용자들이 벌이는 활발한 표현 활동을 상기해 보자. 드라마를 본 수용자들이 팬픽(fanfic)을 쓰고, 드라마의 영상을 개작한 뮤직비디오나 각종 영상물을 만들어내는 모습을 쉽게 만날 수 있다. 인터넷 드라마 폐인들이 만들어내는 각종 드라마 관련 개작소설이나 영상물들은 디지털 기술의 발전과 다양한 형태와 표현 방식으로 자신들이 선호하는 이야기를 소비하고자 하는 수용자들의 욕구들이 맞닿아 이루어지고 있는 현상으로, 수용과 창작을 함께 하는 다시 쓰기 작업이라고 할 수 있다(고진주, 2005).

이야기를 새롭게 창작해내기는 어렵지만, 수용자의 입장에서 원천 이야기에서 아쉬운 부분을 보충하여 새로운 이야기를 만드는 작업은 어렵지 않다. 뮤직비디오를 자신이 찍어 만들기는 어려워도 원래 있던 영상 중 마음에 드는 일부를 편집하여 만드는 것도 어렵지 않다. 이럴 때 매체 변환은 아마추어들의 문화 생산 욕구를 쉽게 담을 수 있는 도구로서 기능한다.

이처럼 동시대의 문화를 성찰하고 창조해낼 수 있는 능력으로서 문화적 리터러시의 신장은 저기 먼 곳에 있는 것이 아니라 여기 수용자들의 욕구들에서 출발한다. 그리고 다시 쓰기의 욕구들이 새로 쓰기 혹은 없는 것 쓰기로 이어질 수 있도록 교육적 내용을 어떻게 마련할 것인가에 대한 연결 고리 만들기에도 관심을 기울여야 한다.

## III. 문자 서사와 영상 서사의 특성 비교

원작 텍스트를 그대로 재현하고자 하여도 매체가 변환되면 그 매체에서 사용되는 언어의 특성과 소통의 특성에 따라 텍스트는 변화한다. 소설의 내용을 보다 쉽게 이해하거나 학생들의 흥미를 유발하기 위한 학습 목표로 같은 이야기의 다른 서사 텍스트를 활용하는 경우가 종종 있다. 그런데 이러한 교수-학습 방법의 문제는 각각의 텍스트들이 처한 매체의 언어적, 소통적 특성을 무시한 채 텍스트를 동일한 것으로 여긴다는 점이다.

이 부분에서는 주로 소설과 영화를 통해 언어적, 소통적 특성의 차이에서 비롯되는 서사 텍스트들의 특성을 살펴보고자 한다. 여기에서는 소설과 영화 외에 인쇄매체 텍스트이긴 하나 이미지와 문자가 함께 있는 양식인 만화, 영화와는 다른 산업적 특성을 보이고 있는 드라마, 상호작용적 놀이 서사 장르이라고 볼 수 있는 게임, 허구적 서사가 아닌 다큐멘터리나 자전적 서사 등과 같은 다른 서사 장르 텍스트들의 특성에 대해서는 다루지 못했다.

## 1. 소설과 영화

소설은 인쇄 기술의 발달과 결부되어 발달한 인쇄매체 문화의 근대적 형식이라고 할 수 있다. 앤더슨(Anderson, 2002)에 의하면 소설은 신문과 더불어 근대의 민족주의를 형성하는 데 크게 기여한 인쇄매체이다. 중세의 종교적 열정을 바치던 신을 대신하여 세속의 국가가 그 역할을 대체한다. 그 과정에서 소설과 신문 -인쇄매체는 실제로는 전혀 대면하지 못하는 사람들을 하나의 공동체이자 운명체라는 고리로 연결시켰다고 한다.

이처럼 소설은 신문이 중요한 사회적 매체로 등장하는 18세기에 근대적 생산 양식의 산물로 완성되었다. 소설 형식은 작가, 서술자, 주인공 등의 인물들이 펼치는 매우 사적인 세계이면서 객관적인 진리의 세계를 표현하였다. 특히 인쇄 기술을 통해 문자 매체가 상업화, 대중화를 이룩함으로써, 소설로 대표되는 책에 신문과는 다른 개인의 내밀한 이야기를 담아내었다. 이를 통해서 소설은 근대의 대표적인 문예 양식으로 확고한 위상을 점유하기에 이른다.

이에 비하여 영화는 활동사진 기술의 발명과 더불어 나타난 것으로 1895년 12월 뤼미에르 형제가 지하 카페에서 유료 대중 앞에서 영사한 것을 그 출발점으로 삼는다. 이렇게 출발한 영화는 당대의 사람들과 세상에 대한 기록으로서 기능할 뿐만 아니라 실제가 아닌 상상을 재현할 수 있는 능력을 모두 실현할 수 있는 매체였다. 초창기부터 다큐멘터리, 서사적 극영화들에서 영화 예술의 특성을 보여주는 맹아적 형태들이 제시되었다. 영화적 방법을 통한 이야기의 전달이 가능해지고, 장편 영화를 만들 수 있는 기술이 발전하면서 영화는 관객들을 압도하는 서사적 산물이자 서사적 경험으로 작용하였다. 또 영화는 여러 집단의 사람들에 의해 창조되는 예술이자 산업적인 예술이며, 소리(sound)와 움직임이 포함된 시청각적 영상을 언어로 사용하는 예술이다(Ellis, 1996).

일찍이 서사적 극영화는 소설로부터 그 내용을 가져오면서 소설과 매우 비슷한 모습을 지니고 있었다. 그러나 영상언어가 말해 줄 수 있는 것과 말해 줄 수 없는 것, 문자언어가 말해 줄 수 있는 것과 말해 줄 수 없는 것이 동시에 존재한다. 최근에는 그 반대 현상도 나타나고 있다. 즉 소설이 서사적 극영화로부터 그 내용을 가져오면서, 그 가능성과 한계를 보여주기도 한다.

## 2. 서술자, 인물, 시점

소설에서는 추상적이고 관념적인 느낌이나 생각의 표현이 자유로울 수 있다. 즉 인물의 내면 심리라든가 관념적인 생각의 서술 등 눈에 보이지 않는 것들을 자유롭게 표현할 수 있다. 그러나 영화에서는 관객들이 외형적인 인물의 모습, 행위, 대사, 음악이나 음향, 표현하고자 하는 내용과 관련된 다른 이미지 등을 통해 인물의 내면 심리나 생각 등을 추측할 수 있도록 표현해야 한다. 즉 영상 예술에서 등장인물의 내면 의식을 표현하는 방법은 그 인물의 외면적 형상을 표현함으로써 심리를 추측할 수 있어야 한다. 따라서 인물의 표정이나 행위 등을 통해 그의 내면을 암시적이고 간접적으로 전달해야 한다.

이 부분에서는 이문열의 소설 『우리들의 일그러진 영웅』과 박종원 감독의 영화 <우리들의 일그러진 영웅>에서 인물의 내면 심리가 어떻게 표현되는지 비교해 보자. 이문열의 소설 『우리들의 일그러진 영웅』은 1인칭 주인공 서술자에 의해 서술되는 소설로 서술자인 '나'가 30년 전 국민학교(현재 초등학교) 5학년 때 있었던 일을 회상하는 방식으로 구성되어 있다. 영화 역시 어른이 된 '나'가 30년 전 국민학교 5학년 때 있었던 일을 회상하는 방식으로 구성되어 있다. 먼저 소설에서 등장인물의 감정이 어떻게 표현되고 있나 보자.

> 그 악연은 잠시 뒤 나를 반 아이들에게 소개할 때부터 모습을 드러냈다.
> "새로 전학 온 한병태다. 앞으로 잘 지내도록."
> 담임선생님은 그 한마디로 소개를 끝낸 뒤 나를 뒤쪽 빈자리에 앉게 하고 바로 수업에 들어갔다. 새로 전학 온 아이에 대해 호들갑스럽게 느껴질 정도로 자랑 섞인 소개를 늘어놓던 서울 선생님들의 자상함을 상기하자 나는 야속한 느낌을 억누를 길이 없었다. 대단한 추켜세움까지는 아니더라도, 최소한 내가 가진 자랑거리는 반 아이들에게 일러주어, 그게 새로 시작하는 그들과의 관계에 도움이 되기를 나는 바랐다.

소설에서 전학 온 나는 담임선생님의 무관심과 무신경함에 야속함이라는 감정을 느낀다. 그런 주인공의 심리가 서술자인 자신에 의해 직접 서술된다. 이에 비하여 영화에서는 주인공의 심리가 직접 서술되지 않고 주인공의 어두워지는 표정으로 표현된다. '나'가 회상하는 내용이라는 특성과 1인칭 주인공 서술자라는 특성 때문에 서술자의 목소리가 때로는 화면 밖 목소리로 직접 표현되기도 한다. 그러나 화면 밖 목소리가 직접적으로 드러나는 상황은 극히 일부에서만 가능한 형태로, 대부분의 등장인물의 심리는 인물의 행위, 대사, 표정 등을 통해서 간접적으로 드러난다. 위에서 인용한 소설의 부분과 같은 영화 장면과 대사를 보면 다음과 같다.

> 담임선생님: 새로 전학 온 한... 이름이 뭐라고?
> 한병태: 한병태입니다.
> 담임선생님: 새로 전학온 한병태다, 앞으로 잘 지내도록..
> 담임선생님 칠판에 무언가를 쓰고
> 한병태 교탁에서 자기소개를 하려고 한다.
> 한병태: 저는 서울에서 전학온 한병태라고 하
> 담임선생님의 제지에 병태의 표정이 어두워지고 자리로 간다.

[그림 7-3] 자기 소개를 시작하고 있는 장면

[그림 7-4] 칠판에서 돌아선 담임선생님의 제지로 자기 소개를 못하게 되어 병태의 표정이 어두워진 장면

이 영화의 장면은 한병태가 서울 국민학교에서의 방식대로 자기 소개를 하려는 순간 담임선생님에게 제지당하는 부분이다. 이 때 고개를 숙인 한병태의 어두워지는 표정을 통해서 인물의 심리를 표현해야 한다. 그리고 한병태의 이와 같은 행위, 표정, 심리와 대비되는 담임선생님의 무신경함과 무관심한 심리 역시 담임선생님이 병태의 자기 소개를 무심코 제지하는 행위로 표현된다.

소설에서는 이야기를 전달하는 존재인 서술자(화자)가 존재해 인물이나 사건, 배경에 대해 해설하거나 인물의 목소리를 대신하여 발화하기도 한다. 그러나 영화에서는 언어가 아닌 영상으로 전달되므로 서술자의 기능은 약화되며 서술자의 해설이나 발화는 카메라에 의한 시각적인 요소로 구현된다. 서술자의 해설이나 발화는 시각적인 장면이나 등장인물의 직접 발화로 변모하게 된다. 서술자의 간접 인용 속에 숨어 있었던 인물들이 화자의 사라짐과 함께 이야기 전면으로 등장하면서 자신들의 목소리를 지니게 된다. 즉 영화에서는 소설에서의 서술자의 역할을 대신할 만한 인물들을 등장시키고 동원하게 된다(김중철, 1999:40). 소설 『우리들의 일그러진 영웅』의 도입부에서는 서술자의 독백으로만 구성되어 있는 회상의 시작이 영화 <우리들의 일그러진 영웅>의 도입부에서는 주인공 한병태의 친구라는 인물이 등장하여 엄석대에 대해서 대화를 나누면서 회상이 시작된다. 즉 인물의 출현 시점이 달라진다.

또한 서술자의 해설이나 발화는 카메라에 의한 시각적 요소뿐만 아니라, 음악이나 음향과 같은 요소들이 같이 결합되어 의미화되기도 한다. 이청준의 연작 소설 『남도 사람』 중 '서편제'와 '소리의 빛' 부분을 영화화한 임권택 감독의 영화 <서편제>에서 오누이인 사내와 여인이 만나 소리로 사내의 북장단과 여인의 소리로 밤을 지새우며 서로 교감을 나누는 장면들이 소설과 영화에 공통적으로 나온다.

그런데 소설에서는 '그것은 마치 소리와 장단이, 서로 몸을 대지 않고도 능히 상대방을 즐기는 희롱이나 기막힌 요술, 틈없는 포옹'이라는 비유로 표현되지만, 영화에서는 사내와 여인이 장단과 소리를 주고받는 행동과 인물의 땀 흘리는 표정과 더불어 『심청가』의 소리와 이후의 배경 음악과 결합됨으로써 정서적 교감이 표현된다. 소설에서는 『춘향가』의 '옥중가', 『흥보가』의 '신세타령', 『심청가』의 '심 봉사가 황성길 찾아가는 처량한 정경' 등 다양한 소리들이 나오는데 영화에서는 여인의 상황과 동일한 장님인 심 봉사가 나오는 『심청가』의 부분이 음악으로 사용되므로 여인의 감정이 느껴지도록 한다. 이것은 음악이나 음향과 같은 요소들이 시각적 요소로 말할 수 없는 의미들을 표현할 수 있음을 말해준다.

### 3. 시간, 장면, 사건

소설과 영화가 서사라는 공통성을 지니고 있으므로, 두 장르 모두 시간은 아주 중요한 요소이다. 서사학에서는 '서사물이란 허구의 사건 및 상황들을 하나의 시간 연속을 통해 표현한 것'이라 정의한다. 서사물 속의 시간은 현실의 시간과 같지 않다. 현실의 시간은 불가역적이며 단절이나 요약이 없는 연속선상에 있는 반면 서사물 속의 시간은 변형될 수 있다.

소설과 영화의 시간 역시 다른 점을 보인다. 소설에서 시간은 서술의 시간인 현재와 서술된 사건인 이야기의 시간(과거)이 다르며, 시간의 압축과 요약이 용이하다. 그러나 영화에서는 편집이나 촬영 기법을 통해 과거와 미래를 보여줄 수 있으나 시각적 이미지 자체는 현재를 직접 보여준다. 따라서 '스크린에서 일어나는 사건은 관객의 앞에서 현재 일어나는 일'로 이해된다.

또한 영화는 화면이라는 평면적 공간 위에 펼쳐지는 순간적인 그림들의 연속이며 공간들의 시간적 연쇄인 시·공간 예술이다. 영화에서 시간의 변화는 공간의 변화를 통해 파악할 수 있으며, 영상으로 장면화됨을 통해 시간의 변화를 보여줄 수 있다. 그래서 소설에서 쉽게 이루어지는 시간의 압축이나 요약은 구체적인 장면을 통해 그 의미를 전달한다. 유홍종의 소설 『불새』에서 "여름이 되자 그는 재빨리 배낭을 싸들고 섬으로 달려왔다. 그리고 두 주째 꼬박 불새가 날아든다는 불바위 밑에서 잠복을 계속하고 있었다"고 요약적으로 서술된 부분이 영화에서는 여러 장면들로 옮겨지고 있다. 작업실 ->거리 ->버스 ->배라는 공간적 경로들로 영상화되고 있으며, '두 주째'라는 시간적 흐름을 알려주기 위해 소년을 등장시켜 대사를 하는 장면을 넣는다(김중철, 1999:31-34).

## IV. 원작 텍스트에 대한 태도에 따른 변화의 방향

매체 변환된 텍스트는 어떤 식으로든 변화된 모습을 보이게 된다. 변화의 방향은 원작 텍스트에 대한 태도에 따라 결정된다. 원작 텍스트에 대한 태도는 크게 3가지 정도로 나눌 수 있다. 원작 텍스트에 최대한 충실하고자 하는 태도, 원작 텍스트에 거리를 두면서 비판적으로 재해석하고자 하는 태도, 원작에서 모티프나 제목, 인물 등을 새롭게 가공되어질 원료 정도로 가져와 현재의 경험이나 맥락과 결부시켜서 자유롭게 확장하여 재창작하고자 하는 태도이다.

## 1. 원작 텍스트에 대한 충실

원작 텍스트에 충실하고자 할 때 원작 텍스트의 내용과 주제, 분위기 등을 유지하면서 변환되었는지 중요하다. 즉 소설이 영화나 드라마와 같은 영상서사로 변화되는 경우에는 얼마나 충실하게 시각화되었는지가 중요하며 영화가 만화나 소설로 변화하는 경우에도 인물, 사건, 배경, 주제를 그대로 만화화되고 문자화되는지가 중요하다. 원작 텍스트에 대한 충실성은 많은 수용자들이 변환된 텍스트를 판단하는 기준이 된다. <반지의 제왕>과 <해리포터> 같은 영화는 소설에서 상상으로만 그려내었던 판타지의 세계를 영상으로 충분히 재현해 냄으로써 서사뿐만 아니라 시각적인 스펙터클함으로 충실히 시각화되었다. 그래서 소설에서 경험하지 못했던 다른 시각적인 즐거움을 주고 있다. <서편제>와 같은 영화도 원작의 내용과 주제, 분위기가 잘 살아난 성공적인 영화로 평가된다. 원작 텍스트와의 관계뿐만 아니라 영화예술의 관점에서도 잘 만들어진 영화였다.

반면에 원작에 충실하고자 하는 시도가 실패하는 경우들도 많다. 텍스트가 다른 매체로 변환될 때에는 그 매체 장르 고유의 문법과 특성에 대한 고려가 따라야 하기 때문이다. 인터넷 소설이 드라마나 영화로 만들어지는 경우가 많고 만들어지기 쉬운 장르적 특성을 가지고 있음에도 불구하고, 인터넷 소설을 원작으로 한 많은 드라마나 영화가 작품성도 떨어지고 대중성에 있어서도 실패한다는 사실은 매체 변환이 쉽지 않은 것임을 보여주는 예이다.

따라서 원작에 충실하게 변환하고자 할 때 각각 매체 장르의 고유한 문법이나 장르적 특성에 대한 이해가 깊이 있게 이루어져야 한다. 교육적인 측면에서 본다면 주로 원작에 충실하게 변환된 텍스트가 문자 서사와 영상 서사 즉 매체가 다른 서사 텍스트 간의 특성을 비교하는 교수-학습에 적용하기 쉬운 텍스트이다.

## 2. 원작 텍스트에 대한 비판적 재해석

원작 텍스트를 다른 매체로 변환하는 주체는 수용자인 동시에 창작자가 된다. 예를 들어 소설을 읽고 영화로 만드는 감독은 소설의 독자이면서 영화의 창작자이다. 텍스트의 의미는 단일하지 않고 독자들은 자신의 시각에서 해석을 하며 텍스트에 대해 논평을 하게 된다. 영화 <우리들의 일그러진 영웅>이 원작 소설의 내용을 충실히 따르다가 결말 부분에서 다른 결론을 내리게 되는 것은 바로 원작 텍스트를 비판적으로 재해석한 결과이다. 소설에서는 주인공 병태가 어른이 되어 강릉 기차역에서 우연히 본 엄석대가 초라하고 무력하게 형사에게 잡혀가는 장면으로 끝나지만, 영화에서는 엄석대가 사회의 어두운 권력과 힘으로 존재하고 있음을 보여준다. 원작과 반대로 결말을 바꾸어버린 것은 현실 세계에서는 엄석대와 같은 정당성이 없는 부정한 권력이 몰락하지 않고 그 힘을 유지하고 있다는 관점으로 원작 소설을 비판적으로 해석한 결과라고 할 수 있다.

원작 텍스트에 대한 재해석이 중요한 변화의 방향인 텍스트들은 <춘향전>이나 <홍길동전>처럼 끊임없이 새로운 서사 텍스트로 만들어지는 것이나 설화처럼 독자의 해석이 개입할 수 있는 여지가 풍부한 텍스트(정진석, 2006)들이다.

소위 '춘향 이야기'[2)]라고 할 수 있는 텍스트는 설화, 판소리, 필사본, 인쇄본, 창극, 연극, 영화, 텔레비전 드라마 등 다양한 매체로 끊임없이 변환되어 재창작된 서사 텍스트이다. <춘향전>은 설화와 마찬가지로 적층되면서 풍부한 의미가 축적되어 있으며, 원전이라고 규정할 만한 텍스트가 없으므로 재해석이 용이하다. 같은 춘향전을 재해석한 서사 텍스트들이 어떻게 다른 해석의 관점과 방향을 보이는지에 대해 추석 특집 텔레비전 드라마 <춘향전>(1996)과 임권택 감독의 영화 <춘향뎐>(2000)을 비교해 보자.

2) <춘향전>에 대한 논의는 황혜진(2004)의 논문을 참조하여 정리하였다.

이 두 작품은 인물, 배경과 소품, 사건을 선택하는 데 차이를 보인다. 드라마 <춘향전>이 현재 수용자들에게 친숙하고 그럴 듯해 보이는 현대적인 미인형의 춘향, 양반집 같은 월매의 집, 춘향의 사실적이고 합리적인 사랑의 시작을 보여주었다. 이에 비하여 영화 <춘향뎐>은 판소리가 불릴 당시인 조선 시대의 미인형인 춘향, 그 시대에 근접한 배경과 소품, 판소리 창본을 따르는 서사 내용을 보여준다. 주제에 있어서도 드라마 <춘향전>은 춘향의 사적인 애정이 강조되며, 영화 <춘향뎐>은 견고한 신분질서에 맞서는 춘향의 투쟁이 강조된다.

이야기, 재현 대상의 차원으로 볼 수 있는 인물, 배경, 사건 등은 영상, 화면 구도, 음악, 음향 등과 결합하고 편집되어 수용자에게 제시되는데 이를 담론, 재현 방식으로 볼 수 있다. 담론, 재현 방식은 영상 매체의 규범이나 카메라 문법, 영화적 양식을 일컫는 개념이다. 이야기, 재현 대상의 차원에서 별 차이가 없더라도 담론, 재현 방식이 달라지면 그 텍스트의 의미, 의도, 주제 등이 달라진다.

드라마 <춘향전>이 고전적인 사실주의 영화 규범을 따르고 있다면 영화 <춘향뎐>은 판소리를 장면화하며 판소리에 의해 영화가 매개되는 모습을 보여준다. 고전적인 사실주의 영화 규범이 카메라와 수용자의 눈을 동일시함으로써 영상물로 재현된 세계와 등장인물의 감정에 동화되도록 한다. 영화 <춘향뎐>은 도입부에 판소리를 듣는 학생들의 관람 장면을 제시하고 판소리에 맞추어 장면을 구성함으로써 춘향 이야기보다 판소리를 영상화하고자 하는 의도를 드러낸다. 드라마 <춘향전>이 춘향과 몽룡의 사랑을 현대적인 대중문화로 재해석하고자 했다면, 영화 <춘향뎐>은 서사로서의 춘향전보다 판소리라는 전통 문화로 존재했던 춘향전의 가치를 영상으로 복원시키려 했다.

### 3. 원작 텍스트를 모티프로 한 확장된 재창조/재창작

원작 텍스트와의 상관성이 떨어지고 원작 텍스트는 새로운 예술 작품 구현을 위한 출발점 정도로만 바라보는(이형식 외, 2004:78) 매체 변환은 재창조, 재창작이라 할 수 있다. 대체로 짧은 단편 소설에 영감을 받아 만들어진 영화처럼 원작에는 없는 인물과 사건으로 서사에 살을 붙여 가면서 확장된 새로운 텍스트가 만들어지는 경우에서 그 예를 확인할 수 있다.

이창동 감독의 영화 <밀양>(2007)은 이청준의 단편소설 『벌레이야기』를 원작으로 만들어졌다. 소설에서는 아이의 유괴와 살인으로 인한 절망과 고통을 절대자와의 만남을 통해 극복하고자 했던 아이의 엄마가 범인에 대한 용서마저도 절대자인 신에게 빼앗기자 자살하는 내용이 남편의 관찰자적 시각으로 그려졌다. 영화에서는 배경이 밀양이라는 구체적이며 낯선 지방 소도시 공간으로 옮겨지고 남편의 죽음 후의 일로 그려짐으로써 아이 엄마의 절망감과 고통을 더욱더 극대화시켰다. 극도의 절망감과 고통 속에서도 자살이 아닌 한줄기 햇빛, 즉 삶을 택하는 모습 속에서 도저한 고통과 구원의 가능성에 대한 질문을 던지며 용서의 의미에 대해서 되돌아보게 하는 성찰의 서사 텍스트가 되었다. 그리고 밀양이라는 소도시의 살아가는 인물 군상들과 사건들이 풍부하고 자연스럽게 덧붙여짐으로써 새로운 세계가 재창조되었다.

또한 설화나 고전소설이 인물과 상황이 현대로 옮겨오면서 원작 텍스트는 이름, 몇 가지 이야기 요소들만이 흔적으로 남고 다른 텍스트로 변화하기도 한다. 한 예로 고전소설 『장화홍련전』을 원작 텍스트로 제작된 영화 <장화, 홍련>(2003)은 제목과, 계모 모티프만을 따온 것이다. 영화 <장화, 홍련>은 소설처럼 두 자매인 수미와 수연이 주인공이며, 두 자매는 계모인 은주와 불화를 일으킨다. 이 와중에 집에서 이상한 일이 벌어지고 친엄마의 귀신을 보기도 한다. 그러나 이상하게도 아버지는 자매와 계모 사이의 문제를 방관한다. 두 자매와 계모의 갈등은 심해져, 계모의 구타로 동생이 정신을 잃는

[그림 7-5] 영화 〈밀양〉 포스터

[그림 7-6] 영화 〈장화, 홍련〉 포스터

다. 계모와의 불화로 죽음에 이르러 원귀가 되는 <장화, 홍련>의 이야기와 일견 비슷해 보이나 이제까지의 이야기 전개는 언니인 수미의 환상으로 사실은 동생 수연은 장롱에 깔려 죽었고 수미는 정신병으로 오랜 병원 생활을 하다가 아버지와 다시 집으로 온 이후의 상황이었다. 수미는 자신을 계모로 여기며 죽은 수연의 환영과 함께 살고 있었던 것이다. 영화 <장화, 홍련>은 고전 소설 『장화홍련전』과 마찬가지로 가족 간의 애정과 갈등문제를 다루고 있다. 그러나 영화는 소설과는 다른 내용과 방식으로 서사를 구축하고 있다.

설화를 비롯한 여러 가지 서사가 결합되면서 원래의 서사와는 전혀 다른 텍스트가 되기도 한다. 드라마 < 태왕사신기>(2007)는 단군 신화에서 환웅 부분을 광개토대왕이라는 역사적 인물의 영토 확장이라는 역사 서사에 결합시키면서 비현실적인 세계를 보여주는 판타지 서사가 되었다.

## V. 서사 텍스트 변환의 교수-학습

### 1. 서사 텍스트 변환의 교육적 의의

#### 1) 영상 언어를 통해 표현된 서사

서사 텍스트의 변화에 대한 교육 내용은 설화나 소설 즉 음성언어나 문자언어의 언어양식으로 이루어지던 서사 교육을 복합양식인 영상언어 서사에까지 확장시키는 의의를 가진다. 영상언어를 통해 표현된 서사에 대한 교육은 '말하기'의 방식이 아닌 '보여주기'의 방식이 어떻게 서사를 구성하는지를 보여주며 서로 다른 언어 양식들인 말, 문자, 이미지, 몸짓, 음악, 음향 등이 어떻게 의미 구성에 관여하는지를 이해할 수 있게 한다.

그런데 영상언어를 일반적인 미디어 교육이나 영화 교육이 아닌 국어교육 즉 매체언어 교육에서 교육 내용으로 삼을 때 그 범위와 수준은 미디어 교육이나 영화 교육과 동일하지 않을 것이다. 매체언어 교육에서 영상언어로 표현된 서사에서 중점으로 삼아야 할 교육내용은 의사 소통의 관점과 문화적 관점에서 선별되고 구성되어야 할 것이다. 현재와 같은 다매체 시대에는 다양한 소통 양식들은 각각 매체와 그에 적절한 표현과 내용 구조를 가지고 있으며, 학습자는 자기가 하고자 하는 이야기에 맞는 매체를 선택하여 표현할 수 있는 능력을 키우는 것이 필요하다.

그리고 이와 같은 의사소통의 관점에서는 서사 텍스트의 변화나 영상언어를 통해 표현된 서사에 대한 교육은 소통을 위한 의미 구성에 관여하는 요소들을 중심으로 이루어져야 한다. 영상 텍스트로 변환된 서사 텍스트에 대한 교육은 이런 측면에서 유효하다. 문자매체나 영상매체는 각각 의미를 구성하는 데 관여하는 요소들이나 특성들이 달라진다. 이들을 비교하는 교수-학습 활동을 통해 각각의 차이에서 기인한 의미 구성과 소통에서의 특성이 보다 분명하게 드러나며 이해하기 쉬울 수 있다.

### 2) 원작의 재해석

원작 텍스트를 재해석하거나 확장하여 재창조한 텍스트들은 수용자이자 창작자가 원작 텍스트에 대해 적극적으로 논평하고, 원작 텍스트에 자신의 경험 및 가치관을 적극적으로 투영한 것이다. 즉 원작 텍스트에 대한 재해석이나 확장은 수용자의 능동적 해석 행위의 결과이자, 수용자의 창작 행위이기도 하다. 여기에서 주목해서 관심을 기울여야 하는 것은 원작 텍스트에서 제기되었던 삶의 문제가 어떻게 지속되는지, 그리고 원작 텍스트가 가진 주제를 어떻게 수용하여 과거의 텍스트와 현재의 텍스트가 어떤 의미 연관을 형성하였는가 하는 것이다(황혜진, 2005:401-403). 이와 같은 맥락에서 원작 텍스트에 대한 해석적 대화의 관점이 존재할 때 원작 텍스트와 재창조된 텍스트들 사이의 소통적 언어적 능력뿐만 아니라 문화를 이해하는 능력이 신장될 수 있다.

텍스트들의 변화에 영향을 주는 문화는 공시적 관점 문화 혹은 대중문화일 수도 있으며, 통시적 관점에서는 전통 문화 혹은 고급문화일 수도 있다. <춘향전>이 어떤 문화에 터하여 원작을 바라보느냐에 따라 재해석하여 만들어진 텍스트가 확연히 달라지는 모습을 확인할 수 있다. 이처럼 서사 텍스트의 매체 변화에 대한 교육을 통해 공시적, 통시적 문화를 읽어내는 능력인 문화적 리터러시를 높이는 데 기여할 수 있다. 텍스트들은 매체를 달리하여 재창작되면서 새로운 문화를 생성하는 문화적 자원으로 기능할 수 있는 것이다.

<밀양>, <장화, 홍련> 등과 같은 영화에서도 쉽게 알 수 있듯이, 현대의 문화에서 하나의 텍스트는 다른 텍스트에 기반하거나 다른 텍스트를 연상시킨다. 이러한 상호텍스트적 관계들이 문화 생산의 원동력이라고 볼 수 있다. 그러나 상호텍스트적 관계가 <괴물>의 예처럼 원작에 편승한 창작이 되는 경우도 빈번하다. 이 창작 활동을 능동적이고 창의적인 활동이라고 볼 수 없을 것이다. 서사 텍스트의 변화와 변환 텍스트들에 대한 교육을 통해 상호텍스트적 관계에 기반한 창작 활동일지라도 능동적이며 창의적인 창작 및 표현 활동이 될 수 있고 재해석 과정이 필수적임을 학습자에게 인식시킬 수 있다.

## 2. 서사 텍스트 변환의 교수-학습 방법

다른 매체로 만들어진 같은 서사 텍스트들의 특성은 이야기(재현 대상)의 측면과 담론(재현 방식)의 측면에서 비교할 수 있다. 이야기(재현 대상)는 인물, 사건, 배경, 플롯 등을 들 수 있고, 담론(재현 방식)은 영상(이미지), 화면구도(미장센), 카메라 문법, 음악, 음향, 편집 등을 들 수 있다. 이 중에서 한 가지 요소를 중점으로 매체적 성격이 다른 서사물들을 비교해 보는 활동이다. 인물을 중심으로 인물의 성격과 특징, 심리를 제시하는 방법인 인물 제시 방법을 통해 문자매체와 영상매체의 표현 방법의 특성과 차이를 학습하도록 한다.

> 문자 서사물(소설, 설화, 동화, 자서전 등)과 영상물(영화, 드라마, 애니메이션, 다큐멘터리 등) 비교하기
>
> [학습 목표]
> - 문자매체에서의 인물 제시 방법과 영상매체에서의 인물 제시 방법을 말할 수 있다.
> - 문자매체와 영상매체에서 표현 방법의 특성을 말할 수 있다.
> - 새로운 변환 텍스트가 원작 텍스트에 대한 해석 태도가 반영된 것임을 안다.
>
> [교수 · 학습 방법]
> - 문자 서사물을 원작으로 한 영상물의 일부를 상영하여 학생들과 함께 감상한다.
> - 두 텍스트에 같이 등장하는 인물들 중 하나를 정하여 해당 인물의 성격이나 심리가 어떻게 표현되어 있는지 살펴본다.
>   - 문자 서사물에서 인물의 성격이나 특징, 심리가 표현된 부분을 찾아보자.
>   - 영상물에서 인물의 성격이나 특징, 심리를 표현하기 위해 카메라의 위치, 화면 속 인물의 크기나 위치, 표정, 음악이나 음향을 어떻게 사용했는지 찾아보자.
> - 문자 서사물에서는 강조되지 않았지만, 영상물에서는 확대되거나 강조된 경우가 있었는지 찾아보자. 그 반대의 경우도 찾아보자.
> - 문자 서사물과 영상물에서 달라진 점이 무엇에서 기인하는지 생각해 보자.

문자 서사물은 이야기의 형식으로 독자에게 전달되기 때문에 전달자, 즉 서술자를 필요로 한다. 누구의 눈으로 서술되느냐에 따라 인물에 대한 이해나 판단의 내용이 달라진다. 영상물에서 서술자의 역할을 하는 것이 카메라의 문법, 화면 속 인물의 크기나 위치, 표정, 음악이나 음향 등이다. 문자 서

사물이 '말하기'의 방법을 사용한다면 영상물은 '보여주기'의 방법을 사용한다고 할 수 있다. 영상물에서 인물의 성격은 대사를 통해 그려질 수도 있지만, 표정이나 목소리, 미묘한 움직임과 행동을 통해서 나타날 수도 있고, 영상이나 소리, 음악 등 다른 장치를 통해 간접적으로 그려질 수 있다. 영상물에 등장하는 인물의 성격과 형상화 방식을 파악할 때에는 대사뿐 아니라 영상, 소리, 음악 등에도 주의를 기울여야 한다.

그리고 문자 서사물에서 영상물로 변화될 때 달라지는 점들이 있다. 이는 문자언어와 영상언어의 차이에서 비롯된 것과 더불어, 원작 텍스트에 대한 해석 태도에서 비롯된다. 원작 텍스트에 대해 어떤 관점과 태도를 가지고 있는지를 살펴보면서 어떤 경험과 가치관, 문화가 새로운 변환 텍스트에 반영되어 있는지 파악할 수 있다.

서사 텍스트의 변환에 대한 이해는 표현 및 제작 활동을 통해 촉진될 수 있다. 서사, 즉 이야기를 영상언어로 표현해 보는 수업이 다음과 같이 이루어질 수 있다.

> 단편 소설이나 짧은 이야기를 영상으로 만들기
> [학습 목표]
> · 서사를 영상언어를 통해 표현할 수 있다.
> · 영상언어의 특성을 이해할 수 있다.
> [교수 · 학습 방법]
> · 특정한 주제를 선정하거나 단편 소설을 선정한다.
> · 카메라 문법 및 편집 등 영상언어의 특성에 대한 기초적인 지식을 습득한다.
> · 어떤 주제와 내용으로 영상물을 만들 것인지를 결정한다.
> - 수용자를 누구로 할 것인가를 결정한다.
> - 등장인물, 배경, 사건, 플롯을 구성한다.
> - 스토리보드를 만든다.
> · 촬영을 한다.
> - 영상물의 형식은 캠코더로 찍은 동영상이 아니어도 좋다. 디지털 카메라 사진 장면을 찍어서 편집기로 편집하는 것으로도 충분하다.
> · 촬영한 영상들을 선별하고 편집한다.
> - 자막, 음악이나 음향을 삽입해도 좋다.
> - 편집이 어떻게 되느냐에 따라 의미가 달라진다는 점에 대해 생각해 볼 수 있다.
> · 전체 상영회를 하며 평가와 소감을 나눈다.

매체 제작 학습 활동은 시간이 많이 걸리고 기술적인 어려움 때문에 교수 학습 활동의 과정에서 이루어지기란 쉽지 않다. 그렇지만 감상과 이해에 깊이를 더하고 표현 교육의 차원에서 이루어질 수 있다. 의사소통의 과정에서 글쓰기와 마찬가지로 이미지나 영상으로 형상화한 복합양식들이 비중 있는 소통방식으로 자리잡아 가고 있다는 점은 이러한 교수-학습 활동의 필요성과 가능성을 말해준다고 하겠다.

그러나 영화 교육이나 일반적인 미디어 교육에서의 영상제작 교육과는 달리 매체언어 교육에서 영상을 제작하는 활동은 기술적 숙련이나 영상물 자체의 완성도를 중점 목표로 하지 않는다는 점에 유의해야 한다. 결과물로서의 매체 형식이 아니라 매체를 기획하고 제작하며 소통시키는 과정의 이해(최지현, 2007:172)나, 서사가 각각 다른 언어 양식인 문자와 영상을 통해 어떻게 표현되는가에 대한 이해를 위한 표현 활동에 초점이 맞추어져야 한다.

영상언어의 특성에 대한 기초적 지식으로 영상물의 의미 구성에 중요한 역할을 담당하는 것들로 한정할 필요가 있다. 그러한 지식으로는 프레임의 의미, 화면 내에서 재현 대상의 위치나 크기, 카메라의 각도, 화면의 구도(미장센) 등 영상 문법에 대한 것들을 들 수 있다. 또한 편집에 대한 이해가 필요한데, 편집은 장면(공간) 내에서 사물과 사람의 위치나 움직임을 구성하는 미장센과는 달리 컷과 컷 사이를 어떻게 연결하는지를 결정하는 것이다. 사건과 시간의 경과와 흐름을 구성하는 편집은 영상 텍스트의 의미 구성에 중요한 역할을 하는 요소이므로 교육 내용에 포함되어야 한다.

이러한 교수학습 활동을 하는 데 가장 유의할 점은 학습자들이 영상매체나 디지털 미디어에 익숙한 세대이므로 제작 방법이나 활동에 대해 잘 알고 있을 것이라고 추측하여 결과물 산출에만 관심을 가지는 태도를 경계해야 한다. 타고난 재능이나 경험의 정도에 따라 학습자들 사이에 편차가 존재하고 학습자들이 영상매체나 디지털 미디어에 익숙하다고 할지라도 잠재되어 있는 지식일 뿐 명시적 지식이나 실제 제작 경험은 많지 않을 수 있다. 학습자들이 어떤 수준에 있는지를 파악하여 그에 적합한 교수학습 내용을 구성하는 과정이 필요하다.

## 참고문헌

박종원(1992), <우리들의 일그러진 영웅>, 대동흥업.

봉준호(2006), <괴물 DVD>, 청어람미디어.

봉준호 · 서석근(2006), 『무비 만화 괴물』, 삼성출판사.

이문열(2005), 『우리들의 일그러진 영웅』, 민음사.

고진주(2005), 「팬픽션에 있어서 작가와 독자의 추구 동기와 상응성 연구: 드라마 "다모"의 팬픽션 현상에 대한 분석을 중심으로」, 성균관대 언론정보대학원.

김중철(1995), 「소설과 영화의 서사전달 방식 비교 -<우리들의 일그러진 영웅>을 대상으로」, 『한양어문연구』, 13, 한양대 한양어문연구회.

김중철(1999), 「소설의 영상화 과정에 관한 연구 - 유홍종의 <불새>와 이문열의 <익명의 섬>을 중심으로」, 한양대 박사학위논문.

문재철(2006), 「현대 영화에서 내러티브와 스펙터클의 관계」, 『디지털미디어와 예술의 확장』, 아카넷.

박기수(2007), 「문화콘텐츠 스토리텔링의 생산적 논의를 위한 네 가지 접근법」, 『한국언어문화』, 32집, 한국언어문화학회.

우한용 외(2001), 『서사교육론』, 동아시아.

이형식 외(2004), 『문학 텍스트에서 영화 텍스트로』, 동인.

전국국어교사모임 매체연구부(2005), 『국어시간에 매체읽기』, 나라말.

전국국어교사모임 매체연구부(2005), 『매체교육의 길찾기』, 나라말.

전국국어교사모임 매체연구부(2005), 『매체로 국어 수업하기 고등학교 국어(상)』, 나라말.

전홍남(2001), 「소설의 영화화 과정과 그 의미에 관한 고찰 - 소설 남도사람과 영화 서편제를 중심으로」, 『국어문학』, 36, 국어문학회.

정진석(2006), 「문학교육에서 서사의 극화 원리에 대한 연구」, 서울대 석사학위논문.

정현선(2005), 「'언어 · 텍스트 · 매체 · 문화'범주와 '복합 문식성' 개념을 통한 미디어 교육의 국어교육적 수용에 관한 연구」, 『한국초등국어교육』, 제28집, 한국초등국어교육학회.

정희경(2006), 「영국의 초 · 중등학교 미디어 교육 교과과정」, 『미디어교육과 교과과정』, 커뮤니케이션북스.

조규형(2006), 『후기인쇄문화로서의 가상공간, 디지털미디어와 예술의 확장』, 아카넷.

조정래(2002), 「소설과 영화의 서사론적 비교연구 - 소설 DMZ와 영화 공동경비구역JSA를 중심으로」, 「현대문학의 연구」, 18, 한국문학연구학회.

최지현(2007), 「매체 환경의 변화와 국어교육의 방향」, 『국어교육학연구』, 28, 국어교육학회.

한귀은(2006), 「각색을 통한 문학과 영상의 통합 교육 방안」, 『현대문학의 연구』, 30, 한국문학연구학회.

한기호(2003), 「청소년 출판」, 『북페뎀』, 3, 한국출판마케팅연구소.

황민선(2005), 「출판물과 출판물을 원작으로 하는 영상물의 매체 특성 비교 연구」, 『한국출판학연구』, 제48호, 한국출판학회.

황혜진(2004), 「드라마 <춘향전>과 영화 <춘향뎐>의 비교 연구」, 『선청어문』, 32, 서울대학교 국어교육과.

황혜진(2005), 「문화적 문식성 교육을 위한 고전소설과 영상변용물 비교 연구」, 『국어교육』, 116, 한국어교육학회.

Anderson, B. (2002), 윤형숙 역, 『상상의 공동체』, 나남.

Bukingham, D. (2004), *Media Education-literacy, learning and contemporary culture*, 기선정 · 김아미 옮김, 『미디어 교육-학습, 리터러시, 그리고 현대문화』, jNBook.

Chatman, S. (1990), 김경수 역, 『영화와 소설의 서사 구조』, 민음사.

Ellis, J.C. (1996), 변재란 역, 『세계 영화사』, 이론과실천.

제8장

# 디지털 저자의 언어 윤리 및 태도와 저작권

## I. 디지털 저자의 언어 윤리 및 태도

오늘날의 인터넷은 개인지향적인 네트워크로 변화하고 있다. 2003년 후반 이후 본격적으로 도입된 미니홈피나 블로그는 그 구체적인 형태라 할 수 있다. 미니홈피와 블로그는 개인의 취향이나 관심을 가진 사진이나 글, 동영상 등을 올릴 수 있고 서로 공유할 수 있는 인터넷 공간으로서 현재 인기를 끌고 있다.

인터넷으로 인해 전문적인 필자가 아니더라도, 즉 평범한 개인도 지식과 정보를 생산할 수 있게 되었다. 따라서 예전에는 소수의 전문가나 기자들에게만 요구되었던 글쓰기와 보도 윤리 등이 일반인들의 글쓰기에도 요구되고 있다. 그러나 아직까지 일반인들의 인식이 여기에 미치지 못함으로 인해 여러 문제들이 발생하고 있는 것이 사실이다. 따라서 이 장에서는 인터넷 공간의 글쓰기가 안고 있는 특징과 문제를 고려하여, 디지털 저자의 언어 윤리와 정보 생산의 태도, 저작권의 문제를 살펴보고자 한다.

## 1. 인터넷 공간의 정보 생산의 특징과 문제

### 1) 수평적 지식 생산

인터넷으로 인해 지식의 생산과 전달이 종래의 수직적 흐름에서 수평적으로 변화되고 있다. 장종인(2006)은 「지식 생산 및 전달 양식의 변화」라는 연구 논문에서 인터넷 정보 텍스트의 생산의 특징을 수직적 지식 생산에서 수평적 정보 생산으로 변화했다고 보았다. 이전에는 지식이 권위자나 전문가에서 일반인에게, 나이 든 사람에서 젊은 사람에게 전달됐지만 지금은 수평적으로 이동되고 있다는 것이다. 포털 사이트 네이버의 지식검색 서비스에서 전문가의 입지가 확고한 건강과 관련한 지식이 어떻게 형성되고 전달되는지를 분석한 이 연구는 건강 관련 사안 중에서도 다이어트, 감기, 성형수술, 암에 대한 질문이 가장 많았고, 시간과 공간에 제약을 받지 않는 많은 지식이 익명성을 전제로 폭넓게 공유되고 있다고 분석했다. 이러한 분석을 통해 지식의 범주와 개념 또한 변화했음을 지적했는데, 과거에는 단순한 정보로만 여겨지던 대중적이고 실용적인 '날 것(raw material)'의 정보도 지식의 범주에 속하게 되면서 생산주체도 일반인으로 확대됐고, 많은 사람들이 동의하는 다수에 의해 결정되고 이론보다 개인의 경험에 의해 검증된 지식이 인정받고 있다는 것이다. 아울러 인터넷 공간에서 지식이 자유롭게 공유됨으로써 지식 소통이 원활해졌으며 이를 통해 지식의 양과 질적인 측면에서의 발전도 가져오게 될 것으로 전망했다.

물론 이러한 장점도 있지만 또 다른 면으로는 지식이나 정보의 신뢰성 문제와 폭발적 정보 생산으로 인한 정보의 과잉 문제가 제기된다. 따라서 인터넷 정보 텍스트의 생산 교육에서는, 학생들이 신뢰성 있고 질적인 완성도를 갖춘 정보 텍스트를 생산하도록 교육해야 한다.

### 2) 협업적 지식 생산

인터넷 매체의 정보 텍스트 생산에서 무한한 가능성을 지닌 특성은 정보의 협업적 생산이 가능하다는 것이다. 물론 이러한 특징은 수평적 지식 생산의 변화와 밀접한 관련이 있다. 정보의 협업적 생산으로 대표적인 것이 위키피디아이다.

위키피디아(Wikipedia)는 하와이 말로 "재빠르다"라는 의미인 위키(Wiki)와 백과사전(Encyclopedia)의 합성어로서 누구나 자유롭게 정보에 접근할 수 있고 편집할 수도 있는 인터넷상의 백과사전이다. 위키피디아는 2001년 1월 영어로 처음 서비스를 선보인 이후 현재 240여 개 언어로 400만 개의 경험 지식을 담고 있는 세계적인 온라인백과사전이다. 플랫폼을 개방하여 네티즌들이 자발적으로 끊임없이 정보를 게재 · 수정할 수 있는 웹2.0 서비스의 표상으로 여겨지고 있다. 이같은 비결로 200년 역사를 자랑하는 브리태니커사전이 보유한 정보량을 5년 만에 초과하며 급성장했다고 한다. 정보 이용자들은 웹사이트(www.wikipedia.org)를 통해 필요한 정보를 손쉽게 얻을 수 있다. 위키피디아는 인터넷을 이용하는 집단 지성(collective intelligence),[1] 다수의 네티즌들이 참여해 탄생시킨 초대형 인터넷 백과사전으로 평가받고 있다.

네이버의 지식iN도 위키피디아와 같이 지식의 협업적 생산의 모습을 보여준다. 다양한 질문에 여러 사람들이 답변을 하는데, 처음에는 오류가 있어도 여러 사람들의 다른 답변이 적층적으로 쌓이고, 답변자들 간의 토론을 통하여 적절한 답을 찾아가게 될 가능성이 점점 확대된다고 할 수 있다. 다수가 참여하고 공유함으로써 의미 있는 지식을 만들어내는 과정이라고 할 수 있다.

지식의 협업적 생산은 누구나 지식 생산에 일조할 수 있다는 장점이 있으나 그렇게 생산된 지식의 질에 대해 의문을 제기하는 경우가 많다. 즉 네이버

---

1) 집단지성은 "많은 개인의 협력과 경쟁을 통해 발현된 지성으로서 주식시장에서 주가가 결정되는 것처럼 '독립적인 개인 의견의 집합에서 특정한 과정을 통해 어떤 문제의 답을 구할 수 있다"는 개념이다. 이 개념에 대한 자세한 논의는 이 장의 뒷부분에서 디지털 저자의 글쓰기와 저작권에 대한 논의를 다루면서 하기로 한다. 온라인 백과사전 '위키피디아(www.wikipedia.org)'는 집단지성을 적용한 대표적 사례로 손꼽히고 있다.

의 지식iN과 위키피디아에도 몇 가지 문제점이 있다. 정보를 네티즌들이 자발적으로 올리는 데 의존하다 보니 지식과 정보의 수준과 정확성, 신뢰성에 대한 문제가 제기된 것이다. 위키피디아의 정보와 지식 생산과 편집에 관리자가 따로 간섭하지 않는다는 것이 초기에는 발전의 원동력이 되었으나 지식의 정확성과 신뢰성에 있어서는 문제가 된다. 특히 분야별로 내용을 검증하고 걸러줄 수 있는 권위 있는 편집진이 따로 없다는 것이 문제로 꼽힌다.

### 3) '펌' 문화

인터넷의 개인 일기장인 미니홈피나 블로그들에 다른 사이트에서 옮겨온, 이른바 '펌'글이 넘쳐나고 있다.[2)] '펌'은 '퍼옴' 또는 '퍼나름'을 뜻한다. 이런 문화 현상을 이르는 말로 '퍼뮤니케이션'이라는 신조어도 등장했다. 펌과 커뮤니케이션의 합성어로 펌글이 인터넷 시대의 중요한 입소문 통로가 된다는 뜻이다. 또 '펌' 문화에 익숙한 사람들은 '펌킨족'으로 불린다. 펌에다 네티즌이 '즐거움'이라는 의미로 쓰는 '킨'(KIN을 옆으로 눕히면 '즐'과 비슷함)을 합성한 것이다(정보통신윤리위원회 · 한국정보처리학회, 2005:114). '퍼놀러지'라는 신조어 역시 인터넷의 '펌' 문화와 관련이 있는 신조어이다. 퍼놀러지는 재미와 기술의 합성어로서 퍼놀러지는 소비자들에게 첨단 기술을 기초로 하여 재미(fun)를 더한 것을 의미한다.

미니홈피나 블로그의 정보 생산에서 정보 텍스트의 '펌'이 정보의 유통과 단시간 내의 확산에 기여한 바는 있으나, 지속적인 '펌'은 타인의 정보 텍스트 생산의 노력과 생산물에. 대한 권리를 존중하지 않는 것이며 창의적 정보

2) 「웹 2.0시대의 네티즌 인터넷 이용 현황」(한국인터넷진흥원, 2006)의 조사 결과에서 인터넷 이용자의 참여와 공유 활동에 대해서 다음과 같은 결과를 제시하고 있다. 인터넷 이용자의 카페/커뮤니티 활동, 블로그/미니홈피 운영, 댓글달기, 퍼나르기 UCC 생산 등의 경험을 기반으로 분석한 결과, 조사 대상자의 91.6%가 적어도 하나 이상의 수단을 통해 참여 및 공유 활동을 하는 것으로 나타났다. 그중에서 특히 퍼나르기(62.0%)가 두 번째를 차지했다.

텍스트 생산 능력을 기르는 데 장애로 작용한다. 물론 정보는 가두는 것이 아니라 오히려 적극적으로 외부에 퍼주어야 가치가 있으며, 정보의 연결을 통한 지식의 공유와 학습이 웹의 기본 정신이기는 하지만(김중태, 2006), 원저자의 창작 또한 존중해 주어야 한다.[3)]

우리나라의 인터넷 이용자들은 개인적으로나 집단적으로나 오락적 목적으로 인터넷을 이용하거나 관계 형성과 유지를 위해 인터넷을 사사화(私事化)하는 경우가 많았다. 동영상이나 생활지식 등 손수제작물(UCC)도 주로 드라마나 영화를 패러디하거나 다른 사람의 생산물을 퍼 온 경우가 많다. 이러한 우리나라 인터넷의 이용 실태를 보면, 인터넷을 사용하기 위한 개인적 사회적 비용에 비해 매체가 낭비되고 있음을 알 수 있으며, 인터넷 공간은 소위 수많은 '쓰레기' 정보로 넘쳐나고 있는 것이다.

'펌' 문화가 야기하는 문제에 대해 본격적으로 고려가 필요하다. 무차별적 펌이나 퍼가기(스크랩)의 문제에 따른 정보 공유와 저작권의 대립 문제, 표절과 창작의 경계 문제, 방문자 수나 게시물의 댓글 수를 올리기 위한 자극적인 정보의 생산 문제, 정보의 과잉 문제 등을 고려해야 한다.

정보 텍스트의 공유와 저작권 문제는 서로 연관되어 있는 문제이다. 또한 인터넷에서 정보 텍스트 생산의 핵심적인 문제이기도 하다. 정보의 생산에서 저작권의 문제는 인터넷의 기본적 속성인 공유와 대립과 충돌을 일으킨다. 자신이 생산한 정보 텍스트를 웹에 게시한다는 것은 자신이 가진 정보와 지식을 다른 인터넷 이용자와 공유하기 위한 것이다. 하지만 이것이 자신이 만든 생산물의 권리를 포기한 것은 아닐 것이다. 그렇다고 해서 인터넷에서

---

3) 김중태(2006)에서는 공개된 자료라 해도 가능한 펌질이 아닌 링크로 하는 것이 원저자의 명예와 권위를 보호하고 존중할 뿐 아니라, 더 나은 창작의 밑거름을 제공하는 것이라고 보고 있다. 그러나 현실적으로 웹이 모두 링크로만 이루어질 수는 없으며 문서의 여벌 보관을 위해 펌질이 필요한 경우도 있다고 본다. 하지만 어떤 경우에 링크가 필요하고 어떤 경우에 펌질이 필요한지 판단하려면 웹 정신에 대한 바른 이해가 선행되어야 한다고 본다. 웹 정신에 대한 이해가 선행되지 않는 사람이라면 가능한 링크를 이용하는 것이 바람직하다고 보고 있다.

현실 세계와 같은 저작권에 대한 독점적인 권리를 주고, 그러한 정보 텍스트를 이용하는 데 비용을 지불해야 한다면, 이는 웹의 기본 정신과 철학인 '정보의 공개와 공유를 통한 인간의 행복'(김중태, 2006:45)에 어긋나는 것이라고 할 수 있다. 정보 텍스트의 공유와 저작권이 특히 문제점으로 지적되는 것은 우리나라의 정보 텍스트 생산의 특징에 기인한다. 블로그의 정보 텍스트를 보면 자신이 생산한 것보다 손쉽게 타인이 생산한 정보 텍스트들을 그대로 퍼 온 경우가 많기 때문이다.

## 2. 텍스트 생산의 언어 문제

인터넷에서 정보 텍스트 생산과 관련된 문제는 지금까지 주로 인터넷에서 사용되는 언어 문제나 정보 윤리 측면에서 많이 다루어져 왔다. 인터넷에서 사용되는 언어 문제는 주로 컴퓨터 통신언어를 분석에서 출발하여 언어 규범의 파괴라는 측면에서 그리고 그러한 언어의 역기능의 측면에서 주로 논의되어 왔다. 현실 세계의 언어와 차이점에서 인터넷 통신 언어를 다루었고, 현실 세계의 언어에서는 사용되지 않는 특이한 요소, 예를 들면 이모티콘(도상 문자)의 연구가 주를 이루고 있다.

### 1) 인터넷 통신 언어 사용의 문제

지금까지 컴퓨터를 매개로 한 의사 소통에 대한 연구에서 국어학자들은 인터넷이나 휴대 전화 등에서 사용되는 언어에 대해 주로 관심을 보였는데, 그것은 대개 현실공간에서의 언어와 온라인 공간에서의 언어의 차이점에 주목한 것이었다. 통신언어의 특성을 음운, 어휘, 통사 등의 차원에서 기술하거나 언어 규범의 차원에서 통신언어의 문제점을 논한 연구들이 대부분이었다. 통신언어는 한 마디로 문자 기호로 구어 대화를 나누어야 한다는 비정상적인 상황을 타개하기 위한 고육책으로 발생한 것으로 보고 있다. 즉, 우리의 음성 대화에는 말하는 사람의 감정이나 몸의 상태가 기본적인 언어 정보에 얹혀서 전달되는 것이 일반적인데, 네티즌들은 타이핑된 글자에 음성 정보를 대체할 요소를 더 첨가하고 싶은 욕구(이석주 외, 2002)가 있다는 것이다. 이 지점에서 통신언어의 특성을 찾고 있어 통신언어의 전체적인 양상보다는 주로 현실의 언어생활과는 다른 특수한 사용이나 규범에 어긋난 사용 현상을 분석하고 있는 것이다. 따라서 인터넷에서 사용된 언어의 특징을 언어 파괴나 언어 규범의 일탈 측면에서 분석하고 있다.

인터넷에서 사용되는 언어의 특징을 통신언어 문제에서 파악하고 있는 사람들은 이것이 크게 두 가지 문제를 야기한다고 보고 있다. 하나는 인터넷 통신 언어가 우리말의 파괴와 일탈을 가속화시키고 있으며, 특히 청소년의 언어 사용에 잘못된 영향을 준다는 시각이다.[4] 또 통신언어의 사용은 학생들의 한국어사용능력 저하의 원인으로 지목되기도 한다.[5]

---

4) EBS 방송 '우리말 우리글(2002년 10월 5일, 10월 12일 방송 시간: 토요일 오후 5:40-6:10)에서는 컴퓨터통신언어를 주제로 조오현 교수(건국대학교 국문과)와의 대담을 방영했다. 인터넷 사이트를 통해 알아본 결과 '통신언어가 일상 언어에 영향을 주는가'라는 설문조사에서 68.72%가 '그렇다'는 대답을 했다. 일상생활에 영향을 주는 통신언어는 곧 언어 파괴, 맞춤법 파괴, 정신 황폐화 등을 초래할 수도 있으므로 이에 대한 대책이 필요하다는 것이 방송의 요지였다. 특히 통신언어와 청소년들의 언어 사용에 대해서 다음과 같은 염려를 나타냈다. "10대들은 언어가 제대로 익지 않은 언어 습득기에 있다. 그런데 모방심리가 강하고 자극적인 것을 좋아하는 10대들 사이에서 통신언어가 거의 일상 언어가 되고 있는 것을 발견할 수 있다. 통신언어의 남용은 자라서도 잘 고칠 수 없어, 우리말을 제대로 구사하지 못할 수도 있다. 나아가 사회생활을 영위하는 데 지장을 주고, 남과 더불어 생활하는 데 어려움을 겪게 되기 때문에 어려서부터 바른 언어를 사용하는 습관을 길러야 한다. 언어습관이 형성되는 과정에 있는 초등학생들의 경우, 일상 언어와 통신언어를 구분해 사용하는 분별력이 없어 위험에 많이 노출되어 있다. 표준어나 맞춤법을 확실히 모르는 초등학생이 맞춤법과 문법에 어긋난 표기를 계속하다보면 자라서 품위 있는 언어생활을 하기 힘들고 규칙을 지키지 않아도 된다는 사고가 자리 잡을 수도 있다."

5) 한겨레신문(2002년 1월 5일) 기사 "한국인 국어 낙제점" 참조.
한국인의 국어 사용 능력이 낙제점을 한참 밑돌아 기준점수의 절반 수준에 불과한 것으로 나타났다. 중고등학생, 대학생 및 성인 869명을 대상으로 한 '어문 규범 능력 검사'에선 각각 중고등학생이 평균 31.26점, 대학생 34.23점, 일반인 29.81점으로 나타났다. (중략) 민 교수는 "50점 이상은 돼야 제대로 된 국어 사용이 가능하다"면서 디지털 세대의 변칙적인 글쓰기는 그들만의 한 문화이며, 그것들 중 일부는 이미 우리 시대의 전문화적 코드로 자리 잡고 있다(이석주 외, 2002)는 지적에서 디지털 세대의 글쓰기 또는 표현 방식이 우리 시대의 전문화적 코드가 되었다는 것은 각종 대중매체에서의 인용과 변용, 우리의 매체 이용 모습에서 이제 누구나 인정하는 사실일 것이다. 그러나 변칙적인 글쓰기라는 것은 일상의 글쓰기와 비교하여 일상의 글쓰기는 규칙적인 것이며 인터넷상의 글쓰기는 변칙적이라고 보는 것이다. 변칙은 규칙이나 규범의 반대로서 바로잡아야 할 대상이 된다. 인터넷의 표현을 언어 파괴의 관점에서 바라보고 정규적이고 문어적인 언어규범이 파괴되면서 비정규적이고 구어적인 표현들이 전면에 부각되었다고 보는 것이다. 이러한 관점에서 보면 인터넷상의 표현은 현실의 문자언어의 규범을 파괴하는 것으로, 또는 음성언어의 특징이 반영된 문자언어의 틀로서 파악하게 된다. 매체의 변화에 따른 표현의 문제를 규명하기 위해서는 규범에 맞는 언어를 사용하라는 것보다는 매체의 특성에 적응한 통신언어에 대한 이해로부터 출발해야 할 것이다.

특히 많은 연구들이 인터넷 대화방(인터넷 이전에는 PC통신)의 언어를 주로 분석함으로써 통신언어의 문제점은 더욱 두드러지게 드러나 보인다. 인터넷에서 의사소통은 홈페이지, 전자게시판, 전자우편, 메신저, 블로그 등 여러 경로를 통해 다양하게 이루어지고 있다. 홈페이지, 전자게시판, 전자우편, 블로그 등은 새로운 의사소통 양식을 형성하고 있을 뿐만 아니라 새로운 텍스트 유형인 하이퍼텍스트를 구성하고 있다. 따라서 컴퓨터를 매개로 한 의사 소통과 소위 통신언어를 제대로 파악하기 위해서는 대화방뿐만 아니라 홈페이지, 전자게시판, 전자우편 등의 언어 사용 양상에 대한 종합적 분석이 필요하다.

---

"공교육에서 학생들의 전반적인 국어학력 저하와 통신공간에서 문법 및 어법 파괴 현상으로 인해 이런 현상이 나타난 것 같다"고 우려했다. (하략)

### 2) 인터넷 언어 사용 교육

통신언어 연구에서 통신언어를 21세기 우리말의 중요한 사회 방언이자 새로운 언어 문화 자원으로서 긍정적으로 보는 시각이 점차 증가하고 있으나, 어린 청소년들에게는 큰 영향력을 주는 살아있는 언어 요소라는 측면에서 교육에서는 여전히 통신언어에 대해서 문제적인 시각으로 교정의 대상으로 접근하고 있다.

민현식(2001:40-43)은 정보통신 문화가 가져온 역기능의 하나로 언어 문화에 나타난 역기능으로 언어규범의 파괴 현상과 언어윤리의 파괴현상을 들고 있다. 그런데 언어규범 파괴 현상은 주로 통신언어에서 음운 표기나 문법 현상의 파괴, 비속어나 통신 은어의 사용 등을 들고 있다. 언어윤리 파괴 현상은 무례 표현, 욕설 표현, 저주 표현, 유혹 표현, 음란 표현, 과장 표현 등을 들고 있다. 이러한 역기능을 가지고 있는 인터넷 언어 사용의 문제점을 크게 언어 문제와 윤리 문제로 나누어 설명하였다.

언어 문제로는 첫째, 반 규범적 사고를 조장하고 언어 혼란을 일으킨다. 둘째, 언어 질서의 혼란은 개인 사고와 사회 질서의 혼란을 초래한다. 셋째, 언어가 기본 도구로서 혼란스러우면 다른 교과 학습에 장애가 된다. 넷째, 성장기 아동의 통신언어 사용은 정상적 언어 발달에 해롭다. 다섯째, 격식언어와 비격식언어의 혼란, 문어와 국어의 혼란으로 문체가 바로 서지 않는다는 점을 들었다. 또한 윤리 문제로는 첫째, 교사와 학생 간 부모와 자녀 간 세대 차이, 집단 따돌림, 대화 단절을 초래한다. 둘째, 언어 폭력으로 심리적 상처와 대인 혐오를 일으킬 수 있다. 셋째, 집단 내부의 따돌림 현상과 개인 간 단절을 가져올 수 있다는 점을 들었다.

이정복(2000)은 컴퓨터 통신 및 인터넷 언어, 그리고 휴대전화 문자 언어를 사례 분석과 통계 분석을 통하여 살펴보고 '교육적 문제', '통신 환경의 문제', '가정 및 사회 생활의 문제'로 나누어 통신언어의 문제점을 지적했다. 이를 해결하기 위한 한 방안으로서 학교 교육에서 문법 교육을 강화하고, 통신언어를 국어 교과 속에 포함시키며, 컴퓨터 교육의 초기 단계에서부터 정확한 글자 입력 훈련, 통신 공간 속에서의 예절 및 바른 언어 사용에 대한 교육을 실시해야 할 필요가 있다고 보았다.

그러나 이것은 그 언어가 사용된 매체나 맥락을 분리해 '언어' 요소만을 설명한 것이다. 인터넷에서 정보 텍스트를 구성할 때와, 오락적 목적이나 관계적 목적으로 텍스트를 구성할 때, 정보 텍스트를 구성하더라도 사회현상에 대해 자신의 지식을 정리할 때와 여행을 하고 와서 여행기를 작성할 때의 언어와 언어 사용의 방식은 달라질 것이다. 전자편지를 쓸 때도 공식적이고 정보지향적인 목적에서 쓸 때와 사적이고 친교의 목적에서 쓸 때 편지의 구성 방식과 언어는 달라질 것이다. 현실 세계의 언어와 같이 언어를 사용해야 하는 경우도 있으며, 인터넷 매체의 특성과 기술을 이용한 여러 장치를 활용해야 할 경우도 있을 것이다.

문제는 인터넷 언어의 특수성이 아니며, 텍스트 구성의 목적과 텍스트를 둘러싸고 있는 맥락, 텍스트의 수용과 생산의 참여자 등에 따라 적합한 언어를 사용해야 하는 것이다. 정보 텍스트 생산에서 언어 문제는 이러한 구별을 제대로 하지 못하고 적절하지 않은 언어를 사용했을 경우에 생긴다. 예를 들면 이모티콘은 상황 맥락을 공유하지 못한 경우, 결여된 맥락적 요소를 보완해 준다. 이모티콘은 감정을 전달하는 유용한 소통의 수단이며, 소통시 분위기를 부드럽게 해 주며, 또는 공손 전략으로 채택되기도 한다. 개인 간 네트워크에서는 이모티콘의 사용이 이러한 긍정적 기능을 하며, 적절한 사용이지만, 인터넷이라도 공적인 소통이나 정보 지향적 소통에서는 이러한 요소의 사용이 적절하지 않으면 문제를 야기한다.

컴퓨터 통신언어에 대한 국어 교육의 과제는 통신언어와 관련된 현상을 새로운 언어 문화로 인정하되, 일상어에 대한 부정적 영향을 줄이고 사회 방언으로서 본래의 영역에서 제한적으로 쓰일 수 있도록 학생들을 지도하는 것이 옳을 것이다. 새로운 상징어나 새로운 합성어를 만들거나 기능을 바꾸어 쓰기는 대부분 어문 규범에서 벗어난 것이기는 하지만, 이를 통해 국어의 어휘 체계를 풍부히 하고, 창의적 표현 방식과 사고력을 기르는 데 도움이 된다고 평가할 수도 있을 것이다.

## 3. 디지털 저자의 정보 생산의 태도

인터넷에서 자신의 생각과 의견을 표현하는 가장 간단한 방법은 다른 사람의 글에 댓글을 다는 것이다. 댓글을 다는 행위는 정보 읽기와 이에 대한 적극적 반응을 포함하고 있다. 댓글 달기의 대표적인 것으로 신문기사나 인터넷 게시판의 글을 읽고 이에 대한 자신의 생각을 표현하는 것이다. 댓글은 사이버 공간을 통해 회원들 또는 불특정 다수의 사용자들 사이에 각종 정보를 주고받을 수 있는 인터넷 게시판이 활성화되면서 나타난 말이다. 댓글의 뜻은 '대답하다, 응수하다'를 뜻하는 영어 단어 '리플라이(reply)'를 한국어로 옮긴 것이다. 형태상 한자어 접두사 '대(對)'와 사이시옷(ㅅ)+'글'로 분해된다. 뜻대로 해석하면 '대답하는 글, 상대하는 글' 또는 줄여서 '답글' 정도로 풀이된다. '리플라이'를 줄여서 '리플'로 부르기도 한다.

인터넷 포털 중심으로 댓글을 이용하여 실시간으로 각 개인의 의견을 게재·공유할 수 있게 되었다. 댓글은 대개 단문[6]으로 의견을 게재하게 되어 있기 때문에 글쓰기의 부담이 거의 없다. 그리고 댓글은 공개되어 있어 많은 사람이 별다른 노력을 들이지 않고 공유할 수 있다. 따라서 댓글은 생산과 전달 측면에서 그 효율성이 크다. 이러한 댓글은 각 개인의 다양한 여론 형성은 물론 사회적 문제에 대해서 빠르고 능동적 참여를 유도하는 장점을 가진다(정보통신윤리위원회·한국정보처리학회, 2005).

그러나 이처럼 댓글은 장점만 가지고 있는 것은 아니다. 부정적 익명성[7]

6) 단문이기 때문에 생기는 여러 가지 한계도 있다. 논리적인 글은 짧은 단문 안에 표현하지 못하는 내용도 있으며, 때로 이 때문에 한 사람이 여러 차례에 걸쳐 댓글을 작성하기도 한다.

7) 익명성으로 인해 허위사실의 유포, 인권침해, 인신 공격 등의 여러 가지 부정적 현상

의 문제가 심각하며, 악의적 리플(악플)의 등장하기도 했다. 악의적 리플은 부정적인 사회 여론을 형성하고 더 나아가 특정 개인의 정신적, 육체적 피해를 유발하는 사회 문제를 발생시킨다.

이러한 문제점을 극복하기 위해 인터넷 게시판에서 실명제를 요구하기도 하나, 완전한 실명제 역시 자유로운 의견 교환을 억제한다는 문제점이 있다. 이러한 문제를 극복하기 위한 여러 가지 기술적 시도가 있었다. 예를 들면 2006년 4월 네이버는 댓글 서비스에 새로운 기능을 부여했다. 다른 이용자의 추천을 받아 양질의 댓글을 최상단에 보이도록 하는 '댓글 추천제', 이용자별로 작성한 댓글 목록을 확인할 수 있는 '글자취 기능', 원하는 댓글을 빠르게 찾아볼 수 있는 '댓글 검색' 등이 그것이다. 댓글 작성 방법 역시 개선했는데, 글의 내용에 따라 칭찬, 비판, 이의제기 등의 영역을 선택하도록 해서 댓글 이용자들이 원하는 영역별로 확인할 수 있도록 했다. 현재의 '한 줄 쓰기' 형태의 댓글 입력 방식을 '게시판 형태'로 개선해 제목과 내용을 분리하고 최대 300자로 제한되어 있는 글자 수를 폐지했다. 어느 정도 논리적인 글을 쓰기 위해서는 '한 줄 쓰기' 형태나 '최대 300자' 정도로 부족함이 많기 때문이다. 인터넷 이용자들이 작성한 감정적이거나 구체적인 논거가 뒷받침되지 못한 댓글은 다른 사람에게 유용한 정보나 설득력을 제공할 수 없기 때문이다.

또한 많은 전문 블로그들은 트랙백 서비스를 이용해, 해당 블로그 서비스 이용자는 물론 외부 블로커에게도 개방, 누구나 뉴스에 자신의 견해를 표현하고 토론에 참여할 수 있도록 하고 있다. 최근에는 포털 사이트인 네이버(naver)도 이 서비스를 제공하기 시작했다. 예를 들어, 네이버 뉴스를 읽은 네티즌이 이 뉴스에 대한 자신의 생각을 야후 블로그에 달고, 네이버 뉴스에 트랙백을 보내면 네이버 뉴스에서도 이 네티즌의 글을 읽을 수 있는 것이

---

이 드러나고 있는 경우가 있으나 솔직하게 자신의 의견을 게재할 수 있어 정직한 의견교환이 가능하다는 익명성의 건강한 장점도 있다.

이 서비스의 핵심인데, 이러한 방식은 결국 인터넷 전체를 하나의 거대한 정보 텍스트로 이어주는 것이라고 할 수 있다.

그러나 위의 기능들은 그야말로 기술이 지원해 줄 수 있는 가능성이며, 실제로 논리적이고 유용한 댓글 작성과 자유로운 정보, 의견 교환 등은 이를 이용하는 사람들에게 달린 문제이다. 댓글 작성은 정보 텍스트의 수용자가 수용의 결과를 적극적으로 표현한 것인데, 이러한 댓글 작성을 통하여 의견 표현이라는 사회적 행위를 하게 된다. 이러한 행위는 원래 정보적 목적이 주이지만, 타인의 의견에 대한 내 의견의 표현이므로 결국 상호작용의 문제도 포괄하게 된다. 댓글은 화면 위에 불특정 다수에게 쓰는 공개된 편지와 같다. 따라서 신문 기사에 댓글을 달든지, 아니면 타인의 글에 댓글을 달든지 간에 글을 쓰는 사람은 다른 사람의 의견을 반대하거나 논박하거나 할 때에도 다른 사람을 존중하고 배려하는 태도를 취해야 한다.

현재 인터넷에서 정보의 생산과 유통, 재생산에서 가장 강력한 힘을 발휘하고 있는 것 중 하나가 블로그이다. 우리나라에서는 2001년 최초 블로거 모임 위크(wik.ne.kr)가 만들어졌고 2002년 10월 중순에 등장한 에이블클릭(www.blog.co.kr)은 무료로 블로그를 할 수 있는 개인 웹페이지를 제공했지만 블로그가 본격적으로 사용되기 시작한 것은 각종 포털 사이트가 블로그 서비스를 제공[8]하면서부터이다.

1인 미디어로서 블로그가 담당하는 정보의 생산과 유통에 대해 많은 사람들은 낙관적인 견해를 표명하고 있다. 먼저 지식 생산의 면에서 블로그는 전문가가 아니라 평범한 일반인들도 누구나 정보 생산자가 될 수 있다는 가능성을 열어 놓았다는 것이다. 단순히 미디어의 소비자, 객체가 아니라 미디어의 생산자, 주체가 될 수 있다는 것이다. 정보의 유통 면에서도 블로그는 낙관적인 기대를 받고 있다. 수동적인 정보 소비자에서 적극적인 정보 생산 주체로 1인 미디어 열풍은 정보의 유통 구조에 큰 변화를 가져온다는 것이다.

8) 2003년 10월 네이버 블로그가 시작되었다.

기존의 미디어에서는 생산자가 일방적으로 제공해 주는 정보만을 소비했는데, 블로그에서는 RSS,[9] 태그, 트랙백 등을 이용, 자신의 관심사와 키워드로 블로깅을 하여, 자신의 관심사와 관련된 정보를 생산하고, 그 블로그를 방문한 비슷한 관심사를 가진 블로거는 그러한 정보를 수용하고 다시 재생산한다. 블로거들은 여러 블로그로 옮겨 다니면서 마음에 드는 자료를 옮겨올 수 있는 기능을 활용하여 순식간에 정보를 확산시킬 수 있다.[10]

블로그는 일종의 개인 홈페이지라고 할 수 있는데, 홈페이지와 달리 블로그는 서비스 사이트에서 제공하는 몇 가지 툴을 이용하여 쉽게 제작될 수 있다. 그러나 더 만들기 쉽고 어렵고의 차이점은 블로그와 홈페이지의 표면적인 차이점일 뿐이다. 정말 큰 차이점은 블로그는 홈페이지와 달리 연결된 많은 수의 블로그가 방문자들의 피드백을 공유한다는 데 있다. 이러한 블로그와 블로그의 연결을 통해 거대한 정보의 네트워크가 형성된다는 것이다.

블로그는 자기 계발의 동기가 될 수 있다는 견해도 있다. 그것이 취미이든, 일상사든 시사 문제든 간에, 블로그는 창의적 정보 생산의 공간이 될 수 있다. 다른 사람이 생산한 정보를 그대로 유통시키는 것이 아니라 생산적인 블로그 활동을 하려면, 블로거들은 자신의 관심사에 대해 조사하고 연구해야 하기 때문이다. 사회적 상호작용이 주목적인 미니홈피의 경우는 사적인 친분 관계나 소위 '파도타기'를 통해 미니홈피를 방문하게 되지만 정보 수용과 생산이 주 목적인 블로그는 전문적인 내용이나 정보로 가득 차 있어야 여러 사람의 방문을 받게 된다. 방문의 목적 또한 다른데, 전자의 경우는 대부분 '안부 묻기'나 '방명록 작성', '친지의 일상 알기' 등이나 후자의 경우는 전문 지식의 습득과 지식에 대한 의견 교환이 방문 목적이 된다.

따라서 인터넷 이용자들은 블로그의 성격과 목적을 명확히 해야 한다. 지

9) 'Really Simple Syndication'의 약자로, 직역하면 '매우 간단한 배급'이라는 뜻이다.
10) 전경란 · 박동숙(2005)은 블로그의 이러한 기능 때문에 확인되지 않은 사실이 마구 유포되는 단점이 있으며, 블로그가 지닌 표현의 자유 및 급속한 배포 가능성으로 인해 블로그가 사회적 우려를 받고 있다고 지적한다.

인이나 친지들에게 자신의 일상을 공개하거나 타인과의 관계 형성, 인맥 관리의 목적인지, 자신이 가진 정보와 지식을 다른 사람과 공유하고, 지식과 정보를 생산, 유통, 지식에 대한 의견 교환이 주목적인지를 고려해 보아야 한다.

그런데 우리나라에서 현재 블로그가 지니고 있는 문제점이 있다. 가장 큰 문제는 여러 연구가들이 낙관한 것처럼, 과연 블로그가 1인 미디어로서 지식과 정보의 생산을 제대로 해내고 있는 것인가 하는 문제이다. 실제로 블로그에서 제공하고 있는 많은 정보들이 블로거 자신이 생산한 것이라기보다는 신문기사나 다른 사람이 생산한 정보 텍스트를 그대로 퍼온 것이기 때문이다. 앞에서도 지적했듯이 이러한 정보의 '펌'은 정보의 확산과 유통에는 도움이 되겠지만, '저작권, 정보 윤리, 정보 생산의 창의성 부족' 등의 여러 문제를 낳게 된다. 글쓰기의 본질은 창조, 즉 글을 쓰는 것이지 결코 글을 연결시키는 것은 아니기 때문이다.

따라서 인터넷 언어 문화 교육을 통하여, 현실 세계에서든 온라인 세계에서든 학생들이 적극적, 능동적, 창조적 정보 생산자가 되도록 해야 한다. 적극적, 능동적 정보 생산을 통하여 자신이 가지고 있는 유용한 정보와 지식을 타인과 공유하고, 창의적 정보 생산을 하도록 하여 정보 텍스트를 생산한 타인의 노력을 존중하도록 해야 한다.

인터넷에서 정보 텍스트를 수용하고 생산할 때는 인터넷 이용자들이 지녀야 할 태도가 있다. 정보 텍스트의 수용과 생산에서 가장 필요한 태도는 공유와 존중의 정신이다. 월드 와이드 웹으로 대표되는 인터넷 초기의 철학과 정신은 기본적으로 지식과 정보의 공유였다. 인터넷 이용자들은 자신의 정보와 지식을 타인과 공유하는 태도를 지녀야 한다. 그러나 한편으로는 타인의 지적 재산, 즉 타인이 생산한 정보 텍스트를 존중하는 태도를 지녀야 한다. 특히 정보를 생산할 때 표절과 창작의 경계를 고려해야 한다. 인터넷 UCC의 대부분이 타인의 생산물을 표절하거나 패러디한 경우가 많고, 수많은 블로그의 내용이 타인의 생산물을 퍼온 것이 대부분이기 때문에, 타인의 생산물을 존중하는 태도를 기르는 것은 정보 텍스트의 수용과 생산 교육에서 절대적으로 꼭 필요하다. 또한 인터넷 미디어의 기술적 특징으로 비롯된 집단적 정보 생산의 강점 내지는 기여를 인정할 수 있으나 개인의 고유한 글쓰기 내지는 정보 생산의 가치를 교육해야 한다. 정보 텍스트의 지식과 맥락적 이해를 바탕으로 정보 텍스트를 비판적으로 수용하고 주체적, 능동적, 창의적으로 생산하는 가운데 학생들은 정보 텍스트의 수용과 생산의 바람직한 태도와 문화를 형성하게 된다.

마지막으로 중요한 것은 소통의 맥락을 구분하여 언어를 사용해야 한다는 점이다. 현실 세계에서도 공적 영역의 언어 사용 방식과 사적 영역의 언어 사용 방식이 다르지만, 온라인 세계에서도 언어 사용의 목적에 따라, 언어 사용의 맥락에 따라 언어 사용을 달리해야 한다. 사회적 상호작용은 기본적으로 관계적 목적의 언어 사용이므로 대인 관계의 형성과 유지를 위해 소통을 하는 것이다. 인터넷 언어 문화 교육에서는 '정보적 텍스트와 수용과 생산', 그리고 '사회적 상호 작용의 이해와 참여'에 적절한 언어 사용을 하도록 교육해야 한다.

본래 인터넷 공간은 공적 공간이며 사적 공간은 아니었다. 인터넷 문화의 문제점으로 많이 지적되고 있는 것은 인터넷 공간의 사사화(私事化)와 관련된 문제였다. 이러한 사사화의 대표적인 방식이 바로 싸이월드(cyworld)로 대표되는 미니홈피이다. 현재 인터넷은 공적 영역과 사적 영역이 혼재되어 있다. 문제는 이용자들이 인터넷 매체의 사적 영영과 공적 영역을 제대로 구분하지 못하고 있는 점이다. 인터넷 매체의 사적 영역과 공적 영역에 대한 이해, 즉 사회적 상호작용의 공적 맥락과 사적 맥락을 이해하는 것은 적절한 상호작용 능력을 위한 전제이다. 인터넷 매체의 사적 공간과 공적 공간을 구분하여 상호작용하는 것에 필수적인 것은 인터넷 언어의 특성에 대한 이해이다. 사회적 상호작용에 적절한 인터넷 언어를 사용해야 하는데, 학생들은 공적 영역의 언어와 사적 영역의 언어를 구분하여야 한다. 흔히 제기되는 '통신언어'의 문제는 공적 영역의 담화 텍스트의 작성과 사적 영역의 지인과 대화(채팅)를 구별하지 않거나, 인터넷 소통과 오프라인 소통을 구분하지 않고 채팅을 할 때 대화의 경제성이나 효과성, 맥락의 결여를 보충하기 위한 수단 마련을 위해 개발된 언어적 장치들을 남용했기 때문이다. 예를 들면, 직접 대면 접촉이 아닌 인터넷 소통의 부족한 점을 보완하기 위해 사용된 이모티콘(도상 문자)을 공식적 소통에서 무분별하게 사용하거나, 빠른 소통을 위해 규범을 파괴한 표기법 등을 현실 세계의 글쓰기에 사용했기 때문이다. 따라서 소통 공간과 매체에 적절하게 즉, 인터넷에서 사적 공간과 공적 공간을 구별하여 소통하도록 교육하고, 인터넷과 현실 공간을 구별하여 소통하도록 교육해야 한다.

인터넷에서 사회적 상호작용은 직접 대면 접촉이 아니다. 익명성을 띤 공간으로 인한 부정적인 현상이 많이 지적되기도 한다. 따라서 상호작용을 하며 대인 관계를 형성함에 있어서 타인에 대한 배려가 더 필요하다. 사회적 상호작용 활동에 참여하는 학생들은 사회적 상호작용의 공적 영역과 사적 영역을 이해하여 공적 맥락과 사적 맥락을 구분하여 상호작용을 해야 한다. 상호작용시 타인을 존중하고, 나와 타인의 다름을 인정하는 것은 바람직한 관계 형성의 출발점이다. 이를 학생들은 자신의 사회적 상호작용에 대해 성찰해 보아야 한다. 자신의 사회적 상호작용의 과정과 결과, 자신의 표현에 대한 타인의 반응 등을 살펴보아야 한다. 또한 원활한 소통과 신뢰 형성을 위해서는 적절한 인터넷 언어를 사용하는 것이 필요하므로 상호작용시 자신이 사용하는 언어에 대해서도 반성해 보아야 한다. 이러한 일련의 활동을 바탕으로 사회적 상호작용의 바람직한 인터넷 문화 형성에 기여하도록 해야 한다.

## II. 디지털 저자의 저작권과 글쓰기 윤리[11)]

### 1. 디지털 저자의 글쓰기와 저작권

저작권이란 소설이나 시, 음악, 미술과 같은 저작물을 창작한 사람이 자신의 창작물을 복제, 공연, 공중송신, 전시하는 등 스스로 이용하거나 다른 사람들이 그러한 방식으로 이용하는 것을 허락하는 권리를 말한다. 그런데 특히, 컴퓨터 저작물에 대하여는 컴퓨터 프로그램보호법에서 따로 규정하고 있다. 그런데 아날로그적 의미에서의 저자와 저작권법에 대한 개념으로 디지털 시대의 저자 또는 저작권을 규정할 수 없다. 디지털 저자와 저작권법에 대한 새로운 개념이 요청된다.

포스터(Poster, 2001/2005:121-134)는 저자와 독자 사이의 시공간적 분리가 알 수 없는 청중의 독서 행위를 통제할 수 있는 수단을 텍스트 내에 요구하게 되었다고 한다. 독자의 눈앞에 구체적으로 존재하지 않는 추상적 저자의 권위가 책의 내용과 텍스트의 구조, 그리고 텍스트의 물질적 배치에까지 이식되었다는 것이다. 즉, 책은 저자와 독자의 거리가 멀어지고 대량 생산이 가능해지면서 문장의 배열, 들여쓰기, 단락 구분, 쪽 구분, 각주, 삽화 등을 갖춘 현대적 모습을 띠게 되었다. 인쇄된 페이지에 스스로의 언어를 단단히 고정시키도록 하는 소통 기술과 출판 제도 속에서, 아날로그 저자는 자신에게 즉각적으로 반응할 수 없는 독자를 상대로 일방적인 글쓰기를 하게 된 것이다. 아날로그 글쓰기를 뒷받침하는 기술이 특정한 방식의 독서 문화와 저자의 권위를 만들어낸 것이다.

이와는 달리, 디지털 텍스트의 저자는 인터넷 공간 속에서 원칙적으로 자신의 목소리가 지속되리라는 보장을 받을 수 없다(Poster, 2001/2005:135-142). 인터넷의 바탕을 이루는 디지털과 네트워크 기술은 저자에 의해 생산

---

11) 이 내용은 정현선(2008)의 일부를 옮겨온 것이다.

된 텍스트의 이동과 수정을 가능하게 하기 때문이다. 독자들은 디지털 언어로 저장되고 배열되어 있는 저자의 목소리를 수정할 수 있다. 저자의 텍스트가 다른 저자의 텍스트와 합쳐질 수도 있고, 크기나 형태가 달라질 수도 있으며, 음악이나 영상이 부가되거나 일부가 삭제될 수도 있다. 디지털 텍스트는 원본의 훼손 없이 복제되고 유포될 수 있다는 점에서 항구적일 수도 있지만, 동시에 원본 자체가 이용자에 의해 변형될 수 있다는 점에서는 항구적이지 않은 모순적 존재가 된다. 인쇄된 책의 저자에게 부여되었던 훼손할 수 없는 권위가 디지털 글쓰기에게서는 사라진 것이다. 이로 인해 다른 이들의 글을 바탕으로 새롭게 글을 쓰는 수많은 디지털 저자들이 탄생하게 되었지만, 이들 역시 자신의 글이 타인에 의해 무단 도용되는 저작권 침해를 우려하는 처지에 놓이게 되었다. '디지털 저자' 되기에 대한 두려움은 이와 같은 디지털 글쓰기의 원본 훼손 가능성에 대한 두려움, 그리고 아날로그 세계에서 힘든 수련과 승인 과정을 통해 쌓아온 저자의 권위를 가볍게 하지 않으려는 저항감에서 생겨날 수 있다.

그러나 이러한 저항감에도 불구하고 인터넷 글쓰기는 인쇄매체가 지니지 못한 독특한 장점과 매력으로 인해, 아날로그 저자에게 디지털 저자도 겸하고 싶은 욕망을 불러일으킨다. 필자의 입장에서 볼 때 학술지에 실리는 논문, 문화나 교육 분야의 전문지에 기고하는 글, 학술서적이나 교양서적 출판 등 주로 인쇄매체를 기반으로 이루어지는 아날로그 글쓰기에 비해, '1인 미디어'인 블로그를 통해 이루어지는 디지털 글쓰기가 지닌 장점은 매우 다양하다. 우선 심사위원이나 편집인을 거치지 않은 순수한 개인의 목소리를 여과없이 담아낼 수 있다. 또한 비교적 짧은 글이나 이미지를 통해 그때그때의 단상이나 의견을 수시로 발표하고 독자들의 반응을 받아볼 수 있다. 다양한 목적과 성격을 지닌 여러 가지 장르의 글쓰기를 시도할 수 있고, 이를 각각의 적합한 범주 속에 묶어 제시함으로써 필자의 다양한 글들을 분량의 제한없이 비선형적이며 집합적인 방식으로 보여줄 수도 있다.

글의 문체에 있어서도 논문이나 저서에 비해 편지나 대화체에 가깝고, 정서적이면서도 비공식적인 표현을 통해 독자들에게 보다 편안하게 다가갈 수 있다. 이로 인해 특정 학문 영역에 갇힌 폐쇄적 소통 구조와 어려운 학술용어에 담긴 학문적 글쓰기의 장벽을 넘어, 같은 주제에 대해 관심을 가진 다양한 사람들과 보다 쉽게 교류할 수 있다. 또한 이전에 쓴 글에 추가적인 정보나 생각을 덧붙이고 싶으면, 언제든지 웹에 접속해 이전에 쓴 글을 새로 고칠 수 있으며, 그 글의 발행을 위해 어떤 비용도 지불할 필요가 없다. 이처럼 블로그를 통한 글쓰기는 아날로그 글쓰기와 명백히 구분되는 특징과 장점을 지니고 있다. 이와 관련하여, 우메다 모치오(2006:163)는 블로그가 궁극적으로 지식 생산 도구가 될 수 있는 이유로, 시간별로 편하게 글을 쓸 수 있고 용량도 사실상 한계가 없다는 점, 카테고리 분류와 키워드 검색이 가능하다는 점, 컴퓨터를 들고 다니지 않아도 인터넷 접속이 가능한 곳이면 정보에 접근이 가능하다는 점, 타인과 쉽게 내용을 공유할 수 있다는 점, 그리고 타인과 함께 지적 생산의 시너지 효과를 기대할 수 있다는 점을 들었다.

블로그가 활성화되기 이전에는 자신의 의견을 알릴 수 있는 매체를 소유하거나 매체에 생산자로서 접근할 수 있는 사람이 극소수에 불과했고, 따라서 글이나 다른 방식으로 의견을 표현하고 이를 공표하는 것은 소수의 특권이었다. 신문이나 잡지에 글을 쓰거나 출판사에서 책을 펴내는 일, 방송에 출현해 자신의 의견을 제시하는 일 등은 모두 신문사, 출판사, 방송국 등의 미디어 조직에 소속되든가, 아니면 이러한 미디어 조직이 받아들일 수 있는 사회적으로 인정된 절차를 밟아야만 했다. 전문가로서 표현 행위를 해도 좋은 사람이 누구인지, 누가 책을 내면 많이 팔리는 작가가 될 것인지 등에 대한 승인권을 미디어 조직이 갖고 있었다는 것이다. 우에다 모치오(2006:145-147)는 이와 같은 상황에서 '표현자 예비군'은 표현의 기회를 거의 부여받지 못했으나, 블로그가 활성화되면서 일반인들이 글, 사진, 말, 음악, 이미지, 영상 등 다양한 표현 행위를 통해 자신의 의견을 알리는 '총 표현사회'로 진입하게 되었다고 보았다. 블로그 운영자들은 총 표현사회에 참여하는 사람들이라는 것이다.

블로그는 그 자체로 1인 매체이지만, 그것이 매체로서 제대로 기능하기 위해서는 그 안에 담긴 문서를 적절한 독자들에게 잘 배포해 줄 수 있는 똑똑한 검색 엔진을 만나야 한다. 이 때문에 검색 엔진은 블로그와 더불어 웹의 기본 정신과 철학인 정보의 연결성(link)을 구현하는 '시맨틱 웹(semantic web)'의 핵심 기술로 일컬어진다. 시맨틱 웹이란 '의미 정보(semantic)'를 가진 웹이라는 뜻으로, 웹 자체가 그 속에 담긴 정보와 지식 등 다양한 자원의 뜻을 이해하고 자원들 간의 관계를 추론할 수 있는 지능형 웹을 뜻한다(김중태, 2006:81-84). 현재의 인터넷에는 문서, 각종 파일, 서비스 등 다양한 자원들이 분산되어 있지만, 그 자원들의 의미나 관계를 컴퓨터가 잘 파악하지 못하고 있다. 시맨틱 웹이란 현재의 웹을 보다 질적으로 발전시키고자 하는 생각에서 만들어진 용어로, 웹에 포함된 문서에 꼬리표(tag)를 붙이는 방식 등을 통해 사람이 원하는 정보나 지식을 컴퓨터가 보다 정확하게 찾거나 연결할 수 있는 웹을 뜻한다. '웹 2.0'이란 초창기 웹을 '웹 1.0'으로 보고, 차세대 웹을 2.0으로 구분하여 부른 말인데, 시맨틱 웹에 비해 경제적인 관점을 지닌 용어이다.

웹 2.0이라는 용어는 다른 매체에 비해 비교적 짧은 역사를 가진 뉴미디어인 인터넷도 세대를 거듭하며 발전해왔음을 말해준다. 김중태(2006:130-135)에 의하면 인터넷 문화는 콘텐츠의 생성, 배포, 수집 과정의 변화에 따라 1세대와 2세대를 거쳐 오늘날의 3세대로까지 변화해왔다. 1세대 인터넷은 HTML 방식으로 운영되었다. 인터넷에 글을 쓰기 위해서는 HTML이라는 웹의 언어와 문법을 알아야 했기 때문에, 1세대 인터넷의 경우는 FTP, 텔넷 등을 관리할 수 있는 기술적 능력을 갖춘 전문 운영자만이 문서를 생성하거나 관리할 수 있었다. 따라서 일반인들이 인터넷에 글을 쓰거나 사이트를 직접 관리하는 것이 쉽지 않았고, 이 때문에 웹에 링크된 글을 읽는 독자의 위치에 머무는 것이 대부분이었다. 인터넷이 다른 매체에 비해 상호작용적이라고는 했지만, 여전히 글의 생산자와 수용자가 확연히 구분되어 일방적 방식으로 운영되는 경우가 많았다.

2세대 인터넷은 게시판 방식으로, 자신이 게시판을 만들어 운영할 수도 있고, 남이 만들어 놓은 게시판에 방문하여 글을 쓰거나 수정 또는 삭제할 수 있게 된 시기이다. 게시판 방식은 HTML이라는 도구에 대한 의존성이 크게 줄어 인터넷에서 일반인의 글쓰기가 크게 늘도록 하는 데 기여했지만, 운영자는 자신의 게시판에 새로운 글이 게시되었다는 사실을 알릴 수 있는 방법이 없어 자신의 게시판에 글을 올린 후에는 독자가 될 누군가가 찾아와 읽어주기를 막연히 기대해야 하고, 독자는 타인의 게시판에 방문해 그곳에 글을 남겨야 하는 불편함이 남아 있었다. 이 때문에 애써 게시판을 만들어 글을 올려도 찾아와 읽는 이들이 없어 사장되는 경우가 많았다. 또 각각의 게시판끼리 연결되어 있지 않아 여러 게시판을 오가며 글을 관리해야 하는 불편함도 있었다.

오늘날의 인터넷은 글쓰기에 있어 2세대인 게시판 방식과 3세대인 발행(publish) 방식이 공존하고 있다고 볼 수 있다. 발행 방식이란 개인이 각자의 블로그를 운영하면서 자신이 쓴 글을 자신이 직접 관리하는 방식으로, 이 방식이 대중화되면서 개인을 중심으로 한 매체 문화가 빠르게 전파되고 있는 상황이다. 또한 글의 배포 측면에 있어서도, 3세대 방식의 블로그는 일반인들이 해당 블로그를 일일이 방문하지 않고서도 자신의 웹 브라우저를 통해 새로운 글이 올라왔다는 사실을 알 수 있는 RSS를 통한 구독 방식을 택하고 있어 매체 자체의 홍보 효과가 커졌다. 블로그에 있는 RSS 피드 아이콘()을 클릭해 블로그 구독 의사를 표시하면, 해당 블로그를 일일이 방문하지 않아도 독자가 사용하는 웹 브라우저를 통해 새로 업데이트된 글을 받아볼 수 있도록 되어 있다.

그런데 여기서 중요하게 고려해야 할 점이 있다. 과연 이렇게 일반인들이 참여하여 만들어가는 총 표현사회가 과연 의미 있는 정보와 지식, 그리고 문화를 만드는 데 기여하고 있는가 하는 점이다. 총 표현사회는 자칫 데이비드 셍크(David Shenk)가 말한 이른바 '데이터 스모그(data smog)'를 야기하는 데 그칠 수도 있다. 데이터 스모그란 인터넷 시대에 지속적인 업데이트와 정보

모으기에 집착함으로 인해 정보 과잉에 시달리는 것과 관련하여, 단순히 나열된 쓸모없는 데이터를 나에게 필요하고 의미 있는 정보로 착각하며 사는 현상을 가리킨 말이다(Shenk, 2000). 인터넷 글쓰기에서 정작 중요한 것은 모든 사람들이 무언가를 이야기하고 자료를 모으고 공유하는 행위 자체가 아니라, 유용하고 가치로운 정보를 식별하고 판단하며 생산하는 것이다(김지수, 2004:36).

우메다 모치오(2006:163)가 지적한 바와 같이, 블로그가 궁극적으로 지식 생산 도구가 될 수 있는 이유 가운데에는 무엇보다 타인과 함께 지적 생산의 시너지 효과를 기대할 수 있다는 점이 큰 몫을 차지한다. 블로그의 '종이 없는' 출판은 출판이란 곧 책의 출판을 의미한다는 지금까지의 생각에 도전함으로써(김기태, 2005:151) 이러한 지적 생산의 시너지 효과를 일으킬 수 있다. 그러나 이러한 가능성이 실현되기 위해서는 블로그에 담기는 내용이 데이터 스모그를 유발하는 것이 아니라, 피에르 레비(Pierre Lévy)가 말하는 '집단지성'의 구축에 기여하는 것이 되어야 한다.

집단지성이란 다수의 개체들이 서로 협력 혹은 경쟁을 통하여 얻게 되는 지적 능력의 결과로 얻게 되는 집단적 능력을 말한다. 본래는 개미의 사회적 행동을 관찰하면서 제시된 개념이었으나, 사회학자 피에르 레비에 의해 인류가 사이버공간을 통해 공동의 지적 능력과 자산을 서로 소통하면서 집단적으로 지성을 쌓아감으로써 시공간의 제약을 극복하고 새로운 진화의 완성단계에 이를 수 있는 가능성에 주목하는 개념으로 정리되었다. 여러 사람들이 서로 힘을 합쳐 백과사전을 만들어가는 '위키백과(wikipedia)'는 인터넷을 기반으로 새로이 등장한 집단지성이 이룰 수 있는 좋은 사례로 손꼽히고 있다.[12] 이처럼 인터넷의 발달로 인해 일반인들이 정보 기술에 접근할 수 있는 능력이 점점 커지면서, 위키백과와 같이 '개방성, 동등계층 생산, 공유, 세계적인 행동' 등을 원리로 하는 '위키노믹스(wikinomics)'가 새로운 가치창출의

12) 출처: 위키백과 http://ko.wikipedia.org/

방식으로 주목받고 있기도 하다(D. Tapscoot & Williams, 2006/2007:40-47).

앞으로 이루어질 인터넷의 기술 발전 역시, 독자들이 자신이 구독하는 블로그에서 배포한 글의 가치 평가나 편집, 재배포에 참여하는 방향으로 이루어질 것으로 전망되고 있다(김중태, 2006:134). 독자들에게 보다 의미 있는 정보와 지식, 의견을 제공하고 평가받기 위한 보다 책임 있는 글쓰기가 요구된다고 하겠다. 디지털 저자들의 글쓰기와 나눔이 윤리적으로 이루어지기 위해서는 그에 적합한 기술의 발전과 제공, 그리고 이를 뒷받침하는 사회적 제도와 인식 전환이 필요하다.

## 2. 자유문화와 집단지성을 위한 글쓰기 윤리의 실천

인터넷에서 저자가 되는 것은 아날로그 환경에서 저자가 되는 것에 비해 두려움을 불러일으킬 수 있다. 그 이유 가운데에는 낯선 이로부터의 언어폭력에 대한 두려움, 사생활이나 저작권을 침해당할 것 등에 대한 우려가 있을 수 있다. 이러한 문제들 가운데 상당 부분은 블로그 운영자 스스로 저작물의 공개 여부, 복제 방지, 타인이 링크를 걸 경우 원 출처를 자동 표시하게 하는 기능 등을 선택할 수 있고, 또한 댓글을 쓸 수 있는 방문객의 범위를 선택할 수 있는 등 기술적 측면이 보완됨으로 인해 사전에 예방할 수 있게 되었음도 언급하였다. 그러나 보다 근본적인 차원에서 '아날로그 글쓰기'와 다른 '디지털 글쓰기'의 특성이라 할 수 있는 자유로운 창작과 나눔의 정신을 구현하고, 이를 통해 문화의 발전을 이루고 집단지성을 구축하려는 차원의 사회 윤리적 실천은 기술 발전만으로는 이루어질 수 없는 것이며, 이를 위해서는 저자들의 윤리 인식 제고와 사회적 제도의 보완을 필요로 한다.

인터넷 글쓰기에서 특히 문제가 되는 저작권 보호와 관련하여 자유문화(free culture)를 옹호하는 입장에서는 저작권의 독점이 아니라 공유를 주장한다. 자유문화를 처음 주장한 로렌스 레싱(Lawrence Lessig)에 의하면, 여기서 자유란 '자유롭게 마실 수 있는 공짜 맥주'와 같은 표현에서의 자유가 아니라, '자유시장, 자유무역, 자유기업, 자유의지, 자유선거' 등과 같은 표현에서의 자유와 같은 것으로, 자유시장이 곧 모든 것이 공짜인 시장을 뜻하는 것이 아닌 것처럼, 자유문화라고 해서 재산권이 존재하지 않는 문화인 것은 아니다. 자유문화의 반대말은 창작자들이 힘이 센 자들이나 과거의 창작자들로부터 허가를 받아야만 창작활동을 할 수 있는 '허가문화'이다(Lessig, 2004/2005:11). 현재 대부분의 나라에서 시행 중인 저작권법은 그 적용 대상 범위가 광범위하면서도 모호하게 규정되어 있기 때문에, 오늘날 창작활동이 상업적 이윤을 추구하는 경우이든 그렇지 않은 경우이든 점점 더 어려운 상황에 놓이게 되었다. 자유문화는 누구나 자유롭게 창작하고 이를 나누는 인터넷의 기본 정신에 바탕을 둔 문화로, 이를 옹호하기 위해 저작권에 대한 새로운 의식 전환이 필요함을 강조한다.

우리 사회의 경우에도 디지털 기술이 발전하면서 정보의 이용과 이를 바탕으로 한 창작과 출판은 점점 더 쉽고 자유로워지고 있는 반면, 최근 개정된 저작권법은 기존의 친고죄 조항을 비친고죄로 변경함으로써 정보의 자유로운 이용을 한층 더 제한하고 있다(개정저작권법 140조, 2006). 기존에는 권리자의 고소가 있어야만 처벌이 가능했으나, 앞으로는 '영리적 · 상습적' 이용의 경우 권리자의 의사와 무관하게 수사기관이 이용자를 처벌할 수 있게 된 것이다. 그러나 이 조항은 모든 권리자가 자신의 창작을 배타적으로 독점하려는 것은 아니라는 점에서 권리자의 의사에 반할 수 있다는 점, 더욱이 '영리를 위하여 상습적'이라는 조건이 있지만 그 판단 기준이 명확하지 않다는 점 등에서 문제가 있는 것으로 지적되고 있다. 또한 개정저작권법에 신설된 '공중송신권'(제18조)의 범위가 어디까지인지도 불분명하여, 인터넷의 자유로운 정보 이용을 더욱 위축시킬 것으로 우려되고 있다.[13)]

13) 개정저작권법 제2조 7항에 따르면 "'공중송신'이란 저작물, 실연 · 음반 · 방송 또는 데이터베이스(이하 '저작물 등'이라 한다)를 공중이 수신하거나 접근하게 할 목적으로 무선 또는 유선통신의 방법에 의하여 송신하거나 이용에 제공하는 것을 말한다"로 되어 있다.

레싱(Lessing)에 의하면 인터넷 기술이 탄생하기 전에는 저작권법 적용 대상을 확대하고 혼합하는 것이 그다지 문제되지 않았다. 저작물을 출판하는 기술 자체가 값이 비쌌고, 출판의 대부분이 상업적인 출판이어서 법률이 부과하는 부담을 감당할 수 있었기 때문이다. 그러나 인터넷의 탄생과 더불어 저작권법이 적용되는 범위와 관련된 자연적 한계가 사라지게 되면서, 상업적 목적을 지닌 저작자뿐 아니라 누구의 창작물도 통제할 수 있게 되었다(Lessing, 2004/2005:42-43). 저작권법이 단지 '복제'만을 규제할 때에는 그다지 문제될 것이 없었지만, 우리나라의 개정저작권법과 같이 '배포', '발행', '공표' 등에 이르는 광범위한 분야를 모호하게 규제하기 때문에 문제가 된다는 것이다.

저작권을 바라보는 시각은 크게 보호론과 공유론으로 구분해 볼 수 있다. 손수호(2006:207)에 따르면, 보호론은 권리자를 중심으로 한 상업주의와 최대주의를 지향하며, 저작자에게 보다 많은 권리를 부여하고자 하는 반면, 공유론은 이용자 중심의 문화주의와 최소주의를 지향하며, 저작물을 인류의 공동 재산으로 보고 정보의 자유로운 이용이 문화의 평등화를 실현한다고 본다. 레싱의 자유문화론은 이 중 공유론에 바탕을 두고 있는데, 이러한 시각에서는 지적 재산의 보호 방식에 대해서도 상업적 활용보다는 문화적 접근에 더 비중을 두고, 정보의 빈부 격차를 우려해 저작자의 권리는 최소한으로 보장하는 대신 이용자의 권리 확대를 강조한다.[14)]

14) 이와 관련하여 장하준(2007:218-220)은 저작권의 바탕을 이루는 지적재산권의 보호는 유익한 일이고 때로는 꼭 필요한 일이지만, 보호를 강화하면 할수록 더 좋은 일이라고 일반화해서는 안 된다고 주장한다. 어느 정도의 소금은 인간의 생존에 꼭 필요하지만, 소금의 섭취량을 어느 수준 이상으로 늘리면 건강에 해가 되는 것과 마찬가지로, 지적재산권의 보호 역시 최소한의 보호는 지식 창조에 대한 인센티브를 제공하기 위해서도 반드시 필요할 수 있으나, 보호가 지나치면 손실이 이익을 넘어서기 때문에 장기적으로 경제에도 악영향을 미칠 수 있다는 것이다. 따라서 중요한 것은 지적소유권 보유자들의 이해관계와 사회의 나머지 구성원들의 이해관계 사이에서 균형을 잡는 것이 중요하다고 주장한다.

인터넷 공간에서의 글쓰기 윤리에 관한 본고의 논의는 저작권법의 구체적인 조항들에 대한 논의가 아니라, 자유로운 정보 이용 및 창작과 그것의 공유를 지향하는 인터넷 글쓰기의 특성과 장점을 살리기 위한 디지털 저자들의 윤리적 실천에 초점이 있다. 손수호(2006:210)는 저작권 공유(sharing copyright)에 대한 많은 오해가 '나눔(sharing)'의 결과를 뜻하는 '공유(共有)'를 아무도 소유하고 있지 않음을 뜻하는 '공유(公有)'로만 이해하거나, 이 둘을 혼동하는 데서 비롯된다고 보았다. 이 때문에 공유(共有)를 이념적 측면에서 사유재산을 위협하는 것으로 잘못 생각하는 경향이 생겨난다는 것이다.

그러나 윤종수(2006)가 주장하듯, 저작물 공유는 사유(私有)를 거부하는 것이 아니라 독점적인 이용을 양보하자는 것이며, 독점을 포기하도록 강요하는 것이 아니라 자발적 제공을 기대하는 것이다. 저작권은 단지 저작자의 재산권을 보호하는 것만이 아니라, 저작권자와 이용자 사이의 관계를 합리적으로 규율하기 위해 존재하는 것이며, 이 때문에 저작물을 인용하거나 비평할 때와 같이 개인적이거나 비영리적인 목적의 경우, 소유자의 의사와 관계없이 저작물을 이용할 수 있는 '공정 이용(fair use)'이 존재하는 것이다. 따라서 저작권법이 지식 정보 산업과 사회 문화의 발전에 기여하기 위한 취지를 살리기 위해서는, 권리자의 의사에 반하지 않는 한 이를 최대한 사회적으로 활용 가능하게 하는 공정 이용에 관한 조항이 별도로 규정되어야 한다는 의견도 제기되고 있다(김정우, 2007:220-221).

이런 관점에서 볼 때 인터넷의 저작물에 대한 자유로운 이용을 허용하되, 저작권자의 의사에 따라 일정한 제한을 가하는 방식인 'Creative Commons Licence(이하 CCL)' 운동이 전세계적으로 확산되고 있다. 이는 저작권을 존중하면서도 공동체적 가치를 추구하며 공정 이용을 강조하는 자유문화의 실천이라는 측면에서 바람직한 것으로 보인다. CCL이란 인터넷에서 글을 쓰거나 다른 형태의 창작을 하는 저작자들 스스로 자발적인 의사에 따라, 저작권을 그대로 보유하면서도 저작자 표시(attribution), 비영리(noncommercial), 변경금지(no derivative works), 동일조건 변경허락(share alike)[15] 등 네 가지 범주에 의해 이용할 수 있도록 허가 방식을 표시하는 간편한 저작권 등록제도이다.[16] 이는 개정저작권법 제46조의 저작물 이용허락 규정에 따르는 것으로, 저작자들의 자발적 참여에 의해 공정이용과 자유문화를 확산시키고자 하는 취지에서 이루어지는 문화운동이라 할 수 있다. 최근 많은 블로그 운영자들이 CCL에 따라 저작권을 등록하고 있고, 현재 검색 엔진 가운데에서는 야후(Yahoo)와 구글(Google)이 CCL에 따른 이용 가능한 저작물을 검색하는 서비스를 실시하고 있다. 이러한 문화운동이 더욱 확산된다면 인터넷 글쓰기와 관련되어 제기되는 가장 중요한 윤리적 현안 가운데 하나인 저작권 관련 문제가 보다 지혜롭게 해결될 수 있을 것으로 기대된다.

## 3. 저작권에 대한 윤리적 물음과 실천

윤리학적 물음은 일상적 문제 영역에서 도덕에 대해 근본적인 질문을 제기하는 가운데 생겨난다고 한다(Pieper, 1991/1999:54). 도덕적 명령은 대개 "나에게 거짓말하지 않겠다고 약속하라!"는 것과 같이 명령문의 형식으로 제시된다. 그러나 종종 그러한 요구의 정당성에 대해 이견이 생기기도 하고, 나아가 해당 문제에 대해 기존의 생각보다 더 훌륭한 통찰이 생기거나 개인적인 신념과 배치됨으로 인해 도덕적으로 요구받은 행위를 실천하지 않는

15) 저작권을 그대로 보유하면서, 다른 사람들로 하여금 귀하가 원저작자임을 표시하고 여기서 추가한 다른 조건들을 따르는 경우에만 귀하의 저작물을 복제, 배포할 수 있도록 허락하는 방식.

16) CCL은 이 네 가지 요건 중 어느 것을 채택하느냐에 따라 서로 다른 내용의 라이선스가 된다. 성질상 "변경금지"와 "동일조건 변경허락"은 동시에 적용할 수 없으므로 논리적으로 가능한 이용허락의 유형은 총 11가지이다. 그러나 "저작자 표시"는 모든 라이선스에 기본으로 들어가 있어 실제 운용되는 라이선스는 "저작자표시," "저작자 표시-비영리," "저작자 표시-변경금지," "저작자 표시-동일조건 변경허락," "저작자 표시-비영리-변경금지," "저작자 표시-비영리-동일조건 변경허락"의 6종류이다(자료 출처: Creative Commons Korea http://www.creativecommons.or.kr/info/about).

경우가 생기게 된다. 윤리학적 물음이 "왜 거짓말을 해서는 안 되는가?"와 같은 질문의 형식으로 시작되는 것은 이러한 이유에서이다. 인터넷 글쓰기와 관련된 저작권 보호라는 도덕적 명령에 대한 윤리학적 질문 역시 "왜 저작권을 지켜야 하는가?"와 같은 질문에서 시작될 것이다.

그런데 이 질문은 단지 '남의 물건을 훔쳐서는 안 된다'는 오랜 도덕적 명령의 정당성을 개인적으로 실천하기 위한 개인 윤리 차원에서뿐 아니라, 저작권을 지키는 것이 과연 오늘날의 변화된 글쓰기 환경에서 저작자의 권리를 보호하고 인류에게 이로운 문화와 집단지성을 만들어 가는 데 기여하고 있는가와 관련된 사회 윤리 차원에서의 질문도 포함해야 할 것이다. 그런데 오늘날 저작권법은 인류 공동의 문화에 기여하기에는 공정이용 등의 조항에 있어 미비한 측면이 있다. 이 때문에 시민 윤리에서 말하는 '집단적 부정의감(collective sense of injustice)'을 불러일으킬 수 있다.

인간은 사회적으로 타당한 기대를 하는데, 그것이 충족되지 않으면 배신감을 느끼게 된다(설규주, 2006:176). 공무원들에게 공정함을 기대하거나 친구들에게서 성실함을 기대하는 것은 그 예이다. 부정의감이란 그러한 정당한 기대를 저버릴 때 생겨나는 억울함과 분노의 표출이다. 그런데 이러한 부정의감은 억울함에 대한 호소이기 때문에, 그 해결을 위해서는 그것을 있는 그대로 바라보려는 노력이 필요하다. 부정의감에서 오는 고통을 제거하기 위해서는 그것이 호소하는 도덕 감정의 실체를 돌아볼 필요가 있다(설규주, 2006:177). 부정의감이 단지 자신이 입은 피해를 보상받기 위한 데서 나오는 것이 아니라, 부정의로 인해 생겨나는 피해가 집단적인 것이라는 생각은 집단적 부정의감을 불러일으키게 된다. 따라서 집단적 부정의감은 부정의와 그로 인해 생기는 구체적인 피해에 대한 감각을 통해 집단적으로 문제를 제기하고 공론화하며 그 해결을 위해 연대하도록 하는 '윤리적 자원'(설규주, 2006:177)이 된다.

이런 관점에서 볼 때 CCL 운동은 자유문화와 집단지성의 구축을 저해한다고 생각되는 저작권법의 문제에 대해 집단적 부정의감에서 출발해 정의를 회복하고자 하는 시민 윤리 차원의 실천 행위로 볼 수 있을 것이다. 인터넷 글쓰기의 윤리 문제는 이처럼 개인 윤리와 사회 윤리, 그리고 시민 윤리 차원의 복합적 사고를 통해 실천되어야 하는 것이라 하겠다. 자유문화와 집단 지성을 위한 글쓰기 윤리를 실천하는 과정에 동참하는 저자들은, 어쩌면 아날로그 글쓰기에서 얻을 수 있었던 기존의 권위와 권리를 조금은 잃거나 양보해야 할 수도 있을 것이다. 그러나 정보와 지식을 이용하고 생산하며 나누는 윤리적 글쓰기를 통해 보다 큰 가치를 얻을 수 있다면, 기꺼이 인터넷 공간에서 디지털 저자로서의 창작과 나눔을 실천하는 모험을 통해 새로운 글쓰기의 즐거움과 보람을 누릴 수 있을 것이다.

# 참고문헌

개정저작권법(법률 제8101호)(법제명 변경 및 전면개정 2006년 12월 28일).

교육인적자원부(2005), 「초・중등학교 정보통신기술 교육 운영지침」(개정지침), 교육인적자원부.

김기태(2005), 『디지털 미디어 시대의 저작권』, 이채.

김명석(2002), 「인터넷 시대 글쓰기 교육의 과제」, 『현대문학의 연구』, 19, 한국현대문학학회.

김명숙(2006), 「네티켓교육 현황 및 개선방안」, 『기독교교육정보』, 제15집, 한국기독교교육정보학회.

김성렬(2007), 「디지털 시대, 독서의 의의와 교육 방법」, 『독서문화연구』, 6, 대진대학교 독서문화연구소.

김승종(2004), 「전통적 글쓰기와 디지털 시대의 글쓰기」, 『국어문학』, 39, 국어문학회.

김영록・김재현(2006), 「초등 정보통신윤리 교육을 위한 교육과정 분석」, 『한국인터넷정보학회 2006 정기총회 및 추계학술발표대회』, 제7권 제2호, 한국인터넷정보학회.

김영주(2005), 『블로그: 1인 미디어의 가능성과 한계』, 한국언론재단.

김요한(2005), 「디지털 시대의 글쓰기」, 『독일언어문학』, 제27집, 독일언어문학회.

김용섭(2005), 「나에게 진실하고 싶다 - 디지털 공간과 개인적 글쓰기」, 『글쓰기의 힘』, 한국출판마케팅연구소.

김유식(2005), 「그들만의 말투, 그들만의 놀이 -<디시인사이드>와 글쓰기 문화」, 『글쓰기의 힘』, 한국출판마케팅연구소.

김익현(2005), 『블로그 파워』, 커뮤니케이션북스.

김정우(2007), 「당신의 블로그는 안녕하십니까?: 개정저작권법 시행과 인터넷의 위기」, 『월간 말』, 2007년 7월호.

김주환 외(2001), 『디지털시대와 인간존엄성』, 나남출판.

김중태(2006), 『웹 2.0 시대의 기회 시맨틱 웹』, 디지털미디어리터러시.

김지수(2004), 「1인 미디어, 블로그 확산과 이슈」, 『정보통신정책』, 제16권 22호, 정보통신정책연구원.

김병욱(2004), 『디지털 시대의 글쓰기와 커뮤니케이션』, 부경대학교 인문사회과학연구소 단행본, 부경대 인문사회과학연구소.

남명희(2004), 「온라인 글쓰기의 분류와 형태, 지향점과 문제점」, 『디지털영상학회지』, 1, 한국디지털영상학회.

박동숙・전경란(2005), 『디지털/미디어/문화』, 한나래.

박병기(2003), 『우리 시대의 문화와 사회 윤리』, 인간사랑.

박승희(2005), 「디지털 텍스트와 새로운 의사소통에 관한 연구 - 글쓰기와 읽기를 중심으로」, 『한국사상과 문화』, 제31집, 한국사상문화학회.
박인희(2006), 「작문교육에서 컴퓨터의 위상」, 『새국어교육』, 72호, 한국국어교육학회.
박지현(2005), 「인터넷 게시판이 책으로 태어나다 - 『전차남』을 통해 본 디지털 글쓰기」, 『글쓰기의 힘』, 한국출판마케팅연구소.
배식한(2000), 『인터넷, 하이퍼텍스트 그리고 책의 종말』, 책세상.
변정수(2005), 「인터넷 글쓰기에 관한 사적 진술」, 『인물과 사상』, 33, 개마고원.
설규주(2006), 『시민사회, 피해자, 그리고 시민윤리교육』, 한국학술정보.
손수호(2006), 「디지털 환경과 저작권 패러다임의 변화에 관한 연구: 레식의 카피레프트 이론을 중심으로」, 『한국출판학연구』, 제51호, 한국출판학회.
윤종수(2006), 「저작물 공유와 과제」, 『제6회 세계지적재산권의 날 세미나』, 한국정보법학회.
윤준수(1998), 『인터넷과 커뮤니케이션 패러다임의 대전환』, 커뮤니케이션북스.
이구형(2004), 『디지털 제대로 이해하기』, 지성사.
이남호(2006), 「우리 시대의 독자는 누구인가 - 전자문화시대의 독자의 성격」, 『독서연구』, 제16호, 한국독서학회.
이소영(2006), 「인터넷 공간에서의 소통양식의 변화」, 『독어학』, 제13집, 한국독어학회.
이혜연(2006), 「청소년 정보통신 윤리교육 현황과 활성화 방안」, 『정보처리학회지』, 제13권 제1호, 한국정보처리학회.
임상수(2006), 「정보사회의 프라이버시 보호와 정보 자기결정권」, 『윤리연구』, 제62호, 한국윤리학회.
장경렬(2006), 『컴퓨터로 글쓰기 무엇이 문제인가, 디지털 미디어와 예술의 확장』, 아카넷.
장종인(2006), 「지식 생산 및 전달 양식의 변화: NAVER 지식검색 서비스에서 찾아본 건강지식 사례분석」, 『정보통신정책』, 제18권 제16호, 정보통신정책연구원.
장하준/이순희 옮김(2007), 『나쁜 사마리아인들』, 부키.
정보통신윤리학회・한국정보처리학회(2005), 『U시대의 인터넷 윤리』, 이한출판사.
정현선(2006), 「미디어 소통의 관점에서 본 인터넷 공론장의 언어문화」, 『국어교육』, 제119호, 한국어교육학회.
정현선(2008), 「인터넷 공간에 대한 저자의 인식과 글쓰기 윤리」, 『작문연구』, 제6집, 한국작문학회.
조현경(2005), 「'글쓰기'에서 '기록하기'로 언제 어디서나 찍고 기록하는 유비쿼터스 시대의 글쓰기」, 『글쓰기의 힘』, 한국출판마케팅연구소.
지승호(2005), 「인터넷은 정글이다 - 소통을 위한 인터넷 글쓰기」, 『글쓰기의 힘』, 한국출판마케팅연구소.
차호일(2006), 「서술 양식의 변화와 작문교육에의 시사」, 『한국문예비평연구』, 19, 한국현대문예비평학.
최병우(2006), 「전자매체시대의 독자」, 『독서연구』, 제16호, 한국독서학회.
피종호 엮음(2006), 『디지털 미디어와 예술의 확장』, 아카넷.
한국인터넷진흥원(2006). 「웹2.0 시대의 네티즌 인터넷 이용 현황」(2006년 8월) (출처: 인터넷통계정보검색시스템 http://isis.nida.or.kr).
한국인터넷진흥원(2007), 「UCC 이용 실태 조사」(2007년 5월) (출처: 인터넷통계정보검색시스템 http://isis.nida.or.kr).
한국인터넷진흥원(2008), 「2007년 하반기 정보화 실태 조사」(2008년 1월) (출처: 인터넷통계정보검색시스템 http://isis.nida.or.kr).
황인표(2005), 「초・중・고등학교 정보통신윤리교육 현장 실태 분석과 교육적 함의」, 『도덕교육연구』, 제16권 2호, 한국도덕연구학회.

우메다 모치오(2006), 이우광 역, 『웹 진화론』, 재인.
Bolz, N. (2008), 유현주 옮김, 『보이지 않는 것의 경제』, 문학동네.
Gilster, P., 김정래 역, 『디지털 리터러시』, 해냄.
Lessig, L. (2005), 이주명 옮김, 『자유문화』, 필맥.
Lévy, P. (2002), 권수경 옮김, 『집단지성』, 문학과지성사.
Pieper, A. (1999), 진교훈・류지한 옮김, 『현대 윤리학 입문』, 철학과현실사.
Poster, M. (2005), 김승현・이종숙 옮김, 『미네르바의 올빼미가 날기 전에 인터넷을 생각한다』, 이제이북스.
Shenk, D. (2000), 정태석・유홍림 옮김, 『데이터 스모그』, 민음사.
Tapscott, D. & Williams, A.D. (2007), 윤미나 옮김, 『위키노믹스』, 21세기북스.

# 제9장 미디어와 청소년 문화

## I. 청소년, 청소년 문화

### 1. 청소년기의 범위와 성격

청소년(青少年) 문화라고 할 때 청소년이 어떤 사람을 지칭하는지에 대해 먼저 설명되어야 한다. 대체로 국어사전에는 청소년은 "청년과 소년을 아울러 이르는 말"로 어른과 어린이의 중간 시기에 해당하는 사람들을 칭하는 명칭이다. 소년은 아직 완전히 성숙하지 않은 상태의 사람, 20세 미만의 사람을 이르고, 청년은 신체적, 정신적으로 한창 성장하거나 무르익은 시기에 있는 사람, 20대의 사람을 이른다. 그러나 우리 사회에서 보통 중학생과 고등학생을 청소년이라 부르며, 발달심리학 분야에서 청소년을 12-13세부터 19-20세 사이에 있는 사람을 지칭한다(송명자, 1998).

청소년을 아동과 구분하여 설정하게 된 것은 그리 오래된 일이 아니다. 청소년기라는 관념은 사회적으로 구성된 것으로 역사와 사회·문화적 맥락에 따라 다른 형태와 성격을 가지게 된다. '청소년'이라는 근대적 개념 범주는 제2차 세계대전 이후에 나타난 것으로, 이는 청소년이 어른에게 의존해 살아가는 기간이 점점 확대된 사회 변화의 결과(Buckingham, 2004:287)이다. 학교에 다니게 되는 기간이 늘어나고 부모로부터 독립을 하는 시기가 늦추어짐으로써 아동과 어른 사이의 중간 단계가 생기게 되었다.

그러나 사회·문화적 맥락에 따라 청소년기의 성격이 달라진다. 이러한 청소년과 청소년기를 바라보는 관점에는 몇 가지가 있다.

먼저, 청소년을 사회적으로 미숙한 존재로 규정하여 청소년을 보호하고 규제해야 할 대상으로 보는 관점이다. 청소년은 생물학적으로는 성숙하지만 심리적으로는 정체성을 확립하지 못한 상황이므로, 심리적 갈등과 혼돈으로 인해 부정적인 정체성에 빠져들기 쉽다. 그러므로 유해한 환경으로부터 보호해야 하며 청소년에게 용인되지 않은 행동은 규제해야 한다고 본다. 청소년 유해 환경의 범주에 따라 유해매체물에 관한 것, 유해약물에 관한 것, 유해업소에 관한 것, 청소년에 대한 폭력, 학대, 성보호 등 각종 청소년 보호 관련법들이 이러한 관점에서 제정된 것이라고 할 수 있다(황승흠, 2004:279).

또 한편으로 청소년은 아동처럼 어리지 않은 성숙한 존재로 인정하고, 사회에 위험한 존재이며 사회의 지배적 문화를 위협하는 존재로 이해하는 관점이 있다. 이 관점에서는 청소년을 독립적인 존재로 인정하지만, 청소년 비행(非行), 어른에 대한 반항, 폭력, 폭주족, 가출 등 반사회적인 행동을 일삼는 부정적인 존재로 인식한다. 청소년과 청소년 문화를 경계해야 할 대상으로 바라보는 관점이다.

청소년을 성숙한 존재로 인정하는 관점 중에서 긍정적인 시각에서는 청소년을 기성의 문화를 뒤집어 새로운 하위문화를 생산해내는 존재로 인정하기도 한다. 이 견해는 청소년을 문화적 주체의 하나로 보는 관점으로, 춤추는 소년들인 비보이(B-boy)와 같은 청소년 문화가 그 예이다. 이들의 경우 10년 전에는 비행 청소년과 별로 다르지 않게 보았으나 현대에는 한류(韓流)의 새로운 주역으로 당당하게 인정받고 있다.

## 2. 미디어와 청소년과의 관계

청소년과 청소년기에 대한 상이한 관점에도 불구하고 청소년의 발달 단계에서 가지는 특성은 미디어와 청소년의 관계에서 고려되어야 할 점이다. 미디어 수용에서 발달 단계의 차이에 관심을 두고 연구를 진행한 스트라스버거(V.C. Strasburger)와 윌슨(B.J. Wilson)에 따르면 청소년기는 정체성의 형성, 독립심의 증대, 위험 감수의 경향, 또래 집단의 중요성, 사춘기와 성의 발달 등을 이루는 시기이며, 미디어 수용에서도 유아, 아동, 청소년, 성인은 발달 단계별 차이를 보인다고 한다.

청소년은 아동에 비해 미디어에 묘사된 캐릭터나 사건이 현실 세계에서 가능한지 아닌지를 식별하는 능력이 뛰어나다. 아동들은 미디어에 나타나는 사람들의 행위를 보고 사람들의 동기가 무엇인지 추론하는 반면 청소년은 추측이나 가정(假定)을 가지고 미디어에 나타나는 사람들의 행위를 관찰하여 자신이 생각한 동기를 확인한다. 즉 상이한 미디어 메시지의 논리적이고 인과적인 구조를 비판할 수 있다.

또한 청소년은 자신의 사고 과정을 이해하거나 조작하는 능력인 메타 인지적 사고가 가능하다. 예를 들어 어린이가 공포영화를 볼 때 더 많이 무서워하는 반면, 청소년은 무서움을 느낄 때 그것이 단지 영화일 뿐이라고 스스로 상기하므로 덜 무서워한다. 그것은 청소년이 메타 인지적 사고에 의해 자신의 사고 과정을 조절할 수 있기 때문이다(Strasburger & Wilson, 2006). 발달 단계의 차이에 따른 미디어 이해 정도의 차이는 현실 세계의 경험과 인지적 기술이 늘어나는 과정에서 미디어에 대한 이해 능력과 지식이 점차 증가해감을 보여준다. 즉, 어린이와 청소년들은 성인으로 성장해가면서 미디어에 대해 완성된 안목을 갖추어간다고 볼 수 있다.

어린이와 청소년들이 미디어의 메시지나 내용에 어른들에 비해 더 쉽게 영향을 받는다고 보는 관점도 있다. 미디어의 악영향으로부터 어린이와 청소년을 보호해야 한다는 보호주의적 관점은 이와 같은 판단에 근거를 두고 있다. 보호주의적 관점에서는 미디어 폭력, 광고의 상업주의, 미디어의 성적 내용 등의 미디어 특성이 청소년을 폭력적이고 성적으로 문란하게 하거나 물질주의에 빠진 사람으로 만든다고 판단한다. 그래서 청소년을 미디어의 부정적인 영향력으로부터 보호해야 한다고 보았다.

미디어가 현실 구성을 구성하는 효과를 가지고 있다고 보는 배양 이론에서는 텔레비전 프로그램을 많이 보는 중(重)시청자는 적게 보는 경(輕)시청자에 비해 텔레비전 폭력을 현실적인 것으로 받아들이며 사람들을 덜 믿고, 현실 세계를 불안한 장소라고 느끼고 있다고 한다. 폭력행동의 잦은 묘사는 시청자들에게 실세계의 폭력 발생에 대해 과대평가하게 만든다. 또한 미디어 폭력의 장기적 영향에 대한 연구들에 의하면 유년기에 폭력적인 텔레비전 프로그램을 보는 습관은 30대에 행해진 범죄 행동과 유의미한 관계를 보인다. 미디어 폭력이 시간에 걸쳐 개인의 폭력성에 축적되어 영향을 미칠 수 있으며, 이는 텔레비전뿐만 아니라 영화나 전자 게임 등에서 나타나는 폭력성에 대한 연구의 결론에서도 동일하게 나타난다고 보았다.

이에 비하여 미디어가 청소년들에게 부정적인 영향을 미친다는 연구 결과들에 대해 비판적인 견해들도 있다. 미디어가 청소년들에게 악영향을 끼치므로 나쁜 미디어를 막아야 한다는 보호주의적 관점은 미디어와 청소년이 맺고 있는 다면적인 관계를 무시한 것으로 청소년을 미디어로부터 일방적인 영향을 받는 수동적인 존재로 전락시키고 있다고 비판하고 있다. 이 관점에서는 청소년은 미디어로부터 정보와 영향을 선별적으로 수용할 수 있는 주체적이고, 능동적인 존재로 보고 있다.

그 한 예로 버킹엄(Buckingham)은 미디어 폭력이 폭력 행위의 형태나 방식에 영향을 미칠 수는 있지만, 그 자체로는 폭력 행위 발생의 충분한 이유가 되지 못하며 매우 다양한 요소들이 폭력 행위의 원인으로 작용하고 있다고 보았다. 또한 미디어 폭력에 대한 논의들에서 청소년들이 그들 자신의 삶 속에서 미디어 텍스트를 선택하고 해석하며 선택적으로 받아들이는 양상을 무시하고 있다고 비판하고 있다(Buckingham, 2004). 폭력의 원인에 대한 문제를 미디어에 모두 돌리는 것은 인종이나 계급에 의한 사회적 불평등이나 경쟁적이고 억압적인 관계, 물질적 빈곤과 같은 현실적인 폭력 행위의 원인 등에 면죄부를 주는 것이나 다름없다고 보았다. 또 청소년들은 대체로 텔레비전과 같은 미디어가 보여주고 있는 내용에 의존하는 경향이 있지만, 그동안 자신들이 축적해 온 미디어에 대한 이해 능력에 근거하여 프로그램의 편향성이나 작위성에 대해서 비판할 수 있는 능력도 있다는 것이다.

미디어 수용자는 미디어에 의해 일방적으로 영향을 받는 수동적인 주체가 아니라, 메시지를 다양하게 해석하며 의미를 생산하는 능동적 주체이다. 미디어가 특정한 지배적 의미를 재현된 부호를 통해 해독할 것을 강조함에도 불구하고 수용자들은 그 지배적 의미와 타협하거나 거부하는 해독을 할 수 있다. 즉 미디어 수용자들은 지배적 의미를 그대로 받아들이는 선호적 해독, 기본적으로는 지배적 의미에 따르지만 부분적으로는 대안적 의미를 생산하는 교섭적 해독(타협적 해독), 지배적 의미를 거부하는 대항적 해독을 할 수 있다. 대부분의 수용자들은 교섭적 해독을 따르게 되지만 이 세 가지는 분리된 것이 아니고 교섭적인 방법으로 해독되었던 것이 대항적 해독으로 변화하기도 한다.

청소년들 역시 지배적 의미만을 따르는 것이 아니라 비판적인 관점에서 미디어 텍스트의 의미를 생산해낸다고 볼 수 있다. 그리고 이러한 과정은 즐거움을 방해하는 것이 아니라 다른 형태의 즐거움을 만들어 낸다. 예를 들어, 청소년들이 멜로드라마에 나오는 설정들 - 출생의 비밀, 신데렐라인 여주인공, 구태의연한 삼각관계 등을 비판하는 과정에서 자신들이 멜로드라마의 관습을 모두 파악하고 있으며 그 관습의 문제점에 대해서도 정확하게 지적할 수 있다는 것을 의식한다. 이때 몰입의 즐거움과는 다른 형태의 즐거움으로 느끼게 된다. 이런 측면에서 청소년들이 지배적 의미를 그대로 받아들이도록 하는 것이 아닌 스스로의 비판적, 대안적 의미를 생성해가는 과정을 경험할 수 있는 기회를 많이 제공해야 한다.

미디어를 통해 청소년들이 얻는 즐거움이나 정체성을 형성해가는 과정도

미디어와 청소년과의 관계에서 간과해서는 안 될 부분이다. 한 개인이 세계 내에서 자신의 위치를 찾아내고 그를 통해 자신의 삶의 방향성을 설정하는 것이 정체성을 형성해가는 과정이다. 오늘날의 세계, 즉 청소년들이 접하는 세계는 미디어를 통해 매개된 세계라고 할 수 있다. 청소년들은 대중문화를 통해 자신의 문화적 정체성을 확립해가며, 텔레비전이나 인터넷과 같은 미디어를 통해 세상을 들여다본다. 미디어를 통해 확산되는 가치관과 규범이 자연스럽게 청소년들의 삶의 방향성을 결정짓기도 한다. 청소년들에게 즐거움을 주는 놀이나 인간관계 역시 주로 미디어를 매개로 이루어지고 있다.

미디어와 청소년과의 관계에 대한 관점은 미디어로부터 일방적인 영향을 받는 수동적이며 미숙한 수용자로 보던 관점에서 점차로 미디어와 상호작용하는 능동적이고 적극적인 수용자로 보는 관점으로 변화해 왔다. 그러나 미디어와 청소년의 관계에서 드러나는 각각의 구체적인 특성에 대해서는 보다 면밀한 검토가 필요하다.

## II. 청소년 미디어 이용의 현황과 특성

### 1. 청소년과 책

우리는 책이 미디어라는 사실을 간과하기 쉬운데, 책 역시 인쇄라는 기술을 기반으로 문자를 언어로 하여 사람과 사람 사이를 간접적으로 소통시켜주는 매체이다. 청소년들의 책이라는 미디어 이용, 즉 우리나라 청소년 독서는 대학 입시 제도의 변화와 밀접한 관련을 가진다. 교과 관련 지식을 암기하는 학력고사에서 수학능력시험과 논술고사, 면접고사로 변화하면서 청소년 독서 환경이 바뀌었다. 예전의 교육이 교과서나 참고서에 있는 지식을 단순하게 암기하는 것이었다면, 현재에는 시험 문항 지문이 교과서 외에서 출제되고 논술은 광범위한 교과 영역 또는 통합 교과적 교양을 요구하고 있다.

그래서 청소년 독서 시장이 활성화될 수 있는 여건이 충분히 조성되었다고 할 수 있다.

또 학교에서의 도서관 확충이나, 추천도서 목록 제공, 독서 교육의 강조로 인해 공식적인 청소년 독서 환경은 좋아졌지만 전반적으로 청소년들의 월평균 독서량은 줄어들고 있다. 이처럼 독서량이 줄어드는 경향은 인터넷과 같은 뉴미디어 매체의 발달과 밀접한 관련이 있으며, 상대적으로 인터넷을 통한 읽기와 쓰기는 크게 늘어나고 있다(한기호, 2003:22-30). 블로그(Blog)나 게시판에서 읽기나 인터넷에서 다운받아 읽기 등이 읽기의 한 형태로 자리잡게 되면서 전통적인 독서를 대체하는 경향이 있다. 이는 인터넷 게시판을 통해 등장한 다양한 인터넷 로맨스 소설이나 팬픽(fanfic), 환타지(fantasy) 소설들의 등장도 이와 같은 독서 경향의 변화와 밀접한 관련이 있다. 이들 인터넷 소설 중 일부는 책으로 출판되어 베스트셀러가 되기도 했다.

학생들의 책 선택에 영향을 주는 것 중 다른 매체의 영향력이 큰 편이다. 텔레비전, 영화 , 드라마 등에서 소개된 책은 판매 부수가 눈에 띄게 증가하였다. 텔레비전이나 라디오 프로그램에서 책을 추천하는 프로그램 중에 독자들에게 큰 영향을 미친 프로그램으로, 2002년부터 2003년까지 방송된 <느낌표! - 책책책, 책을 읽자> 코너와 2001년에 시작하여 2008년 현재까지 방송되고 있는 <TV, 책을 말하다> 등을 들 수 있다. <느낌표! - 책책책, 책을 읽자>는 텔레비전 교양 오락 프로그램 중의 한 코너였는데, 청소년부터 다양한 연령의 세대들이 읽을 수 있는 책들을 주로 선정하였고, 선정된 책은 베스트셀러가 되었다.

이 코너에서 소개된 첫 번째 책인 김중미의 『괭이부리말 아이들』은 어린이용 동화였다가 방송국의 요청으로 청소년에서 어른까지 읽을 수 있는 1권의 양장본으로 만들어져 소개된 이후 전 세대가 보았던 베스트셀러가 되었다. 이후 25권의 느낌표 선정 도서가 선정되었고 그 영향력은 도서관이 없는 지역에 도서관 짓기 운동을 할 수 있을 정도였다. 그 프로그램 이후에 오락 프로그램에서 책 소개 프로그램은 없어졌으나, <TV 책을 말하다>와 같은 책 소개 프로그램은 여전히 독자들의 도서 선택에 영향을 미치고 있다. 영화나 드라마의 원작이나 드라마에 소품으로 등장한 책들도 판매 부수가 증가하는데, 『우리들의 행복한 시간』과 같은 소설 역시 영화화된 후 판매 부수가 월등히 증가하였다. 책이라는 전통적인 매체 역시 원 소스 멀티 유스(one source multi-use)의 영향력 아래 있다고 볼 수 있다.

학생들과 부모들이 선호하는 책들은 학습이나 지식과 관련되면서 재미있게 만들어진 것들이다. 만화 일러스트와 로빈슨의 모험담을 패러디한 『노빈손 시리즈』는 출판계에선 청소년 출판 기획의 성공적인 사례로 꼽히고 있다. 『노빈손 시리즈』는 과학, 역사, 지리와 관련된 학습 및 정보적인 내용을 재미있는 캐릭터와 이야기 속에 녹여낸 것으로 청소년을 위한 교양서보다는 가볍지만 읽을만한 내용으로 구성되어 있다. 『마법 천자문』이나 만화 『그리스로마 신화』 등과 같은 학습 만화 역시 어린이나 청소년들에게는 많이 읽히는 책이다. 또 논술시험이나 수학능력시험과 관련된 청소년을 위한 과학 교양서나 인문 교양서 역시 청소년들이 많이 읽는 책들이다.

그러나 청소년들의 자발적인 독서는 판타지 소설이나 인터넷 로맨스 소설과 같은 책에 집중되어 있다. 이 인터넷 서사 문학들은 1차적으로 인터넷에서 대중성을 인정받았던 작품으로, 이 작품들이 매체를 달리하여 책으로 출판되면서 청소년들이 선호하는 독서물로 자리매김하게 된 것이다.

청소년들의 독서에는 책에 담겨진 내용의 가치 못지않게 구현되는 방식이나 재미가 중요한 요소로 작용한다. 그리고 이런 청소년들에게 접근하기 쉬운 책을 추구하다보니, 문자가 주를 이루는 전통적인 책보다는 학습 만화나 만화적 구성으로 이루어진 시각적인 책이 많이 만들어졌다. 또한 학교생활과 학업에 지친 청소년들이 억눌린 욕망을 해소할 수 있는 인터넷 로맨스 소설이나 환타지 소설이 대중적인 청소년 문학으로 자리잡게 되었다.

청소년이 책을 선택하고 읽는 양상에서 전통적인 책이라는 매체가 가졌던 우월적 지위는 사라져가는 모습을 보인다. 그렇지만 책은 만화와 같은 다른 장르를 흡수하고, 인터넷이란 새로운 환경에서 발생한 문학 장르들을 책이란 매체로 변화시키면서 청소년들과 새롭게 관계맺어 나가고 있다.

## 2. 청소년과 텔레비전

### 1) 텔레비전 시청 형태의 변화

청소년들은 주중보다는 주말에 텔레비전을 시청하고 있으며, 그 시청 시간도 점차 줄어들고 있다. 이에 따라 청소년들이 다른 연령대에 비해 텔레비전을 가장 적게 시청하고 있다. 그 이유는 청소년들이 텔레비전보다는 뉴미디어인 컴퓨터와 휴대폰을 사용하기 때문이다. 청소년들은 정보를 수집하고, 오락을 즐기며, 다른 사람과 소통하는 매체로 컴퓨터와 휴대폰을 이용하고 있는 것이다.

청소년뿐만 아니라 20대의 젊은이들 역시 텔레비전을 통해 프로그램을 시청하는 시간은 줄어들고 있다. 시청률 조사 기관들의 조사에 따르면 대부분 텔레비전 드라마의 주 시청자층은 30대 이상이며, 인기 있는 프로그램이라고 하더라도 30%의 시청률을 넘기 어렵다고 한다. 뉴미디어 이전에는 인기 있는 드라마나 프로그램들이 50%의 시청률을 넘는 것이 예사였지만, 현대에는 인기 드라마나 프로그램들의 시청률은 30% 정도이다.

뉴미디어에 '재매개'된 텔레비전은 브라운관만이 아닌 다양한 매체를 통해 시청자와 만나고 있다. 지상파TV 시청시간의 감소는 지난 몇 년 동안 지속되어 온 현상이었으며, 케이블TV와 위성방송의 시청시간은 계속 증가하는 추세를 보이다가 2007년에는 감소하였다. 이는 DMB나 하나/메가TV와 같은 신규 방송매체의 등장과 더불어 지상파방송 인터넷 사이트의 다시보기(VOD)나 인터넷TV 사이트, TV포털 등의 이용이 증가하고 있는 현상과 무관하지 않다. 즉 전통적으로 지상파, 케이블, 위성과 같은 매체를 통한 텔레비전 시청 행위가 DMB를 비롯, IPTV나 인터넷과 같은 통신망을 이용한 방송서비스와 같은 다양한 매체로 이동하고 있다. 특히 10대 청소년들은 20대와 더불어 인터넷을 활용하는 프로그램 시청의 비중이 높은 것으로 나타나고 있다(방송위원회, 2008).

지상파 TV로 대표되었던 텔레비전이라는 매체는 대중매체, 즉 공통의 내용을 무차별한 대중에게 전파하는 미디어였다면, 이제 텔레비전은 다양한 매체를 통해 수용하는 텔레비전 프로그램을 의미하게 되었다. 수용자가 원하는 시간에 원하는 프로그램을 시청하는 형태로의 변화는 텔레비전의 매체 특성이 세분화된 수용자의 취향에 따라 소비하는 경향으로 변모할 가능성을 보여주고 있다.

2) 텔레비전 프로그램의 문화적 의미

청소년과 텔레비전의 관계에서 아동과 청소년 초기 연령에 텔레비전 프로그램은 미디어 장난감의 역할을 한다. 아동들의 일상생활을 가득 채우고 있는 대중매체가 마치 장난감과 같이 어린이들 사이의 대화, 놀이, 노래 등에 유용하게 사용되는 상징물로 기능하고 있다. 그래서 어린이들은 자신들이 즐기는 애니메이션들 <포켓몬스터>, <유희왕>, <파워레인저> 등의 서사와 캐릭터를 활용하여 친구들과 같이 역할놀이를 하거나 그림을 그리기도 한다. 또한 어른들을 대상으로 하는 오락 프로그램 <무한도전>, <1박2일>을 보면서 자신이 좋아하는 캐릭터와 즐거워했던 에피소드를 재구성하는 놀이를 한다. 이처럼 어린이들은 노래를 부르거나 대화를 나누고 이야기를 창작하는 등 문화적 실천을 통한 의미 생산 과정에서 이와 같은 '타자'의 목소리들을 '빌려오는데', 이 과정에서 타자의 목소리들은 그대로 재생산되는 것이 아니라 어린이들의 텍스트 속에서 재맥락화되어 어린이들 자신의 목소리로 바뀌는 복잡한 의미 생성 과정을 겪게 된다(Dyson, 2003:329). 어린이들과 마찬가지로 청소년들에게도 텔레비전 프로그램은 자신들의 문화를 생산해 내는 도구로 기능하게 된다.

텔레비전 프로그램은 놀이에 사용되는 상징물일 뿐만 아니라, 청소년들의 또래 집단 내에서도 특정한 문화적 의미를 가진다.[1] 텔레비전 코미디의 유행어와 상황 패러디를 청소년들 사이에 사용하는 경우에 청소년들은 웃음 텍스트를 또래 집단의 친밀감을 확인하거나 우정을 과시하는 의미로 사용한다. 때로는 자기 집단의 집단성을 경계짓기 위한 도구로도 사용된다. 또한 청소년들은 유행어를 수동적으로 따라한다고 생각하지 않고 유행어나 개그의 흥행을 좌우하며 유행어를 만들어내는 주체에 포함된다고 생각한다. 청소년뿐만 아니라 20대들도 유행어나 개그를 응용한 놀이를 하고, 이를 통하여 즐거움을 얻고, 즐긴다.

청소년들은 유행어나 상황 패러디를 통해 일상적인 위계질서에서 느끼는 중압감을 완화시키거나 비트는데, 학교에서 긴장된 분위기를 해소하기 위해 주로 사용한다. 이는 순응 거부의 의사 표현과도 맞닿아 있다. 예를 들어 사투리를 부정적인 것으로 보지 않고, 독특한 억양이나 그로부터 발생하는 음성적 재미에 긍정적 의미를 부여하는 언어적 일탈의 즐거움을 느낀다. 반면 청소년들은 웃음을 일종의 능력으로 생각하여 등급을 나누고 집단 내에서 주도권을 획득하기 위한 위계 행위나 힘겨루기에 사용하기도 한다. 이는 위계질서를 비틀거나 순응을 거부하는 것과는 비슷한 방식으로 나타나기도 하지만 그로 인해 새롭게 형성되는 위계는 기존의 사회질서 구축 방식과 유사한 양상을 보인다.

청소년들은 텔레비전 프로그램의 내용을 일방적으로 수용하거나 비판적으로 해석하는 것 이상의 관계를 맺고 있다. 대중매체 텍스트들은 청소년들의 일상적인 삶 속에서 다양한 문화 실천의 재료이자 도구로 기능하며 청소년들은 이를 통해 즐거움을 얻는다.

1) 텔레비전 코미디의 유행어와 상황 패러디가 청소년 또래집단 내에서 가지는 문화적 의미에 대해서는 유경한(2006)의 논의를 바탕으로 좀 더 청소년에 초점을 맞추어 정리하였다.

## 3. 청소년과 인터넷

### 1) 청소년의 인터넷 활용 유형

청소년의 99.9%가 사용하는 매체인 인터넷은 단일한 미디어라고 보기는 힘들다. 이전의 텔레비전과 같은 대중매체가 동일한 시간에 동일한 내용을 시청하는 대중을 수용자로 하고 있었다면, 인터넷은 동일한 시간을 인터넷에 사용하더라도 그 유형에 따라 이용 패턴이 확연히 구분되어 활용 유형에 따라 이용자 그룹이 나뉠 수 있다. 그리고 다른 이용 패턴을 보이는 수용자들의 일상생활 전반에 다른 영향을 미칠 수 있다.

여가 활동 중 컴퓨터 게임을 주로 하는 게임형과 블로그나 미니홈피를 주로 하는 블로그형, 다양하게 인터넷을 활용하는 멀티형, 인터넷을 사용하는 시간이 적은 소이용형으로 나눌 수 있다. 청소년의 인터넷 이용을 살펴보면 이용 시간에는 거의 차이가 없으나 이용 패턴에 있어서 차이를 보인다(나은영 외, 2007). 블로그형은 게시판, 동영상, 카페, 메신저 등을 고루 이용하는 경향이 있으나 게임형은 게임을 배타적으로 이용하는 경향이 있다. 타 미디어 이용에서도 차이를 나타낸다. 신문과 음악을 좋아하는 유형은 블로그형이며, 독서를 가장 많이 하는 유형은 소이용형이다. 또한 폭력 사이트나 선정 사이트와 같은 유해 사이트에 노출될 가능성은 게임형이 가장 많은 것으로 나타났다.

이러한 결과들은 청소년을 동일한 문화를 가진 집단으로 간주하는 관점으로 접근해서는 안 된다는 사실을 잘 보여준다. 청소년은 인터넷이라는 하나의 미디어에서 다른 경험을 하며 이는 청소년들의 다른 미디어 이용이나 일상생활과도 관련된다. 매체언어 교육을 설계할 때 주로 학습자 측면에서 고려해야 할 점으로 학습자의 발달적 측면뿐만 아니라 학습자의 미디어 이용 문화에서의 차이 역시 고려해야 한다.

청소년 문화와 관련하여 인터넷의 언어문화를 조망한다면, 인터넷에서 소통과 문화 주체로서 청소년이 수용하고 생산하는 텍스트들에 대한 검토가 이루어져야 할 것이다. 인터넷에서의 텍스트를 언어 활동의 목적에 따라 정보적 성격, 관계 유지(사회적 상호작용) 성격, 심미적 성격을 지닌 텍스트로 나눌 수 있다. 이와 같은 세 가지 영역에서 각각 청소년 문화와 밀접한 관련을 지는 텍스트들로 블로그와 미니홈피, 인터넷 소설과 팬픽, 컴퓨터 게임 등이 있다.

2) 블로그와 미니홈피

청소년들의 정보 텍스트의 생산과 수용의 장인 블로그와 미니홈피는 두 가지 가능성을 동시에 지니고 있는 매체이다. 블로그와 미니 홈피는 일종의 개인 홈페이지라고 할 수 있는데, 홈페이지와 달리 블로그 서비스 사이트에서 제공되는 몇 가지 틀로 쉽게 제작할 수 있어 누구나 쉽게 사용할 수 있다. 그래서 블로그의 주인이 관심을 가진 분야에 대해 정보를 생산하고 네트워크 할 수도 있으며, 쉽게 네트워크를 형성할 수 있으므로 관계 형성과 유지를 위한 도구가 될 수도 있다. 같은 블로그나 미니홈피라도 이용 목적에 따라 다른 모습을 띠게 된다. 전문적인 자료와 정보가 많은 블로그는 주로 정보를 획득하고 의견을 교환하는 목적으로 이용하며, 관계 형성과 유지를 위한 블로그는 개인적 경험을 공유하는 곳으로 방문 목적 역시 친밀도나 인맥 관리가 주목적이다.

블로그는 HTML, JAVA와 같은 인터넷 홈페이지 구축 언어나 구축하는 방법을 모르더라도 개인이 쉽게 자신의 공간을 만들 수 있다. 그래서 블로그의 주제는 개인의 다양성만큼 다양한 주제를 포괄할 수 있도록 발전하였다. 블로그에는 블로거의 사적인 독백에서부터 시사 문제나 전문적인 지식에 이르기까지 폭넓은 세계를 다 담아낼 수 있다. 이라크 전쟁 당시 언론에는 잘 보도되지 않던 전쟁의 실상을 자신의 블로그를 통해 알린 <살람팍스의 블로그>는 블로그가 1인 미디어로서 기능할 수 있음을 최초로 보여준 사례이다.

그러나 우리나라의 인터넷 이용자들은 개인적으로나 집단적으로나 지식이나 정보 텍스트의 생산보다는 관계 형성과 유지를 위해 사용하는 경우가 많다. 특히 이러한 현상은 개인의 사적인 공간이면서 타인과 공유된 공간이라는 특성을 지닌 인터넷 공간이 개인화되는 경향이 심화되는 가운데 나타나는 것이다.

특히 미니홈피는 쉽게 개인 일상에 대한 신변잡기적인 내용이 사진 이미지와 더불어 구성되고 있다. 더구나 미니홈피는 주로 1촌을 중심으로 운용되는데 1촌 방문자들은 정보적 목적보다는 사회적 상호 작용을 목적으로 네트워크를 이룬다. 또 전문적인 정보나 지식을 꾸준히 생산해 낼 능력이 제한되어 있는 청소년의 경우 블로그와 미니홈피를 관계 형성과 유지를 위해 사용하는 경향이 더 심한 것으로 보인다. 글의 내용보다는 이미지나 사진들 위주로 내용을 구성하는 경향이 있으며, 밖으로 보이는 자신의 모습에 더욱 신경을 쓰게 되는 경향을 보인다.

블로그와 미니홈피는 청소년들에게 글이나 사진 등 디지털 시대의 표현교육의 장(場)이자 도구로서 교육적인 측면에서 접근할 수 있다. 블로그와 미니홈피는 지속적인 방문자를 위한 새로운 읽을거리나 볼거리가 제공되어야 한다. 다른 블로그나 웹상의 정보를 '펌'으로 내용을 채우기도 하지만 그것만으로는 내용이 알찬 블로그와 미니홈피가 될 수는 없다. 또한 아무리 이미지를 위주로 내용을 구성한다고 하더라도 어떤 이미지를 어떤 주제와 글 아래 배치할 것인가가 문제가 된다.

즉, 블로그 이용자들의 관심사와 창의성에 의해 블로그의 성격이나 내용의 질이 결정된다. 블로그가 등장한 이후 갑자기 글쓰기에 관한 책들이 많이 팔려나갔다는 것은 블로그가 글쓰기나 표현 능력에 있어서의 숙달성과 창의성을 요구하고 있다는 점을 시사한다. 청소년들이 자신의 정체성을 형성해 나가는 과정에 스스로의 관심사를 심화시키고 창의성을 발휘하여 표현해가는 것이 무엇보다 필요한 과정이라 할 때 디지털 문화에서 그 가능성을 엿볼 수 있는 것이 블로그와 미니홈피와 같은 형태다. 블로그와 미니홈피가 관계 형성과 유지를 위한 매체만으로 기능하기엔 아쉬움이 남는 매체이기에, 청소년들이 디지털 문화의 기술적 가능성에서 비롯되는 새로운 긍정적인 측면의 문화를 받아들이고 더 발전시켜 나갈 수 있는 교육적 기획이 필요하다.

### 3) 인터넷 소설과 팬픽

인터넷 소설과 팬픽은 누구나 쉽게 인터넷 게시판을 통해 스스로 창작한 글을 게재할 수 있고, 작가와 독자가 서로 의견을 나눌 수 있는 인터넷의 상호작용적 특성을 기반으로 생겨났다. 그런데 인터넷 소설과 팬픽은 하이퍼텍스트 문학의 특성을 지니기보다는 관습적인 로맨스 서사의 특성을 지닌다. 또한 인터넷 소설과 팬픽은 청소년이 '작가'가 되기도 하고, 동시에 생산된 작품의 주요 독자층이기도 한 장르이다. 인터넷은 쉽게 청소년들이 이야기를 창작할 수 있는 기반을 제공했으며, 출판사를 거치지 않고도 쉽게 독자들과 만날 수 있는 공간의 역할을 하였다. 그래서 출판된 인터넷 소설 중 로맨스물의 주요 작가는 중·고등학생 시절에 창작을 시작했고, 그들의 주요 독자층 역시 같은 세대인 청소년이다.

인터넷 소설[2)]은 로맨스 서사의 특징을 지니고 있는데, 로맨스 서사 장르는 남녀 간의 낭만적인 사랑을 토대로 하는 대중적인 이야기 문학이다. 귀여니로 대표되는 인터넷 소설은 평범한 여학생이 우연한 계기로 주변 학생들의 선망의 대상인 비범한 남학생과 만나게 되어 둘은 티격태격하지만 낭만적인 사랑을 키워나간다. 이들의 연애에는 삼각관계나 출생의 비밀 등 통속적인 요소들이 긴장을 주는 요소로 개입한다. 인터넷 로맨스 소설은 이전의 로맨스 소설들과 연속성상에 있으며 상투적이고 통속적인 이야기, 본격적인 문학에 비해서는 문학적 가치가 떨어진다고 폄하할 수도 있다.

그런데 인터넷 로맨스 소설을 청소년 문화의 관점에서 접근하면 청소년, 특히 10대 여학생들의 욕망과 문화적 정체성을 성찰할 수 있는 좋은 매개가 되기도 한다. 10대 여학생들이 인터넷 로맨스 소설을 탐독하는 행위의 맥락

2) 인터넷 로맨스 소설에 대한 내용은 김성진(2005)의 논문을 참조하여 정리하였다.

들은 그들이 가진 욕망의 실현과 관련된다. 10대 여학생들이 로맨스 이야기를 읽는 이유는 대리 만족을 얻기 위해서이다. 독자인 자신과 다르지 않는 여학생이 '몸짱', '얼짱', '싸움짱'으로 선망의 대상인 남학생으로부터 사랑을 받는 이야기를 읽으며 자신이 주인공이 된 듯한 환상을 경험할 수 있다. 또한 여러 가지 제약이 많은 청소년들의 일상으로부터 탈출하는 쾌감을 독서를 통해 경험할 수 있다. 음주나 싸움, 성적인 접촉 등의 일탈적인 장면들이 에피소드로 등장하는 것도 청소년들의 일탈 욕구를 반영하며 충족시키는 장치라고 할 수 있다.

인터넷 로맨스 소설은 청소년들에게 로맨스 문화를 터득하는 실제적 기능을 하기도 한다. '로맨스 문화'는 남녀 관계에서 여성이 여성으로서 자신의 사회적 위치와 행동 역할을 배우게 되는 문화로 10대 여학생들에게 로맨스 문학은 성적인 것에 대한 호기심을 반쯤은 충족시키면서 차단하는 방식으로, 남녀 관계에서 여성이 지켜야 할 사회적 관습을 익힐 수 있는 기회를 제공해 왔다. 전통적인 로맨스 문화가 미래에 대해 느끼는 불안감을 결혼으로서 해결하려는 이데올로기를 가지고 있다면 결혼이 자신의 문제가 되기엔 거리가 먼 작가와 독자가 만드는 인터넷 로맨스 소설은 멋진 이성과의 연애에 한층 더 관심을 두고 있다.

인터넷 로맨스 소설이 로맨스 문화에 기반하고 있다면, 팬픽은 청소년들의 대중 스타에 대한 팬덤(fandom) 문화를 이루는 요소들 중 하나이다. 팬덤이라는 용어는 특정 대상에게 지나치게 몰두하는 사회적 병리 현상을 지칭하던 말이었으나, 피스크(Fiske)가 1989년경에 적극적인 대중문화 수용자를 '평범한' 수용자층과 구분하기 위해 이 용어를 사용하면서 청소년 문화를 읽는 키워드가 되었다. 청소년들은 대중 스타가 산출하는 문화적 상품을 소비하면서 서로간의 동질성을 확인하고, 공유하며 점차 자신들의 문화 양식을 만들어나간다. 팬덤 문화는 팬들의 적극적인 참여 양상에서 비롯되는데, 팬클럽 등의 조직으로 집단화되며, 스타나 대중문화 생산물의 소비와 수용을 넘어 대중문화 텍스트의 생산에 직·간접적으로 참여하고자 한다(한국청소년개발원, 2005).

팬픽은 인터넷 소설과 마찬가지로 로맨스 서사의 연장선상에 놓여 있다. 특히 스타 팬픽은 남자 연예인을 로맨스 서사의 주인공인 미소년의 위치에 두고 주인공의 삶을 그려나간다. 그런데 주인공의 사랑을 그리고자 할 때 문제가 발생한다. 팬픽의 작가는 자신이 열렬히 사랑하는 스타가 사랑하는 사람을 다른 여자로 설정할 수 없기에 동성애라는 서사 전략을 선택한다. 이성애를 승인할 수 없기에 동성애를 선택하게 된다는 일종의 '문화적 성 선택'이 작용하게 되는 것은, 팬픽의 작가와 독자의 대부분이 여학생이고 좋아하는 스타는 남자 그룹 연예인인 경우가 많기 때문이다(김동식, 2003). 또한 항상 같이 생활하고 서로에게 친밀감을 가진 모습으로 팬들에게 비쳐지는 그룹 멤버들의 관계를 '상상'하면서 대리 만족의 즐거움을 얻기도 한다.

인터넷 소설과 팬픽은 공통적으로 청소년의 발달심리적 측면에서 해방구를 찾기 힘든 청소년들의 억압된 욕망을 대리하며, 상상의 공간으로 도피하고자 하는 욕망을 충족시켜 준다. 또한 인터넷이란 공간을 통해 작가와 다른 수용자들과 상호 작용할 수 있기에 서로간의 동질성을 확보하고 집단적 체험의 장을 형성한다.

인터넷 소설과 팬픽을 본격적인 의미의 '문학'의 잣대로 바라볼 때 인간의 삶과 세계를 성찰하도록 하는 문학적 가치의 측면에서는 그 성취가 높지 않다. 그러나 이야기 자체에 대한 분석보다는 이러한 이야기를 생산하는 청소년들의 서사에 대한 욕구, 그들이 만들어낸 로맨스 서사에 반영된 작가들의 욕망과 문화적 정체성, 이를 탐독하는 독자의 동기와 즐거움, 맥락에 대한 이해와 성찰을 돕는 것이야말로 미디어가 생산해내는 문화에 대한 교육적 접근에서 매우 중요한 맥락이다.

### 4) 컴퓨터 게임

컴퓨터 게임은 인터넷에서 청소년 문화에 대해 이야기할 때 가장 중요하게 다루는 장르다. 특히 인터넷 매체가 청소년에게 악영향을 주는 대표적인 것으로 컴퓨터 게임 중독을 들고 있다. 그런데 컴퓨터 게임은 과거에서 현재에 이르는 놀이의 연장선상에 있다. 과거의 놀이가 술래잡기, 고무줄 놀이, 윷놀이처럼 어린이와 청소년들의 신체와 주변 도구를 이용하는 것이었다면, 1970년대 후반부터 등장한 전자 게임은 게임의 형태를 변화시켰다. 컴퓨터와 인터넷이 등장하면서 전자 게임처럼 오프라인에서 기계와의 놀이가 아니라 온라인에서의 익명적 타인과 겨루는 차원으로 발전하게 되었다(한국청소년개발원, 2005).

그런데 게임에 몰두하던 사람이 심장마비 증세로 사망하기도 하고 게임의 아이템이 현실세계에서 거래되거나 강탈당하기도 하면서 사회 문제화되고 있다. 청소년 중 일부가 게임에 몰두하면서 게임 외에 다른 것에 의욕이 없어져 무기력해지기도 한다. 게임을 하기 위해 가출을 하거나 학교 생활을 포기하는 경우도 발생하고 있다. 청소년 특히 남학생의 경우 컴퓨터 게임이 또래들 간의 지배적인 문화로 등장하여 게임이 친구 관계에 중요한 역할을 하기도 한다. 컴퓨터 게임이 대화의 주요 화제가 되는 경우가 많으며, 친구들끼리 같이 놀러가는 곳도 피시(PC)방이다.

컴퓨터 게임이 청소년들의 중요한 문화로 자리잡게 되고 '중독'이라는 상태까지 불러일으키게 되는 것은 '몰입' 현상 때문이라 할 수 있다. 몰입은 어떤 활동에 강하게 집중하는 현상으로 명확한 목표가 주어져 있고 활동의 효과를 곧바로 확인할 수 있으며, 과제의 난이도와 실력이 알맞게 균형을 이룰 때 일어난다. 컴퓨터 게임에서는 자족적인 가상 세계 속에 현실적 자아를 대신하는 캐릭터가 가상 공간을 탐색하면서 게임의 법칙에 따라 주어진 목표를 완성해 나가게 된다. 게이머(gamer)는 자신을 대신하여 탐험하고 싸우는 캐릭터를 '또다른 나'로 인식하며 현실 속에서 얻지 못하는 성취감을 얻는다. 그리고 게임의 세계는 현실과는 다른 재창조된 공간이며 현실과는 달리 반복이 가능한 세계이다. 컴퓨터 게임은 게임의 목표가 주어져 있고 캐릭터의 레벨 등을 통해 활동의 효과를 확인할 수 있으며 점차적으로 높은 단계로 나아갈 수 있도록 구성되어 몰입을 경험하게 한다(김원보 · 최유찬, 2005).

청소년의 컴퓨터 게임에 대한 몰입은 긍정적인 측면과 부정적인 측면 모두를 가지고 있다. 청소년들은 게임 속 캐릭터를 통해 다양한 정체성을 체험할 수 있다. 공주를 구하러 가는 왕자도 되었다가 전사도 되었다가 마법사도 될 수 있다. 시장이 되어 도시를 건설할 수도 있다. 컴퓨터 게임을 통해 간접적으로 경험하는 다양한 정체성을 통해 다양하고 광범위한 긍정적인 사회화를 할 수 있다. 반면에 가상의 세계와 현실 세계를 구분하지 못하며 혼동의 상태에 빠질 수도 있다. 게임 속의 전투나 살해를 반복하면서 폭력에 무감각해져 현실 세계의 폭력으로 나타나기도 한다. 소수이긴 하지만 게임 속 인물처럼 이야기하거나 현실적 관계를 유지하지 못하고 가상 세계 속에서만 머물기도 한다. 게임에서의 대리 만족에 몰입하다가 일상생활에 돌아오면 금단현상이 일어나 불안감과 공허감을 느끼게 되는 것이 게임의 부정적 측면이다.

컴퓨터 게임 중독이 일어나지 않기 위해서는 피시방의 청소년 출입 시간을 제한하는 것처럼 컴퓨터 게임 프로그램이나 게임 회사에서 일정 시간 이상을 접속하지 못하게 하거나 하루에 일정 레벨 이상을 획득하지 못하게 하는 등의 대처 방안이 제안되고 있다. 아울러 컴퓨터 게임이 단순한 이익 추구를 위한 산업의 측면에서만 사고될 것이 아니라, 청소년 문화 또는 우리 사회의 여가 문화로 인식된다면 단순히 제한할 것이 아니라 어떻게 긍정적인 측면으로 발전시킬 것인가를 고민해야 할 것이다.

## 4. 청소년과 휴대폰

### 1) 또래 관계의 중요한 매개

2006년 11월 말 기준 현재 청소년 10명 중 7.4명이 가지고 있다는 휴대폰은 청소년들에게 없으면 불안을 느낄 정도로 애호하는 통신매체이다. 음성통화, 문자 메시지, 사진촬영, 동영상, 게임, 다이어리, MP3, 텔레비전 보기까지 안 되는 게 없는 휴대폰의 서비스 중 청소년이 가장 많이 이용하는 서비스는 문자 메시지 사용이다. 음성통화를 하고 남는 자투리 전파 대역을 어떻게 활용할까 하는 고민 끝에 도입된 문자 메시지는 청소년들 사이에서 음성통화보다 더 중요한 소통수단이 되었다.

2005년 국가정보문화진흥원이 14세부터 19세까지의 청소년 휴대폰 이용 실태에 따르면 문자 메시지는 주로 심심하기 때문(42.3%)이거나 친구가 무엇을 하는지 확인하기 위해서(34.7%) 사용한다고 한다. 이러한 통계 수치는 문자 메시지가 청소년의 또래 관계 의사소통에서 중요한 의미가 있음을 확인시켜 준다. 그리고 이와 같은 문자 메시지의 의미를 이해하지 못한다면, 청소년들의 문자 메시지 이용은 한낮 한심스럽고 시간과 돈을 낭비하는 행동에 불과한 것으로 보일 수 있다.

문자 메시지는 음성통화에 필요한 대역폭 외에 남은 대역폭을 활용하기 위한 마케팅적인 발상에서 시작된 기술이다. 초기 연구자들은 인쇄매체처럼 문자를 기반으로 하는 매체이므로 이들이 관계적 의사소통보다는 정보전달을 위한 의사소통에 적합하다고 이해했다(김은미, 2006:92). 또한 문자 메시지는 5행 8열 정도 80바이트 분량의 정보량만 한 번에 교환할 수 있고 휴대폰 액정 화면 크기라는 제한된 작은 창을 통해서 주고받았다. 음성통화에 비해 정보량에 있어 제약이 많으므로, 애초에는 문자 메시지가 의사소통 매체로서의 기능을 제대로 수행할 수 있으리라 기대하지도 않았다.

그러나 기술적인 특성에서 예측했던 것과는 달리 문자 메시지는 대인 의사소통 매체로서 가장 비약적인 발전을 하였다. 이동통신업체에 따르면 2007년 12월 31일에 전국에서 오간 문자 메시지는 6억 2,600만 건으로 2006년 같은 날보다 1억 건이 늘어났다고 한다. 이날 휴대전화 가입자(4,350만명) 1인당 14건의 문자 메시지를 보낸 셈이 된다.[3] 이 밖에도 연말연시 카드나 연하장을 대신하여 문자 메시지로 안부 인사를 하는 문화가 정착되어가

3) 김원배, 「12월 31일 문자 메시지 6억 통」, 중앙일보, 2008년 1월 5일자.

고 있음도 주목할 만한 현상이다.

문자 메시지는 기술적 속성에서 예측할 수 있는 기능과는 달리 특정한 사회문화적 맥락에서 이용자들에 의해 확장된 활용 형태를 보여주고 있다. 의사소통의 제약 요건으로 보였던 간결성은 안부 인사와 같은 관계 유지를 위한 의사소통에 오히려 적합하며, 시간과 장소의 구애됨이 없이 쉽고 간편하게 보낼 수 있다는 장점으로 작용하고 있다. 또한 문자 메시지를 받는 상대방의 상황에 관계없이 도달 가능성이 높다.

청소년이 특히 문자 메시지의 활용도가 높은 이유도 청소년을 둘러싼 사회 · 문화적 맥락에서 찾아볼 수 있다.[4] 청소년이 주로 문자 메시지를 보내는 대상은 친한 친구들이다. 청소년기가 가족 관계보다는 또래 관계의 중요성이 높아지며 부모로부터 독립된 자신의 정체성을 갖기를 요구하는 때이므로, 이를 매개하는 의사소통 수단이 필요하게 된 것이다. 이런 의사소통 수단이 과거에는 편지나 면대면 대화였다면 현대에는 휴대폰이라는 매체의 등장으로 문자 메시지가 그 역할을 담당하게 되었다.

그런데 문자 메시지는 면대면 대화를 대체하는 것이 아니라, 오히려 연동하는 경향이 있다. 즉 면대면 접촉이 잦은 사람과 문자 메시지로 더 많이 주고받는다는 점이다. 문자 메시지를 주고받는 양이 늘어날수록 함께 하고 있다는 인식이 늘어나 유대감이 증진되는 것으로 나타난다. 청소년들에게 문자 메시지는 친밀한 사람들과 주고받는 사교적 관계 유지 행위이며 친밀도를 높이는 의사소통 수단인 것이다.

한국의 청소년들이 처한 독특한 사회적 상황은 휴대폰을 통한 의사소통에 더욱 선호하는 조건이 되기도 한다. 그들은 물리적인 시간의 대부분을 학교와 학원에서 보내며 공공장소나 가정 내에서도 자율적인 시간과 공간을 가지지 못한다. 또한 청소년 요금이라는 독특한 요금제로 음성통화에 비해 문자 메시지를 많이 사용할 수 있도록 하는 휴대폰 사용 조건은 심지어 수업시간에도 책상 아

4) 청소년 문화에서 문자 메시지의 역할과 의미는 김은미(2006)를 참조하여 정리하였다.

래로 소통할 수 있는 문자 메시지에 청소년들이 몰입하게 하는 조건들이다.

청소년들의 또래 관계 속에서 문자 메시지는 인터넷 메신저나 채팅과 마찬가지로 '문어'가 아니라 '구어'이며, '정보교환'이 아니라 '대화'이다. 컴퓨터 앞에 앉아 있을 때만 할 수 있는 것이 아니라 손바닥 안에 쏙 들어오는 휴대폰만 있으면 언제 어디에서 할 수 있다. 한국과 유사한 상황에 있는 일본에서는 이러한 청소년의 휴대폰 이용으로 생기는 제3의 공간을 '가상적 또래 공간'이라고 부른다. 청소년들은 문자 메시지로 비동시적인 상황에서 마치 함께 놀고 대화하는 것처럼 상호작용하며 살아가고 있다.

### 2) 휴대폰 문자 메시지의 언어

휴대폰 문자 메시지는 통신언어의 범주에 든다. 그래서 인터넷에서 사용되는 통신언어와 그 특성을 공유한다. 휴대폰 문자 메시지의 매체적 특성으로 인해 보다 강화된 특성들도 있다. 문자 메시지는 한 번에 담을 수 있는 정보량이 제한적이고 제약이 크므로 띄어쓰기를 하는 경우가 거의 없다. 반복되는 말이나 조사, 어말 어미 등은 생략되거나 축약되는 경우가 많다. 맞춤법 역시 휴대폰의 키보드에서 조작이 어려운 자모는 오류가 생기기 쉽다(최경은, 2005).

무엇보다 이모티콘(emoticon)은 문자 메시지에 필수적인데, 청소년들은 이모티콘이 없는 문자 메시지를 받으면 마치 상대방이 화났거나 자신을 싫어하는 것으로 '착각'한다고 한다. 이모티콘은 얼굴을 직접 대할 수 없는 의사소통 환경에서 보다 정확하고 효과적인 의사 전달을 위해서 고안된 것인데, 자신의 감정을 전달하는 유용한 소통 수단이 되고 있다. 또래 관계를 유지하고 형성하는 데 문자 메시지를 많이 이용하는 청소년의 경우, 이모티콘을 통한 자신의 감정 전달은 관계의 친밀성을 높이는 데 필수적일 수밖에 없다.

문자 메시지의 언어적 특성은 청소년 문화의 측면과 소통 문화의 변화와 관련된 측면에서 설명될 수 있다. 문화적 정체성을 형성해가는 시기인 청소년 세대문화는 자신들의 고유한 정체성을 구축하기 위해 여러 방면에 탐색을 하게 되는데, 탐색의 결과 새로운 신조어나 이모티콘을 양산하는 모습을 띠게 된다. 또한 새로이 생산된 언어들로 인해 청소년들은 즐거움을 느끼며, 세대적 정체성 확립을 가져오게 된다.

반면 인터넷과 휴대폰으로 인한 언어의 변화를 세대적 관점이 아니라 매체에 의해 형성된 새로운 소통 방식에 의한 새로운 소통 문화의 등장으로 인한 것이라고 파악한다. 본래 구어적 소통 방식(혹은 면대면 소통 방식)에서는 음성 언어만이 아니라 몸짓이나 표정과 같은 비언어적 표현, 어조나 목소리의 빠르기 등과 같은 반언어적 표현을 통해 시·청각이 동시에 작용하는 입체적 소통이 이루어진다. 그러나 문자 언어만을 통한 소통에서는 청각에 의한 음성 언어와 반언어적 표현이 배제될 뿐만 아니라, 몸짓이나 표정과 같은 시각적 표현 역시 배제된다. 그것을 보완하는 것이 이모티콘으로 대표되는 새로운 언어 현상이다.

이러한 두 견해는 모두 경청할 만한 가치가 있는 것으로 새로운 소통 문화가 왜 생기며, 그것이 청소년에게 가장 빨리 확산되는가에 대한 상호보완적인 답변이다. 청소년들에게 문자 메시지에 대한 언어 현상에 대해 교육할 때 문자언어 규범으로부터 일탈되는 부정적 측면만을 강조하기보다, 새로운 매체가 가능하게 하는 새로운 소통 방식과 그로 인해 발생하는 소통 문화에 대한 보다 근본적인 이해가 가능하도록 해야 한다.

## III. 청소년 문화로부터 본 매체언어 교육

### 1. 정체성 형성을 위한 문화 교육

청소년 문화와 미디어의 관계를 살펴보는 것은 청소년의 삶, 즉 학습 주체의 삶을 세심하게 조명해보는 작업이다. 이는 매체언어 교육의 내용이 학습 주체와 동떨어지지 않는 교육 내용으로 구성될 수 있게 하는 기초가 된다.

청소년들은 인터넷 로맨스 소설을 통해 로맨스 문화를 습득하기도 하고 비평하기도 하며, 블로그와 미니홈피를 통해 디지털 문화를 받아들인다. 인기 있는 텔레비전 프로그램의 캐릭터를 패러디하거나 컴퓨터 게임을 하며 놀이 문화를 만들어 나간다. 청소년들은 인터넷이나 휴대폰 등을 자신들의 선호하는 매체를 통해 사회적 관계를 형성해가며 자신들의 정체성을 탐색하고 형성해간다. 즉 청소년 문화는 대중매체와 디지털 미디어와 밀접하게 관련되어 있는 문화이다. 본격적인 문학이나 예술, 즉 인류가 생산한 가치 있는 문화의 잣대로 바라볼 때, 교육적 가치를 발견할 수 없어 보이는 텍스트와 현상들도 학습 주체의 삶과 정체성을 형성하는 중요한 요소로 작용하고 있음을 명심해야 한다.

이러한 현상을 바라보는 관점은 예술성이나 전통으로서의 가치를 우선시하는 관점과는 다르다. 청소년이 미디어를 이용하는 방식이나 미디어를 이용하여 생산해내는 문화 산물들이 청소년들의 어떠한 욕구와 동기, 즐거움 속에서 만들어지는 것임을 파악하고 이에 대해 스스로 성찰해보는 과정이 필요하다. 예를 들어, 텔레비전 프로그램이나 휴대폰의 경우에서처럼 청소년들이 일상생활에서 미디어를 이용하고 특정한 문화적 실천을 하는 배경에는 또래집단이나 또래 관계를 형성하고 유지하기 위한 성향이 강하다. 성인들과는 다른 청소년들의 미디어 문화에 있어서의 독창성은 청소년이 정체성을 형성해나가는 과정에서 이루어지는 과정이며, 이에 대한 관심들이 매체언어 교육의 설계에 고려되어야 한다.

또한 미디어와 청소년 문화의 관계는 일방적으로 영향을 받는 관계가 아닌 미디어를 선택하고 해석하며 선택적으로 받아들이는 양상을 보인다. 인터넷 로맨스 소설을 읽으면서도 이모티콘이 난무하는 엉성한 구성에 대해 비평하며, 팬픽의 주인공들과 그들의 관계가 자신들의 대리 욕망을 투영한 것임을 논평한다. 휴대폰 문자 메시지처럼 미디어의 기술적 부분으로는 예상하지 않았던 미디어의 활용을 통해 새로운 문화를 형성하는 모습을 보이기도 한다. 이러한 청소년의 능동성들을 매체언어 교육의 교육 내용과 과정에 녹여낼 방안에 대해서 고민해야 한다.

또 다른 측면에서 청소년이란 개념과 청소년 문화는 인간의 발달적 측면을 염두에 둔 것으로 매체언어 교육의 방향이 청소년의 발달적 측면에서 미디어와 맺는 관계 역시 고려되어야 한다. 예를 들어, 연령에 따른 이미지 인식의 차이에 대한 연구(Strasburger & Wilson, 2006:139)에 따르면, 초등학교 저학년까지 어린이들은 괴물이나 마녀와 같은 무서워 보이는 등장인물이나 장면에 반응한다고 한다. 이는 색깔, 형태, 소리와 같은 감각적으로 두드러진 특성에 주의를 기울이는 발달 단계적 특성에 기인한 것이라 볼 수 있다. 반면에 초등학교 고학년이나 청소년 초기에는 외적인 특징에 의해서는 두려움을 덜 느끼지만 폭력적인 장면이 현실에서도 일어날까봐 걱정하게 된다. 그래서 허구적인 이야기보다는 오히려 텔레비전 뉴스를 보고 두려움을 더 느낀다. 청소년도 현실적 묘사에 반응하지만, 청소년들이 가진 추상적인 사고 능력은 전지구적 분쟁이나 핵전쟁과 같은 파악하기 힘든 위협들에 대해 어린이들보다 민감하다. 이러한 발달 과정에 따른 특성은 연령에 따라 교육의 내용으로 제공될 수 있는 이미지들이 달라야 하고 무엇을 초점으로 가르쳐야 할 것인가에 대한 시사점을 제공한다.

디지털 미디어의 발달에 따라 미디어별 수용자의 양극화 현상이 나타나고 있다. 이것은 청소년들이 동일한 미디어를 수용하는 집단이 아니라는 사실과도 관련이 있다. 청소년들은 텔레비전을 보더라도 브라운관을 통해 보는 것이 아니라 인터넷 다운로드나 다시보기, DMB 휴대폰 등으로 수용자가 보기를 원하는 프로그램을 선택한다. 이에 따라 스포츠, 드라마, 예능 등 특정한 분야만을 집중적으로 보는 현상이나, 청소년들 중 컴퓨터 게임만을 극단적으로 많이 하는 집단들이 생겨나는 등 특정 미디어나 특정 장르만을 집중적으로 소비하고 있다. 이런 이유 때문에 특정 미디어나 특정 미디어 장르만을 집중적으로 수용하는 청소년 집단들 사이의 차이에 대한 이해와 각각의 차이들을 어떤 방식으로 공통의 교수-학습으로 묶어낼 수 있는 방안에 대한 고민이 요구되고 있다.

## 2. 소통 맥락을 고려한 매체언어 교육

대인 의사소통에까지 미디어에 의해 매개된 소통이 이루어지고 있는 현재의 상황에서 소통의 맥락을 구분하여 적절한 언어를 사용하는 능력이 중요해지고 있다. 물론 인터넷이나 휴대폰 같은 미디어가 없었을 때에도 공적인 영역에서의 언어 사용 방식과 사적인 영역에서의 언어 사용 방식이 구분되었지만, 하나의 미디어 안에 사적인 영역과 공적인 영역이 혼재되는 환경에서 각각의 성격에 맞는 언어 사용은 필수적이다.

또한 대화적 상황, 즉 구어의 사용 상황을 전제로 하여 전달 수단은 음성이 아닌 문자로 이루어지는 메신저, 채팅, 휴대폰 문자 메시지와 같은 경우에 일어나는 이모티콘이나 언어 변형의 문제 역시 소통 맥락의 차원에서 다루어져야 한다. 즉 각각의 미디어 장르의 특성에 맞는 언어 사용이 이루어져야 한다.

그런데 앞서 살펴본 휴대폰 문자 메시지에서 언급했듯이, 청소년들은 통신언어와 같은 변형된 언어 만들기를 좋아하며 소통 맥락을 구분하지 않고 모든 상황에서 사용하는 경향을 보인다. 그동안 이러한 표현을 언어 규범 파괴의 관점에서 바라보고 규범에 어긋난 사용 현상을 개선하도록 지도하는 것을 교육의 주안점으로 삼아왔다. 그런데 최근에는 이와 같은 언어 표현을 매체의 변화와 특성에 적응한 언어 현상으로 보려는 긍정적 시각도 조심스럽게 제기되고 있다. 청소년의 미디어 언어문화에서 발견되는 특성에 대한 이해를 통해 청소년들의 언어생활을 문화적 차원에서 접근함으로써 학생들에게 매체와 목적, 상황, 참여자에 따른 언어 사용 교육이 이루어질 수 있도록 교육적인 고려를 해야 한다.

## 3. 매체언어 교육의 내용으로서의 청소년 문화와 미디어에 대한 토론과 글쓰기

매체언어 교육에 대한 오해 중 가장 흔한 것은 ICT 혹은 미디어 기술에 관련된 것을 교육하는 것이라는 것이다. 또한 이미지 읽기나 영상물에 대한 교육을 매체언어 교육의 중요한 내용으로 생각하는 경우도 있다. 물론 이와 같은 부분들은 매체언어 교육의 한 부분일 수 있다. 그런데 매체언어 교육은 정체성 형성과 청소년들이 향유하고 있는 문화에 대한 성찰을 위한 교육이기도 하다. 즉 매체언어 교육의 목표로서 문화적 리터러시나 비판적 리터러시 교육을 설정하고 있으며, 이는 필연적으로 청소년들이 스스로 어떤 정체성을 만들어 갈 것인가에 대한 문제와 현재 청소년 문화와 분리하여 생각할 수 없는 미디어를 성찰하는 문제와 만난다.

청소년뿐만 아니라 현대를 살아가는 모든 이들은 매일 미디어를 접하면서 살고 있지만 미디어를 선택하고 수용하고 이해하는 방식이 동일하지 않고, 일상생활 속에서는 자신의 미디어 경험 이해 방식을 자각하고 있거나 거리를 두고 바라보지 않는다. 그런데 청소년들이 개인적인 미디어 경험을 드러내고 서로의 미디어 경험의 공통점과 차이점에 대해 알고 그것이 어디에서 비롯되었으며, 어떤 의미가 있는지를 이야기를 나누고 글을 쓰는 과정에서 인식하게 된다.

청소년 문화에 대해 토론하고 성찰하는 활동이 필요하다는 말이다. 실제로 청소년이나 청소년기, 청소년 문화에 대한 여러 관점들을 검토해보면 청소년 문화 및 미디어에 대한 보호주의적 관점들이나 청소년을 문화 생산의 주체로 생각하는 관점 등이 있다. 이런 관점들에 대한 토론과 성찰 활동도 매체언어 교육의 중요한 내용이 될 수 있다. 즉 미디어와 청소년 문화에 대한 성찰해보는 토론과 글쓰기는 국어교육이 매체언어 교육이면서 지금 여기 삶에 대한 고민을 실천하는 교육으로서 의미를 지닌다.

이 과정에서 청소년 문화와 미디어에 '대한' 토론과 글쓰기 수업에서 비판적 분석을 공식적인 교실 담론의 정답으로 제시하기 쉽다는 점에 유의해야 할 필요가 있다. 정답으로 제시되는 미디어에 대한 비판적 담론은 학생들의 삶과 유리되어 학생들의 삶과 문화에 의미 없는 하나의 지식으로 인식될 수도 있다. 학생들의 삶과 문화가 미디어 '속에' 놓여 있는 현실 속에서 학생들의 개인적, 사회적 경험을 이끌어내어 미디어에 대해 올바른 성찰을 유도하는 활동이 요구된다.

또한 미디어로부터 얻는 즐거움과 미디어 텍스트에 투영한 학생들의 욕망 역시 무시되어서는 안 된다. 이를 위해서 청소년 문화와 미디어에 '대한' 토론과 글쓰기뿐만 아니라 청소년 문화와 미디어를 '끌어들인' 토론과 글쓰기 역시 필요하다. 청소년들은 자신들이 즐기는 미디어 텍스트를 끌어들인 글쓰기를 다른 글쓰기보다 쉽게 접근한다. 또한 청소년들은 미디어 텍스트에 대해 선호적 해독만을 하는 것이 아니라 교섭적 해독이나 대항적 해독을 자연발생적으로 하는 모습을 보이기도 한다. 이런 모습은 학생들의 글쓰기 활동 과정에서 자연스레 표출된다.

고전소설 「토끼전」의 내용 중 토끼가 별주부의 등에 타고 바다 속으로 들어가 용궁으로 도착하는 과정의 이야기를 상상하여 채워 넣는 수업[4]에서 애니메이션이나 환타지 소설, 공상과학영화 등을 끌어들인 글쓰기를 허락하자 자신들이 선호하는 각종 미디어 텍스트들의 패러디들이 많이 제시되었다.

예를 들면, 포켓몬스터를 패러디한 글 중 별주부가 토끼를 몬스터 볼에 넣

4) 7차 교육과정 중학교 2학년 1학기 3단원의 학습 활동 중 하나이다. 「토끼전」에서 육지에서 만난 토끼와 자라가 용궁으로 가는 장면이 자세히 나오지 않고 생략되어 있다는 점에 착안하여 그 장면을 상상하여 글쓰기를 하도록 하는 활동이다. 학습 활동의 질문은 아래와 같다.

1. '토끼전'을 읽다 보면 공기통도 없던 그 옛날에 어떻게 육지에 사는 토끼가 용궁으로 갈 수 있었을까 하는 의문을 가지게 된다. 그래서 이와 관련된 부분을 다시 읽어 보니 토끼가 용궁으로 가는 장면이 그다지 자세하게 처리되지 못했음을 알 수 있다. 나라면 이 장면을 어떻게 처리할 것인지 생각해 보자.

> 토끼는 별주부와 함께 물가로 내려와 별주부의 등에 올라앉았다. 그러고는 두 눈을 꼭 감았다. 잠시 후, 몸이 두둥실 뜨는가 싶더니만 어느 새 바닷속으로 빠져들었다. 눈을 떠 보니 오색 구름이 찬란하게 궁궐을 휘감고 있었는데, 문 위에는 '북해 용궁'이란 현판이 걸려 있었다.

고 바다 속을 헤엄쳐 가다가 다른 몬스터 볼을 가진 동물을 만나 대결을 펼치면서 용궁으로 가는 이야기가 있다. 토끼는 몬스터 볼에서 나와 다른 몬스터와 싸워 이기는 과업을 수행하며 용궁으로 가는데, 토끼의 심리를 '아주 싸우기가 싫었지만' 용궁으로 가기 위해 어쩔 수 없이 싸웠다고 표현한 내용이 있다. 이 패러디 이야기는 포켓몬스터라는 애니메이션의 지배적인 의미 해석인 몬스터들끼리 대결은 당연한 것이고 그 싸움에서 이겨야 한다는 해독을 따르지만 토끼의 심리 묘사에서 대안적인 의미를 부여하고 있다. 당연한 수행 과제처럼 보이는 그 싸움이 사실은 몬스터 볼 속의 몬스터 동물에게는 의미 없는 것임을 포착해낸 해독이다.

학습자들은 또렷이 인지하지 못하는 문화와 미디어에 대한 자신들의 성찰을 미디어 텍스트를 끌어들인 글쓰기나 토론을 통해 이끌어 냄으로써 문화와 미디어에 대한 보다 분명한 인식으로 나아갈 수 있다. 그리고 이를 통해 비판적 해석이나 창의적 발상들이 가능해질 수 있을 것이다.

# 참고문헌

김동식(2003), 『잡다』, 이마고.

김성진(2005), 「인터넷 로맨스 서사물 읽기의 맥락과 문학교육」, 『현대소설연구』, 26, 한국현대소설학회.

김신일(1992), 「청소년문화의 의미와 성격」, 『청소년 문화론』, 한국청소년개발원.

김원보 · 최유찬(2005), 『컴퓨터 게임과 문화』, 이룸.

김은미 · 정화음(2007), 「청소년의 미디어 이용 격차에 관한 탐색」, 『언론정보연구』, 43-2호, 서울대학교 언론정보연구소.

김은미(2006), 「휴대전화 문자 메시지의 이용에 관한 연구: 청소년의 인간관계 유지 행동을 중심으로」, 『한국언론학보』, 50권 2호, 한국언론학보.

김정자 외(2007), 『인터넷 환경의 언어 문화 교육 내용 개발 연구』, 2006년도 교과교육 공동연구 결과보고서.

김종휘(2006), 「지금 청소년은 누구인가?- 청소년 대중예술교육에 앞서」, 『청소년문화 포럼』, 제15집, 한국청소년문화연구소.

나은영 · 박소라 · 김은미(2007), 「청소년의 인터넷 이용유형별 미디어 이용 양식과 적응: 블로그형과 게임형을 중심으로」, 『한국언론학보』, 51권 2호, 한국언론학보.

방송위원회 연구센터(2008), 『2007년 TV 시청행태연구』, 방송위원회.

송명자(1998), 『발달심리학』, 학지사.

오미영 · 정인숙(2005), 『커뮤니케이션 핵심이론』, 커뮤니케이션북스.

유경한(2006), 「텔레비전 코미디의 수용과 일상적 실천」, 연세대학교 석사학위 논문.

이문영(2006), 「게임에 빠진 청소년」, 『청소년문학』 2006 가을, 나라말.

전국국어교사모임 매체연구부(2005), 『국어시간에 매체읽기』, 나라말.

전성원(2006), 「오늘의 청소년들은 무엇을 읽는가?」, 『청소년문학』, 2006 가을, 나라말.

정현선(2002), 「성찰적 문화교육으로서의 미디어 리터러시 교육」, 『국어교육학연구』, 14, 국어교육학회.

정현선(2004), 『다매체 시대의 국어교육과 문화 교육』, 역락.

정현선(2007), 『미디어교육과 비판적 리터러시』, 커뮤니케이션북스.

최경은(2005), 「핸드폰 문자 메시지 언어의 특성과 전망」, 『독일언어문학』, 27, 한국독일언어문학회.

최미숙 · 송여주(2006), 「매체 텍스트 표현 교육의 실제 - 인터넷 백과사전 제작 수업을 중심으로」, 『상명대 사범대 논문집』.

한국청소년개발원 편(2005), 『청소년문화론』, 교육과학사.

한기호 · 안광복(2003), 『청소년출판』, 한국출판마케팅연구소.

홍완선(2006), 「청소년과 휴대전화, 어떻게 봐야 할까?」, 『청소년문학』, 2006 가을, 나라말.

홍완선(2006), 「학교 현장에서의 매체언어교육 현황과 과제 - 『우리말 우리글』과 『국어시간에 매체읽기』를 중심으로」, 『매체 환경의 변화와 국어교육의 방향』, 국어교육학회 제35회 정기 학술발표대회 자료집.

황승흠(2004), 「청소년보호법제상의 연령기준에 대한 법적 검토 - 매체규제법을 중심으로」, 『세계헌법연구』, 제10호, 국제헌법학회한국학회.

「12월 31일 문자 메시지 6억 통-김원배 기자」, 『중앙일보』, 2008년 1월 5일.

Bukingham , D. (2004), 정현선 역, 『전자 매체 시대의 아이들』, 우리교육.

Strasburger, V.C. & Wilson, B.J. (2006), 김유정 외 역, 『어린이, 청소년, 미디어』, 커뮤니케이션북스.

Turner, G. (1995), 김연종 역, 『문화 연구 입문』, 한나래.

## 찾아보기

ㅅ

## ㅇ

ㅈ

Abstract

# Media Language and Korean Language Education

Yeo-Tak Yoon, Mee-Sook Choi, Jeong-Ja Kim,
Hyeon-Seon Jeong, Yeo-Ju Song

This book is an introduction to media literacy education or "media language education" within Korean education. Media language is an operational term that is used in the context of incorporating media literacy within Korean education. Media literacy education can be considered as an extension of general literacy education in that it deals with reading and writing different types of texts. However, rather than solely focusing on oral and written language, the language of media includes visual signs and moving images. Media literacy education also emphasizes developing new skills for understanding the characteristics and effects of the media as channels of transmitting messages, in terms of how these channels might be related to the ways in which the producers and receivers of messages interact. Korean teachers are relatively unfamiliar with media language skills, though such skills are growing in importance in the present age of digital media when ordinary people can become producers and distributors of their own texts through the Internet. The following work thus introduces media literacy education for Korean teachers in terms of theory, research, curriculum and classroom practices.

## 저자 약력

윤여탁

소속: 서울대학교 사범대학 국어교육과 명예교수

주요 저서: 『시 교육론 - 시의 소통 구조와 감상』, 『시 교육론 II - 방법론 성찰과 전통의 문제』, 『신석정』, 『시와 함께 배우는 시론』(공저), 『리얼리즘의 시정신과 시 교육』 외 다수

최미숙

소속: 상명대학교 사범대학 국어교육과 교수

주요 저서: 『한국 모더니즘 시의 글쓰기 방식과 시 해석』, 『시와 함께 배우는 시론』(공저), 『국어교육 연구의 반성과 전망』(공저), 『국어과 교수・학습 방법』(공저), 『국어교육의 이해』(공저) 외 다수

김정자

소속: 경인교육대학교 국어교육과 교수

주요 저서: 『인터넷 시대의 글쓰기와 표현 교육』(공저), 『방송의 언어문화와 미디어교육』(공저) 외 다수

정현선

소속: 경인교육대학교 국어교육과 교수

주요 저서: 『다매체시대의 국어교육과 문화교육』, 『전자매체 시대의 아이들』, 『하이퍼텍스트의 언어문화 이해교육』(공저), 『학교로 간 미디어』, 『미디어교육과 사귐』 외 다수

송여주

소속: 관양고등학교 교사

주요 저서: 『국어 시간에 매체 읽기』(공저)

국어교육연구소연구총서 31

매체언어와 국어교육

초판 1쇄 발행 2008년 9월 20일
초판 10쇄 발행 2022년 9월 30일

지은이 윤여탁 · 최미숙 · 김정자 · 정현선 · 송여주

펴낸곳 서울대학교출판문화원
주소 08826 서울 관악구 관악로 1
도서주문 02-889-4424, 02-880-7995
홈페이지 www.snupress.com
페이스북 @snupress1947
인스타그램 @snupress
이메일 snubook@snu.ac.kr
출판등록 제15-3호

ISBN 978-89-521-1462-4 93370

## 국어교육연구소 연구총서

- 국어교육의 반성과 개혁
  이용주
- 소설감상방법론 연구
  김중신
- 국어교육의 내용 연구
  이성영
- 국어교과학의 지평
  김대행
- 한국 고전문학의 비평적 이해
  김병국
- 시교육과 텍스트 해석
  김창원
- 소설교육의 방법 연구
  김상욱
- 문학교육과정의 구조와 이론
  박인기
- 국어지식 교육론
  김광해
- 문학교육과 문화론
  우한용
- 시 교육론 · II
  – 방법론 성찰과 전통의 문제
  윤여탁
- 문학교육원론
  김대행 외
- 텍스트언어학과 국어교육
  이은희
- 국어교육을 위한 응용국어학연구
  민현식
- 읽기 지도의 이해
  박수자
- 글쓰기와 글쓰기교육
  이지호
- 국어교육과 텍스트구조
  김봉순
- 신문의 언어문화와 미디어 교육
  우한용 외
- 방송의 언어문화와 미디어 교육
  김대행 외
- 국어교육과 한국어교육의 성찰
  박갑수
- 인터넷 시대의 글쓰기와 표현교육
  우한용 외
- 하이퍼텍스트의 언어문화 이해교육
  우한용 외
- 국어교육 100년사 I, II
  윤여탁 외
- 미래를 여는 국어교육사 I, II
  민현식 외